YO NO SOY ESA QUE TÚ TE IMAGINAS

MIGUEL FERNÁNDEZ

Yo no soy esa que tú te imaginas

Mari Trini, una memoria sentimental

PLAZA & JANÉS

Papel certificado por el Forest Stewardship Council®

MIXTO
Papel | Apoyando la silvicultura responsable
FSC® C117695

Penguin Random House Grupo Editorial

Primera edición: octubre de 2024
Primera reimpresión: noviembre de 2024

Printed in Spain – Impreso en España

ISBN: 978-84-01-03539-5
Depósito legal: B-12.841-2024

Compuesto en M. I. Maquetación, S. L.

Impreso en Black Print CPI Ibérica, S. L.
Sant Andreu de la Barca (Barcelona)

L035395

Lo que cuenta en una vida no es la duración de una vida, es la intensidad de una vida.

JACQUES BREL

Que nada nos limite. Que nada nos defina. Que nada nos sujete. Que la libertad sea nuestra propia sustancia.

SIMONE DE BEAUVOIR

Cuando Mari Trini canta
¡hasta Dios se levanta!...

GLORIA FUERTES

Ruego que no se me rindan homenajes póstumos. El homenaje a los cantantes cuando mueren es el truco para poder anunciarles sin necesidad de tener que contratarlos.

Epitafio atribuido a Mari Trini
por Alfredo Amestoy,
en *Últimas voluntades*, 1989

Índice

1
Mañana me iré despacio

Guía de escucha: *Mañana*, del álbum *Amores* (Hispavox, 1970)

Madrid, mayo de 1997

Mañana me iré despacio, sin dejar ninguna huella. Mientras canta no puede contener el escalofrío. Siempre ha ocurrido así desde hace más de treinta años. En los ensayos, en cada actuación, esos versos la sitúan en un momento de su vida sin imágenes ni contexto. Pronto levantaré el vuelo, como hicieron las cigüeñas, les anuncia, alza el rostro y busca con los ojos un cielo que no ve.

Sabe que, para poder continuar el camino, alguna vez hay que marcharse. Durante décadas ha anunciado y desmentido su retirada, pero esta noche ignora que está más cercana que nunca la hora de abrir la puerta y emprender el viaje, acaso el último. Está cansada. Lleva demasiado tiempo luchando contra un mismo enemigo, por mucho que cambie de aspecto y naturaleza, que repita mil veces que canta por ayudar un poco a la gente, para sentirse útil y participar de una manera activa en la sociedad en que vive. No quiere ser un parásito.

Por eso me muevo, por eso vivo, por eso existo, le explica al público entre una canción y otra. Porque creo que hay cosas buenas en la vida y hay que enseñarlas, decir aquí está esto, vean, vale la pena haberlo vivido. Porque muchos se comportan automáticamente, sin darse cuenta de las cosas buenas... y las malas. Se detiene ahí, mira a los músicos y escucha, en su propia voz, lo que no ha sido capaz de agregar en voz alta: Porque también hay que defenderse y hacer ver lo que es malo, innoble.

Mañana abriré cadenas que mi cuerpo han arrastrado... ¿Para qué ha servido tanta rebeldía?, se pregunta mientras interpreta una vez más su canción favorita, la que resume todo lo que ha sido. Aunque nadie haya querido saber cuándo y por qué la compuso, acababa de cumplir los dieciocho y de llegar a París. Esta noche, al filo de los cincuenta, aún recuerda perfectamente el momento en que se enlazaron las frases y la melodía, los cambios que introdujo después, las veces que la repitió antes de cantarla en público.

A casi nadie parecía llamarle la atención hasta que el productor Rafael Trabucchelli leyó la letra en su despacho, un rato después de firmar su tercer contrato discográfico. Me gusta ese tono, entre sentimental y contestatario, comentó. Sí, tiene fuerza, observó sin decidirse a devolverle la cuartilla. A ver cómo la cantas. Sentada frente a la ventana que daba a la calle Torrelaguna, permite que la claridad de los primeros días del verano la deslumbre y empieza a entonar: Mañana me iré despacio, sin dejar ninguna huella, pronto rasgaré la seda que pusieron en mis manos.

Siente que se eleva, como si fuera otra la muchacha que canta y desde las alturas observara el gesto serio con el que la están escuchando. Es buena, tiene garra, aunque quizá habría que darle más énfasis al estribillo, apunta el compositor Waldo de los Ríos. Intenta expresarlo con nervio, con rabia, casi desafiante, ¿no? Las cosas de frente, cara a cara, repite el músico sin soltar la cuartilla. Como si esperaras la respuesta de quien te está escuchando. El resto de los ejecutivos también aplauden.

Cuando un periodista le pregunta el título favorito de su repertorio, veinte años después, responde sin titubear: Sin renegar de lo que he hecho, si tuviera que elegir una, quizá sería *Mañana*. No, no es *Amores*, ni *Ayer*, ni siquiera *Yo no soy esa*, que tanto le dice a la gente. Para mí *Mañana* tiene un significado especial. Algo que yo solo sé y que no he contado nunca a nadie.

Mañana me iré despacio... Sí, así, muchacha, como si estuvieras decidida a hacerlo, segura, con rabia, le insiste De los Ríos. Y con dolor, piensa ella apenas unas semanas después, sola, en el gigantesco estudio de grabación, recién salida de una operación que ha marcado su rostro, con el recuerdo de su padre todavía vivo. Dolor y rabia. Es la misma punzada que la atraviesa esta noche, tras el micrófono, deslumbrada por el foco, desnuda frente a esa gente que la conoce de toda la vida y que no se acaban de creer que esté resuelta a irse, a volar. Desconoce la fecha concreta, pero sabe que el momento es inexorable. Sí me iré, anuncia a los espectadores con la misma certeza que ha mostrado durante tres décadas ante los periodistas. Alguna vez tendrá que ser, quizá mañana, quizá hoy, dentro de un rato.

Esta va a ser tu línea, Mari Trini, queremos romper con la imagen de la muchacha ingenua que solo canta cosas románticas. Es lo que querías, ¿no?, le preguntan Trabucchelli y Waldo antes de empezar a grabar *Amores*, el disco que la convertirá en la pionera, la número uno, la líder indiscutible de ventas, un objeto de admiración para varias generaciones.

A ver si somos capaces de conseguir, insiste el productor, que, al escucharte, todo el mundo tenga claro quién eres: una mujer joven, independiente, auténtica, luchadora, pero sensible, como esas adolescentes que van por el campo con la guitarra al hombro sin dejar de estar atentas a lo que ocurre a su alrededor.

¿En qué te inspiras?, han vuelto a preguntarle en una entrevista esta noche, la última, la del adiós, como si fuera una debutante. No lo sé, contesta escuetamente. Voy por la calle y cualquier cosa que veo, aunque sea una castañera, ya me provoca una música. Para mí las canciones suponen una manera de darme a los demás, de expresarme..., de llegar hasta ellos, de comprenderles y que me comprendan. Es algo recíproco.

Como el amor, pudo haber añadido, pero no llega a verbalizar la comparación. Ella misma lo explicó en otra de sus letras: El amor es como esa tierra que, además de arar y sembrar, hay que vigilar para que no venga otros y la pisen. ¿Cuándo se rompió esa comunicación con la gente? ¿Cuándo dejaron de comprenderla? O, como le ha preguntado un periodista de *ABC* al terminar el ensayo: ¿Qué ha pasado con Mari Trini para que no haya actuado en Madrid desde hace tanto tiempo?

¿Y yo qué sé?, tendría que haberle espetado. Se encoge de hombros y busca medir las palabras para no contar lo que todo el mundo sabe: en la mayoría de los teatros de la Gran Vía se anuncian musicales de estilo Broadway, que los empresarios no quieren pagar un caché a un artista que hace tiempo que no suena en la radio ni aparece en la televisión. Otra cosa es que ese artista alquile la sala y asuma el riesgo a solas. En otros locales ni consideran siquiera esa posibilidad. En el Parque de Atracciones, por ejemplo, una de sus citas obligadas cada verano y donde llegó a cantar ante doce mil personas, ya solo van los intérpretes más jóvenes. Por mucho que *El País* haya proclamado que la recuperación de Mari Trini no es más que un acto de justicia con el pasado, desde hace años en la música española no hay sitio para ella. Está cancelada.

Claudette le advierte con la mirada que debe medir las palabras. Los titulares los carga el diablo. No, nunca hay un único motivo para explicar el olvido, termina por decirle al periodista de *ABC*. El público ha optado por los macroconciertos, añade sin reprimir la decepción, la música bakalao enlatada y los grandes auditorios. A la gente, explica, no le gusta que le cuenten las verdades. Además, no las creen. Es más fácil engañarles con mentiras, como que alguien puede convertirse en artista con un solo disco. La juventud se engancha a esas historias porque son una vía de escape. Cuando te envuelves en cosas tan ligeras, no da tiempo a pensar. Ellos, concluye, no tienen las expectativas de futuro que teníamos nosotros.

¿En qué pensaba ella mientras componía esos versos que está cantando ahora? Pero mañana, mañana, dejaré mi puesto para quien lo quiera. Desde la primera fila, una mujer asiente. Su público, el que la quiere y asume su discurso, sigue ahí. Por eso, en cada composición siempre intenta dejar un margen de imaginación para que la persona que escucha la canción le dibuje un final. Por desgracia, no siempre ocurre así. La reacción es siempre inesperada.

¡Fea!, oyó que le gritaba una voz masculina en una de sus primeras actuaciones, convertida ya en una estrella. Hizo un gesto a los músicos para que dejaran de tocar. Como improvisando una visera, se llevó la mano a la frente. Recorrió con la mirada todo el patio de butacas, buscando al autor del improperio. El silencio se apoderó de la sala. Tú, valiente, dijo al fin, estás aquí para escucharme, no para verme. Y siguió cantando.

Responder airada a la mala educación, a la grosería mientras se exponía al público le ha supuesto más de un disgusto. En plena dictadura, una noche que actuaba en un pueblo le costaba concentrarse. Con la espalda apoyada en la tarima sobre la que habían montado el escenario, la pareja de guardias civiles no dejaba de hablar. A mitad de una canción no pudo más y, ni corta ni perezosa, los llamó al orden: A ver si estos dos señores pudieran callarse. La reacción de los agentes no se hizo esperar. Mari Trini, Claudette e incluso el padre de esta, que había viajado desde Francia para acompañarlas, acabaron en el cuartelillo.

En otra ocasión, tras una actuación en Bilbao, se presentó en el camerino un paisano de Murcia visiblemente emocionado. Echaba mucho de menos la tierra. ¿Qué haces aquí si sientes tanta nostalgia?, le preguntó ella. La respuesta está en la letra de una de tus canciones, en *Un hombre marchó*, confesó el admirador sin poder contener las lágrimas.

Otra vez, un cura que daba clases en una escuela rural le escribió para contarle que cada mañana, antes de salir de casa, ponía a todo volumen *Mañana* y la escuchaba sin dejar de mirar la torre de la iglesia.

En Lérida, unos abuelos estuvieron esperando en la puerta del local dos horas. Su nieta había sufrido una parálisis facial y querían que les diera el nombre del médico que la había tratado para que a la niña tampoco le quedaran secuelas. Le enseñamos las portadas de sus discos para que se anime, insistía el abuelo, quizá ese médico pueda hacer algo por nuestra nieta. Armándose de valor, les juró que todo era un invento de los periodistas, que ella jamás había tenido la boca torcida. ¿Qué querías que les dijera?, le comentó a Claudette cuando se marcharon, si no les llego a contar la verdad, se hunden.

Aunque una gasa ligera deja entrever esos brazos que extiende como alas, esta noche, la definitiva, ha elegido un traje largo y oscuro, abotonado, como en los comienzos. Siempre le han criticado su forma de vestir. Así se siente más cómoda en el escenario. Me visto de negro para reivindicar a los existencialistas y para demostrar que sin falda se puede triunfar y trabajar, aseguró en pleno franquismo, pero nadie la entendió.

Quizá ahora tampoco. Ha llegado el momento. Antes de irse para siempre está cantando *Mañana*, la mejor melodía que ha compuesto, la que más alegrías le ha proporcionado. En los ochenta, Maryní Callejo, su pianista, pensó que el mensaje iría mejor en la apertura del recital, a modo de declaración de intenciones. Como si le espetara al público: Miren ustedes, yo soy así y voy a las claras, sin guardarme nada; puede que no me vean, pero nunca me oculto.

Clava su furia al pronunciar dos palabras, «falsos llantos». Está cansada de los halagos huecos, de tanta amabilidad impostada, de que le bailen el agua, de ser víctima de esa cultura de la cancelación que la hace pasar por antigua, conservadora, antipática. Desde hace años, todos la engañan. Sin ir más lejos, cuando pide que reediten sus álbumes, que la devuelvan a las tiendas de discos, a la vida cotidiana de la gente. Es inútil, esa música es historia, suelen decirle los ejecutivos de las discográficas. A los jóvenes les parece cutre, pero no te preocupes. Para tus incondicionales, sacaremos de vez en cuando un recopilatorio con los quince o veinte temas que les gustan. Pero si he compuesto casi trescientos... Bueno, no se puede reeditar todo. Seamos sinceros, Mari Trini: hay cosas que suenan muy viejunas, perderíamos tiempo y dinero. Los discos ya no se venden y digitalizar lo que tenemos en el archivo sale caro. No solo ocurre contigo, también con todos los artistas que tienen más de cincuenta años. Entra si no en alguna tienda e intenta comprar un álbum de Patxi Andión, de María Ostiz o de Alberto Cortez, a ver cuántos encuentras. Por no hablar de Camilo Sesto o de Raphael…, con lo que fueron. Nada, nada. El público quiere ahora otra cosa. Hay que saber retirarse, amiga.

La respuesta es tan descorazonadora como la que recibe cuando se queja de que no la llamen para cantar en televisión. No es fácil, no es fácil, se justifica apurado el productor del programa. ¿Tienes algún sello detrás, alguna noticia nueva, escandalosa? ¿Un divorcio, un amante oculto, una tragedia? Nada, ¿verdad? Pues ya está dicho todo: no hay sitio para ti. En lo tocante a cantar, las discográficas pagan una fortuna para colocar a sus estrellas. Quieren resultados inmediatos, fichan a cualquier desconocido y en un abrir y cerrar de ojos lo ponen en las nubes. Al día siguiente está amortizado, ya no les vale, tienen que apostar por otro. Mientras tanto, la piratería, el *top manta*, no da un respiro.

Ay, Mari, ya no hay carreras de fondo como la tuya. Ahora solo pretenden hacer música de usar y tirar, ha dejado de ser una obra de arte. Mujer, no insistas, tu estilo y tu trayectoria se merecen otro formato. Durante años has sido una referencia indiscutible. Ahora, ¿qué pintas al lado de famosos de pacotilla de los que nadie se va a acordar dentro de media hora? En fin, por el cariño que te tengo, veré lo que puedo hacer. Te llamo si encuentro algo.

No, no quiere sonrisas a sus espaldas… Hace mucho que el teléfono ha dejado de sonar, pero esta noche Claudette, su eterna colaboradora, su secretaria, según los periodistas, su compañera, su cómplice, su otra mitad, ha vuelto a encargar varios ramos de flores para el camerino. La ayuda a peinarse, a meterse el vestido. Hemos vuelto a los tonos oscuros, le comenta, estás muy guapa. El perrillo, que siempre las acompaña, se inquieta cuando llaman a la puerta. Parece que algunos periodistas quieren saludarla antes de la actuación. La mayoría son veteranos y recuerdan los almuerzos en restaurantes de moda, las cenas de madrugada, después del concierto, entrevistas en el jardín de la Casa de Piedra, en El Plantío, a las afueras de Madrid, las esperas interminables durante la grabación de algún programa de fin de año en Televisión Española.

¿Por qué parece que ha pasado tanto tiempo?, les pregunta. Todos callan, miran hacia el techo o, para salir del apuro, repiten lo que ella ya sabe: Estás muy bien de voz. Qué tontería. Es indignante que tengamos que apelar constantemente a la nostalgia para poder seguir en activo, se queja otra artista también famosa en el pasado y que ahora malvive de una pequeña pensión. Sabe de lo que le habla. ¿Por dónde se ha escapado el dinero? Lleva una vida modesta, apenas trabaja. La última compañía aceptó contratarla con la velada condición de que volviera a grabar algunos de sus grandes éxitos para incluirlos en casetes y CD baratos que venden en bares y gasolineras. Son versiones actualizadas, destacan eufemísticamente las hojas de promoción. En realidad, se trata de grabaciones registradas con pocos medios y un sonido artificial. Nada que ver con aquellas orquestaciones suntuosas de los setenta. Tuvo que aceptar porque necesita volver a ser lo que fue. Aquí traigo mis nuevas composiciones, anuncia orgullosa, esas que todavía nadie conoce y que, según los ejecutivos, aburren al público. Estas son mis alas, aunque parezcan de cristal.

Yo soy la misma, repite a los periodistas. Muchos de ellos, tan jóvenes, nunca han oído su música. Sigo teniendo las mismas inquietudes que a los diecisiete años. Entonces escuchaba a Brel, había leído dos o tres veces el *Quijote*, me interesaban los trabajos de Núria Espert, Marsillach y los conciertos de rock. No tienen paciencia para seguir sus reflexiones, enseguida saltan a otra cosa: ¿Cómo será su concierto? Afortunadamente, ya no se trata de una promoción del último disco, sino de un repaso a todo lo que he hecho en mi carrera. Durará hora y media, aunque es el público el que lo decide con la expresión de sus caras. Me gusta estar sobre el escenario, notar el cariño de la gente. Me entrego y quiero que me correspondan de igual manera. A veces creo que no me demuestran el cariño que desearía. Será porque yo he dado mucho.

En julio cumplirá cincuenta años. Más de la mitad de ese tiempo lo ha pasado sobre los escenarios, sintiendo un miedo que la paraliza y a la vez la empuja a cantar desde dentro con todas sus fuerzas. ¿Sigue teniendo pánico antes de actuar?, insiste el periodista. Lo mira a los ojos antes de responder categórica: Sí, el mismo y con la intensidad de siempre. Eso nunca se te quita si te consideras un artista. Es maravilloso. Te desdoblas en el escenario.

Soy una cantante, ha dicho en algún momento esta noche. Deseo seguir cantando los años que me queden. Me quiero morir cantando.

Cesa la música. Hace una pausa antes del verso final. Durante unos segundos el auditorio queda en silencio. Concentra la mirada en el haz de luz. Igual que un trapecista sobre el alambre, los espectadores esperan el momento cumbre. Cierra los ojos. Ha vuelto a Madrid, pero no sabe que será su última actuación. Aquí acaba todo. Le quedan apenas diez años de vida. Quizá los más difíciles. Toma aire. Comprime el diafragma y con todas sus fuerzas proclama:

Las cosas de frente... ¡cara a cara!

Una lágrima cruza por su mejilla mientras suena la ovación.

2
Como un sarmiento

Guía de escucha: *Mi infancia*, del álbum *Como el rocío* (Hispavox, 1976)

Yo no sé lo que es un recreo de colegio, cuenta con un hilo de voz al periodista, tener compañeros, jugar con otros niños. Hace un silencio, toma aire. Fue mucha, muchísima soledad... Ahora entiendo mejor tu melancolía, responde el entrevistador.

Desde que se dedica a la música es raro que no le pregunten por su niñez en una entrevista. Sin embargo, tardará más de diez años en componer una canción sobre esa etapa de su vida. Al filo de los treinta, una noche de enero de 1976, empieza a darle forma. *Mi infancia fue rebelde, creció como un sarmiento*, proclama en los primeros versos. La imagen del vástago de la vid le parece la más apropiada para describirse: es largo, delgado, flexible y nudoso; frágil, pero lleno de savia; imprevisible en la forma, hasta que alcanza un punto de apoyo y se liga a un tronco recio. Así debieron de ser ellos también, sus ascendientes.

El más antiguo de todos fue también el más famoso. Sin abandonar nunca Murcia, la ciudad en la que nació el 12 de mayo de 1707, Francisco Salzillo Alcaraz llegaría a convertirse en uno de los artistas claves del Barroco español. El escultor tuvo dos hijos. El primero murió con apenas un año. De la segunda, María Fulgencia, descenderán diez generaciones en las que abundarán nombres ilustres de la sociedad murciana: pintores, escritoras, juristas o militares.

Una de las tataranietas de Salzillo se casará con Luis Pasqual de Riquelme y Palavicino, séptimo marqués de Peñacerrada. La hija de estos, Trinidad, contraerá matrimonio el 1 de mayo de 1914 con el militar Francisco Pérez-Miravete Martínez-Bretón. Tendrán tres hijos: Francisco Luis, Mari Trini y Gonzalo. La familia se instala en Madrid después de que Francisco, coronel de infantería, de profundas convicciones monárquicas, se diera de baja en el ejército durante la Segunda República y empezara a trabajar en la delegación de la Ford en la capital española.

—Allí les sorprende la Guerra Civil —cuenta Gonzalo Pérez-Miravete Mille, el hermano menor de la cantante—. Un grupo de milicianos se presentó a detener al abuelo porque era militar, pero no se hallaba en casa. Enfurecidos, se pusieron a registrarlo todo y encontraron un recibo de una hermandad religiosa a nombre del hijo mayor, el tío Paco Luis, que debía ser una persona excepcional, tenía entonces veinte años y estaba en segundo o en tercero de Medicina. Dicen que era muy aficionado a la pintura y a la poesía. Lo llevaron detenido a la checa de Fomento y el 28 de septiembre de 1936 fue asesinado en el palacete de La Moncloa. Al ser exhumado en 1940, el cadáver presentaba intactas incluso sus ropas, según detalla el diario *ABC*. Cinco años después, la Iglesia católica abrió una causa para su beatificación.

Al término de la contienda, Francisco Pérez-Miravete Martínez-Bretón será gobernador militar de Murcia. Poco después de su fallecimiento, en septiembre de 1946, los diarios *ABC* y *La Verdad* informan del enlace del abogado Gonzalo, el tercero de los hijos del militar, de veintisiete años, y María de las Nieves Mille Campos, de veintidós. La novia es hija del capitán de corbeta y primer jefe y organizador del Arma Submarina Española, Mateo Mille y García de los Reyes, asesinado en Paracuellos del Jarama en 1936. La boda se celebra en la capilla de la finca de La Manzaneta, en la localidad alicantina de San Juan, propiedad de la familia Campos, acaudalados industriales de la zona, desde 1900.

La pareja se instala en un piso amplio de más de cien metros cuadrados situado en la primera planta del número 5 de la calle Alejandro Seiquer. Allí, a las diez de la noche del 12 de julio de 1947, nace la primera hija de la pareja a la que bautiza el presbítero Manuel Nadal Hernández en la parroquia de San Lorenzo con los nombres de la tatarabuela, la abuela y la tía paterna, que además será la madrina y una de las personas más queridas por la niña. Mateo, el abuelo materno, firmará como padrino.

En la casa siempre se la llama Mari Trini, explica mucho tiempo después María Mille Campos, la madre. Su nombre no me gusta nada, reconoce mientras un fotógrafo la retrata sobre el césped de un complejo hotelero de Alicante, pero se lo pusimos porque era el de su abuela. Ahora que es famosa, sus amigos la llaman Mari a secas. Pero en casa siempre llevó unido el de Trini.

A principios de los años cincuenta, la familia, que ya ha tenido otros dos hijos, un bebé fallecido a los siete meses y Miryam, deciden instalarse en Madrid, primero en un piso de la calle Velázquez y más tarde en un luminoso ático del número 126 de la calle Claudio Coello, frente al Museo Lázaro Galdiano. El inmueble pertenece a la familia Mille. Gonzalo centra su actividad profesional en la gestión y explotación de una patente textil francesa.

La primogénita, rubia y de ojos azules, como su abuela materna, acusa esos cambios. Con su hermana, acuden al colegio Asunción. Su madrina Mari Trini le ha regalado una guitarra, una profesora particular le enseña a tocarla y, con apenas siete años, compone su primera canción, *Pía, pía, pajarito*, inspirada en un jilguero que le había regalado un peón de la finca familiar en Murcia. Nunca llega a interpretarla en público, pero la menciona constantemente en las entrevistas. Los padres llevan a la niña a un estudio y pagan la grabación y la edición de un disco.

Mi casa estaba llena de guitarras, anotará ya de adulta, convertida en un personaje popular. Mis tíos, mis primos, son grandes aficionados al flamenco. Mi madre también tenía conocimientos musicales y hasta mi padre rasgueaba con cierto estilo cuando llegaba la ocasión.

A pesar de llevar una vida desahogada en un Madrid que dejaba atrás la escasez de la primera posguerra, los Pérez-Miravete Mille no pierden el contacto con sus raíces murcianas y alicantinas. Siempre que pueden, regresan a las fincas familiares, entre las que reparten los días de vacaciones de Navidad, Semana Santa o verano.

—Aunque en nuestra casa nunca se hicieran diferencias por pertenecer a una familia u otra —cuenta Gonzalo—, indiscutiblemente la sociedad era muy clasista en aquella época, y nos chocaba. Cuando llegaba al campo, con diez años, me llamaban «el señorito». Mi reacción era mirar a un lado y otro, a ver dónde estaba el «señorito», porque en Madrid éramos unos niños sin más. Era otro mundo. En Beniel, los niños me decían «marquesito», y a mi hermana, que tampoco lo entendía, «marquesita». Parecía lo normal en aquella época —concluye.

Mi infancia no fue fácil, escribe esa noche de 1976, convertida ya en todo un fenómeno de masas. Por testigos pone a «los chopos, los matojos, acequias, juncos, rastrojos» de los veranos en las fincas familiares de Singla, la pedanía de Caravaca de la Cruz, San Juan o Beniel, siempre bajo las atenciones y hasta los mimos de la tía y madrina Mari Trini, con la que también pasará temporadas en Marsella y en algunos destinos diplomáticos del marido Juan Avenzana Sagastizabal, vizconde de la Rivera de Adaja. Allí se trasladan todos —hermanos, tíos, primos— cuando el calor aprieta en la capital.

—Para todos los hermanos, la madrina fue la figura central —sigue contando el hermano menor de la cantante—. Era una mujer muy especial, no tenía hijos, pero en ningún momento intentaba ocupar una figura materna, no pretendía ser una segunda madre. Sabía cuidarnos y querernos.

¿Cuáles son los mejores recuerdos de su niñez?, le pregunta un periodista. Lo primero que amé fueron los animales, responde. La primera emoción, ver parir a una yegua. Y aquel caballito pequeño fue la primera canción que yo hice. Tenía nueve años. Y me abrí a la naturaleza, a las gentes, mantenía grandes charlas con un viejo de ochenta y dos años que vivía por allí, por el campo, me contaba historias, decía que había cavernas que antaño estuvieron habitadas. Y ahí me tienes, cavando desde la madrugada para encontrar tesoros.

Algunas noches, en aquel paraíso, Gonzalo, el padre, toma una guitarra y se arranca a cantar. Le gustan las rancheras, pero, sobre todo, la vieja jota que Imperio Argentina interpretaba en *Nobleza baturra*, la película que Florián Rey estrenó en 1935: «La niña cuando va a misa, ole, ole, carretero, qué jaleo lleva el tren». Mi madre no cantaba canciones, recuerda en una ocasión la artista, pero mi padre tocaba la guitarra siempre, allí.

Mari Trini crece debilucha. Antes de alcanzar la adolescencia los médicos le diagnostican glomerulonefritis, una inflamación de los filtros pequeños de los riñones que la obligará a guardar reposo absoluto durante casi siete años. Más adelante, ya de mayor, sabrá que se trata de una dolencia autoinmune. El organismo genera anticuerpos que llegan a dañar el tejido renal. Ni en aquella época ni hasta mucho después hay un tratamiento eficaz.

La enfermedad llegó de pronto, sin que yo me diera cuenta de qué era aquello que me retenía en el lecho, explica. Es como si a una golondrina, de repente, le cortan las alas. Y yo solo tenía siete años.

—Al levantarse, una mañana, descubrieron que había orinado sangre —me cuenta Miryam Pérez-Miravete Mille en su casa de Marbella—. Claro, aquello alarmó a mi madre y empezaron a llevarla a los mejores médicos. La vio primero Carlos Younger de la Peña, una autoridad en la urología, pero no consiguió dar con el origen de la infección. Luego, a los nueve años, Francisco Antolí-Candela Cebrián, el pionero de la otorrinolaringología en España, descubrió que tenía una muela atravesada en el paladar. De ahí venía todo, pero el daño en el riñón ya era crónico. Acabaron por desahuciarla porque en aquel tiempo era difícil curar la nefritis. No podía acudir a clase con regularidad y cada día le costaba más salir de casa. A los once años tuvo que dejar de ir al colegio. Venían a casa profesores y, como podía, iba aprendiendo lo más elemental. Le costaba mucho, estaba muy grave.

El cura se acercó a mi cama para darme la extremaunción, relatará en 1983 al actor Adolfo Marsillach. Cuando sus manos tocaron mis pies, me agarré a la vida con tanta fuerza que aquí estoy. Tenía entonces once años y una infancia desesperada como un mal sueño.

—Después de operarla, Antolí Candela Cebrián advirtió que la niña, sin haber cumplido todavía los doce, no podía cansarse —continúa Miryam—. Tenía que reposar, y eso se traducía en pasar el día postrada en una cama. Para ella era muy doloroso, pero para nuestra madre también, que se entregó en cuerpo y alma a su salud. Cualquier cosa que se le hiciera a Mari Trini, por insignificante que fuera, suponía un castigo seguro; no se le podía rechistar. Sí, estaba muy mimada, muy consentida. Yo sentía tantos celos que un día mi madre me dijo: «Mañana te vienes con nosotros al hospital para que veas lo que sufre tu hermana y por qué se le cuida. No hay razón para que seas así con ella». Cada semana le pinchaban directamente en el riñón, sin anestesia ni nada, para seguir la evolución de la nefritis. La oí gritar y llorar tanto en el quirófano, que desde aquel día cambié por completo. Si me decía «arrodíllate», yo obedecía. Si decía «vamos a pinchar a tus muñecas», también. ¡Lo que ella quisiera!

Mientras la primogénita permanece varada en su cama, sus dos hermanos salen y entran, corren y juegan. A veces, incluso, se pelean. Aunque le gustaría levantarse y seguirlos, la enferma no se amilana. Con astucia, se vale de muñecos a los que ata una cuerda para poder recuperarlos después de que los haya lanzado contra quienes la incordian. Le obsesiona la historia de aquel caballo de cartón con el que tanto se entretenía y que, inexplicablemente, una mañana amaneció roto a los pies de la cama. Y, por supuesto, como espectadora, desde la convalecencia asiste al lento discurrir de los días: ha de acostumbrarse a escuchar de lejos las conversaciones sin participar en ellas, debe familiarizarse con el silencio, con las largas horas en blanco, con el insomnio. Me acostumbré a estar con los adultos, ningún niño quería estar al lado de la cama conmigo, contará poco después de cumplir los treinta.

A los catorce experimenta una progresiva mejoría. Vuelve al colegio, aunque, como no ha podido presentarse a los exámenes, debe incorporarse al curso que abandonó, uno por debajo del de su hermana.

—Tampoco lo pasó bien entonces —sigue recordando Miryam—. Tomaba una medicación muy fuerte que le provocó un desarrollo prematuro. Empezó a tener pecho, le creció el vello en algunas zonas y engordó. La cortisona hinchaba mucho. Mamá le canturreaba una canción que decía: «Dacortín, mister Clean, antibiótico para ti». Pero a la criatura la medicación no le sentaba bien. Las otras niñas eran un poco crueles. La adolescencia fue complicada para ella, porque queríamos comernos el mundo y salir y entrar con primos, con amigos, ir a guateques... Tenía, incluso, un enamorado, un primo que vivía enfrente y venía a verla todos los días, pero no le hizo caso.

Pasé seis largos años en la cama, relatará la cantante. Alguna vez me levantaba, pero era angustioso, porque siempre sabía que iba a recaer... Y recaía. Recuerdo la tremenda ilusión y, a la vez, el tremendo miedo a incorporarme, a ser como los demás. Siempre llevaba pantalones para no coger frío. Antes de que pudiera levantarme, mamá me regaló unos de ante. Jugaba a recortar trozos de periódicos como si fueran billetes y les llenaba los bolsillos. El día que por fin me levanté, estuve unas horas con mis pantalones de ante. Cuando pude volver a ponérmelos otra vez, había crecido tanto que ya no me servían.

Durante el resto de su existencia tardará en conciliar el sueño, dedicará las noches a escribir, a componer, a leer. Es una de las muchas secuelas que la larga convalecencia dejará en su personalidad. También, a los ojos de los demás, se mostrará siempre retraída, distante. Cada año que pasaba era para mí como cinco, repetirá la artista.

—Mari Trini era la reina de la casa, eso marcó mucho su carácter toda su vida —afirma con rotundidad Miryam—. Luego, ya de adulta, cuando le tocó pelear duro, de repente sacaba un pronto muy fuerte, de niña mimada, pero, a la vez, era tremendamente sensible. A la gente, esa forma de ser le chocaba. Por un lado, la sensibilidad y, por otro, el genio que la empujaba a decir barbaridades, aunque después se arrepintiera. En su carácter tuvo mucho que ver la manera en la que había sido criada.

Sufrió mucho, admitirá en una entrevista María, su madre. La convivencia en clase con niñas menores que ella, sumada a la dificultad para recuperar el hábito de estudio, la empujan a abandonar el colegio. En realidad, me tomaban por retrasada mental, asegura después a un periodista. Había pasado unos años difíciles. Tomé una decisión: mi vida tenía que llenarse de alguna manera. Supongo que de aquel tiempo me ha quedado un hábito: alejarme de todo lo que me rodea y desagrada, admite ya de adulta. Desde chiquilla estoy acostumbrada a hablar sola. Hablo sola y, lo que es peor, me contesto yo misma. No, no es una locura. Se trata de crear un mundo al margen de aquel en el que tengo que vivir. Imagino cosas que nunca han sucedido y que nunca sucederán. Yo tengo un libro particular de la vida. Me gusta encontrarme con gente en la calle, charlar con los demás. Hay que dar a los otros siquiera un cuarto de hora. A veces, la necesidad de comunicarnos con los demás es acuciante, tan fuerte como la necesidad de crearnos una existencia al margen de la realidad misma.

—Una experiencia así, a una edad temprana y tan dilatada en el tiempo, deja una profunda marca en el carácter de cualquier persona —observa el psicólogo Enrique Vázquez Oria—. La interpretación que hace Mari Trini, ya adulta, de aquella realidad la lleva a un alto conocimiento introspectivo, a una capacidad de análisis y de resistencia ante la frustración fuera de lo común —añade—. La futura mujer se convertirá en un ser resistente y resiliente —intuye el especialista—, forjado en pocos metros cuadrados con cimientos basados en la soledad, que está detrás de fuertes personalidades, y de las más terribles depresiones y tristezas. A buen seguro, la artista visitó todos los recovecos de esa singularidad. Justo eso es el carácter, la experiencia mezclada con la interpretación que de la realidad hace quien la vive. No debemos confundirlo con el temperamento, que es el armazón biológico que traemos a este mundo, la forma de sentir desde la cuna prácticamente, sin que medie vicisitud vital alguna. Ambos conforman la personalidad. En el caso de Mari Trini, parecen darse ambas circunstancias para explicar lo que años más tarde, convertida ya en una mujer, definirá su periplo vital.

Al fin, un día, casi por sorpresa, el diagnóstico de un nuevo médico al que consultan los padres cambia por completo el futuro de la paciente. La enfermedad remite y no hay razón para prolongar su convalecencia. Sin embargo, cuando llega el momento de rehacer su vida, de salir y reencontrarse con los amigos, siente miedo. Se ve extraña con la minifalda que le presta su hermana, tiene dificultad para seguir las conversaciones, y tampoco es fácil reintegrarse en el sistema educativo. Ante ese panorama, solo ve una puerta abierta, la que la llevará a dedicarse por entero a la música.

Fernando, el hijo pequeño de los Arbex, una familia amiga de los Mille, que acaba de dejar la facultad, acepta dar clase de guitarra a las dos niñas. El profesor, que tiene apenas veinte años y una prometedora carrera como compositor, arreglista y productor, conecta a sus alumnas con otros muchachos que también están entusiasmados con la música que llega principalmente de Estados Unidos.

—Ella sí se tomaba en serio lo que nos enseñaba —observa, con una sonrisa, Miryam—, yo no. A mí me divertían más los chicos guapos y salir por ahí. Mi hermana, en cambio, se podía pasar horas practicando y, por supuesto, no se perdía una clase de Fernandito.

Aquella enfermedad tan larga me ha ayudado mucho, mucho, insistirá la futura cantautora. Fue como una larga preparación, un largo entrenamiento. Me ha servido para interesarme con más intensidad por la vida y la gente, precisamente porque he vivido muy alejada del mundo. Me ha ayudado a ser un poco buena, a pensar más en los demás, porque tuve mucho tiempo para pensar en mí... Por eso, todo lo que me rodeó después tuvo un sentido nuevo. Si amanece un día de primavera, me levanto sintiéndome yo misma la primavera. Sí, me ha venido muy bien. Fue una preparación necesaria pero dolorosa, como todo lo que cuesta. De otro modo, hubiera sido como hacer trampas en el juego. En la cama, escribir había sido mi válvula de escape: desde los nueve años escribía y cantaba mis canciones con la guitarra. Decidí que en cuanto pudiese levantarme, sería artista. Y lo hice, ¡vaya si lo hice!

—Por lo que contó, debió vivir la adolescencia como si acabara de nacer —explica el psicólogo Borja Rodríguez—. Esa es una etapa de descubrimiento y revolución, pero para ella, además, se convierte en su curación y su salida al mundo. Recupera una libertad que tenía claro que no iba a volver nunca, y siente la necesidad de salirse de los límites establecidos por la sociedad de la época. Esa rebeldía calmada —apunta Rodríguez—, tejida a base de paciencia, de pensar en ella durante tantos años, no representa una etapa o un momento adolescente; es una manera de vivir.

La convalecencia coincide, además, con un periodo de turbulencias en el seno familiar. El padre debe hacer frente al fracaso de su empresa. El matrimonio atraviesa, además, una crisis que se agudiza conforme pasa el tiempo. Según las costumbres de la época, la pareja no se separa legalmente, pero los cónyuges ponen tierra de por medio.

—El negocio de mi padre se vino abajo, quizá por culpa de su socio —explica Gonzalo—. Entonces, cuando había algún problema económico, se daba la cara. Mi padre hipotecó las fincas y se marchó a Murcia a gestionarlas. A partir de ahí, el matrimonio empezó a vivir separado. Ella, con nosotros en Madrid, porque Mari Trini estaba enferma y todos íbamos al colegio. Él se instaló en el campo, junto a la madrina, que se quedó viuda muy joven, con cuarenta años, y también se retiró a la finca. Fue como un *tú a Boston y yo a California*, pero en casa jamás hubo un comentario despreciativo, ni por un lado ni por el otro, ni mucho menos un enfrentamiento entre ellos. De hecho, no supe de aquello hasta que no fui mayor, porque en esa época a determinados problemas se les daba su disfraz.

En algunas declaraciones, sin embargo, Mari Trini es más contundente. Fui hija de padres separados, dice, los quería mucho a los dos. Lo hicieron como se separaban las parejas, distanciándose. Me acuerdo del tren y de las llantinas cuando dejaba a uno para marcharme con el otro. Mi vida era entonces un largo trayecto entre dos estaciones solitarias.

Desde principios de los ochenta, no volverá sobre ese asunto. Del tiempo que pasó postrada, sí. Incluso en las últimas entrevistas, con la salud otra vez quebrantada. A veces se arrepiente de haber hablado tanto de su enfermedad. ¿De quién fue la idea? No lo sabe, pero la imagen de una mujer a ratos fuerte, a ratos débil, y emocionalmente inestable la perseguirá durante más de treinta años.

¿Tú qué haces con los recuerdos?, le pregunta en una ocasión la periodista Pilar Cambra. Los guardo en un rincón del cuerpo, por dentro, contesta.

Cuando a principios de 1976 graba *Mi infancia*, pide a José Luis Sanesteban, el músico que la acompaña por entonces, que la orquestación subraye con mucha sonoridad las cuatro palabras del estribillo, las que quizá resuman esa parte de su vida, las que más se repiten en su memoria: «Recuerdos, recuerdos, recuerdos... Golpean, golpean, golpean. Heridas, heridas, heridas... Las mismas, las mismas, las mismas. Recuerdos, recuerdos, recuerdos...».

3
El culo de Nikk

Guía de escucha: *Si mes amis me voyaient*, en un disco sencillo (Pathé-Marconi, 1965)

Madrid, 1964

Aunque *La Vanguardia* ha publicado la noticia cuatro días antes, el diario *La Verdad* se hace eco, el 13 de enero de 1966, del triunfo de una joven paisana en París. Poco después, *ABC* también recoge la información:

> Uno de los últimos descubrimientos parisinos se llama Mari Trini, tiene diecinueve años y es de Murcia. Nicholas Ray la conoció cuando rodaba *Rey de reyes* en una fiesta particular de Madrid.

En realidad, no ha cumplido aún esa edad. Hasta los veintiuno, según la ley española, no será considerada adulta, por lo que necesita el permiso paterno para vivir en el extranjero. Los periódicos no dicen, sin embargo, que, con anterioridad, la artista revelación había pasado unos meses en Londres, donde consiguió intervenir en un programa de televisión, conocer a Peter Ustinov y ver de cerca a Marlene Dietrich o a Paul McCartney. Con el tiempo contará que el *beatle* llegó incluso a tirarle los tejos.

En Gran Bretaña y Francia, la muchacha vive una experiencia deslumbrante pero vedada a las mujeres españolas, a las que el Código Civil de 1889, aún vigente, somete por completo a la voluntad del padre o el marido. Las leyes del momento las definen como seres de «naturaleza débil», y mediante la licencia marital condicionan, además, su día a día. No abandonarán la casa familiar salvo para casarse o ingresar en un convento, tampoco pueden comprar o vender más allá de lo necesario para «el consumo ordinario de la familia». Si no cuentan con el permiso expreso del cónyuge, se les impide abrir una cuenta corriente, aceptar una herencia o administrar los bienes gananciales. A principios de los sesenta, para la población femenina el único horizonte era el matrimonio.

Una situación que contrasta con la que se desarrolla en esos países europeos adonde Nikk quiere llevar a su patrocinada. Si en la Gran Bretaña que conoció el empuje de las sufragistas se está gestando ahora el movimiento de liberación de las mujeres Women's Liberation Movement (WLM), en Francia, Simone de Beauvoir, con su ensayo *Le deuxième sexe*, impulsa una segunda ola feminista, que se extenderá hasta principios de los ochenta. Por su parte, Betty Friedan acaba de publicar, en 1963, *La mística de la feminidad*, en el que estudia a fondo ese problema —sin nombre todavía— que afecta a las mujeres estadounidenses:

> ¿Qué es feminidad? Es ser mujer; es sentirse bien como mujer; es ser fuerte unas veces y no tanto otras; es ser receptiva, estar abierta a los cambios y saber hablar desde dentro con todos los sentimientos y palabras para ser comprendida; es ser suave y a la vez un tigre.

La jovencita murciana de la que hablan los periódicos ha conseguido sortear algunas de esas limitaciones. A causa de la larga convalecencia, su carácter se ha vuelto reservado, pero también tenaz. Está decidida a ser cantante, pero cuando le preguntan a quién quiere parecerse, carece de un referente claro. La copla sigue siendo el género más popular en la España de finales de los cincuenta y principios de los sesenta. La mayoría de sus referentes continúan en activo, recorren el país con sus espectáculos, hacen giras por América y protagonizan películas. Ella y sus hermanos vieron de cerca a algunos de esos artistas en casa de su pariente Arturo Rigel, un médico que intervino en el libreto de revistas como *La hechicera en palacio*, *Su excelencia la Embajadora*, o el guion de *La nueva Cenicienta*, de Marisol. En Singla, Rigel comparte la heredad familiar con los Pérez-Miravete Mille, cuyos hijos se refrescan cada verano en la balsa de la finca junto a numerosos personajes de la farándula.

—El tío Arturo, como lo llamábamos nosotros —relata Miryam—, vivía con una mujer muy rara, que era actriz o algo así y bajaba a la piscina en biquini o en ropa extrañísima. Como sus invitados, que siempre estaban maquillados. Nosotros los veíamos fascinados desde el jardín. «¿Y estos de dónde han salido?», nos preguntábamos. «¿Por qué papá los saluda?».

La posibilidad de que la jovencita Mari Trini se incorpore al mundo del espectáculo despierta suspicacias entre parientes y amigos. Incluso el padre no parece muy convencido. Sin embargo, tiene todo el apoyo de María Mille.

—En aquella época, que la hija de una buena familia fuera cantante no estaba bien visto, pero la enfermedad, y la separación de mi padre, había hecho que madre e hija estrecharan más su vínculo. Mamá era, además, una mujer joven todavía. Se había casado con veinte años. A su alrededor tenía un círculo de gente de su edad que la apoyaba. Así que al final se salió con la suya. Si la niña, con lo que había pasado, era feliz y cantaba bien, ¿por qué no iba a tener su oportunidad?

La música que escuchan las hermanas Pérez-Miravete es rabiosamente moderna. Con Arbex y sus amigos han descubierto el rock. En los guateques, a los que a veces los acompaña la madre, bailan al ritmo de twist o Madison.

La celebración en Benidorm de un festival de la canción en la onda de los de San Remo o Eurovisión, y la aparición de nuevos sellos discográficos, están impulsando una renovación de los gustos juveniles.

La influencia de los estilos que triunfan en Francia e Italia se deja sentir con fuerza en los primeros éxitos del Dúo Dinámico, Raphael, Monna Bell, José Luis y su guitarra, Gelu o Marisol. La radio y la televisión no son ajenas a ese fenómeno. Programas como *Caravana musical* y *Vuelo 605*, de Ángel Álvarez, *El gran musical*, dirigido por Tomás Martín Blanco o, en la pequeña pantalla, *Escala en Hi-Fi*, ayudan, como la llegada de turistas, a una evolución en los gustos musicales de la que recelan el régimen y los estamentos más reaccionarios de la sociedad.

Otras influencias han calado con más sutileza. En Madrid y en Barcelona es posible encontrar una buena oferta de salas con orquesta propia. El jazz sintoniza pronto con los ambientes universitarios y la alta burguesía de las grandes ciudades.

En 1961, el cineasta Nicholas Ray llega a España para rodar *Rey de reyes*. El director no atraviesa una buena racha. En los medios cinematográficos se dice que desde hace cinco años le persigue el fantasma de James Dean, fallecido pocos días antes del estreno de *Rebelde sin causa*. A finales de los cincuenta acepta la oferta de Samuel Bronston para rodar *Rey de reyes* en localizaciones españolas y se instala junto a Susan, su esposa, en un chalet de La Moraleja, muy cerca de donde vive la actriz Ava Gardner, quien los introducirá en su círculo de amistades madrileñas.

Terminado el rodaje, los Ray se establecen en Italia. Pese a las serias diferencias que habían surgido entre ellos, Bronston vuelve a proponerle la dirección de *55 días en Pekín* y regresan a Madrid en el otoño de ese año. Las filmaciones comienzan el 2 de julio de 1962. Una noche, según contará después Susan, se despierta sobresaltado y sudoroso; ha soñado que nunca volvería a terminar una película. Estaba en lo cierto. Los continuos problemas y conflictos empujan a Nicholas a abandonar el trabajo en los primeros días de septiembre. Su salud se ha quebrantado y debe pasar una temporada en el Hospital Angloamericano de Madrid.

Al recibir el alta, decide dar un giro a su vida y en 1963 abre un club en el número 31 de la avenida de América de Madrid, casi en el cruce de la calle María de Molina con Cartagena. El Nicca's, *El culo de Nikk*, en poco tiempo se convierte en un lugar ineludible de la gente bien en la noche madrileña. El propietario atiende directamente el negocio.

—Muchas madrugadas, cuando terminaba la actuación, Nicholas Ray me hacía un bocadillo para cenar —recuerda, en su pequeño apartamento de Alegia, el pianista Willy Rubio, que trabajaría allí antes de acompañar a un jovencísimo Alberto Cortez y formar parte después de Los Waldos, el quinteto de Waldo de los Ríos—. Lo habíamos acordado así: además de un caché escaso, tendría derecho a un pepito de ternera cada noche. El propio Nikk se ponía delante de la plancha y lo preparaba. No le importaba, y eso que la clientela del Nicca's era espectacular. Allí solo iban los importantes.

Rubio se alterna en el escenario con otro pianista, el cántabro Juan Carlos Calderón, a quien ha conocido nada más llegar de su país natal, Argentina.

—La misma noche que pisé Madrid por primera vez —sigue contando Rubio— fui a la sala en la que actuaba Calderón. Cuando terminaron, me senté con él al piano para preparar mi repertorio mientras los camareros limpiaban y recogían. Aquella madrugada, al despedirnos en la puerta, había una mujer esperándolo. Llovía, eran como las cuatro, las calles entonces tenían muchos árboles, en las esquinas había cuatro cables y un farol, que provocaba un curioso efecto de sombra. Cuando salimos, vimos un taxi parado con una señora esperando fuera. Caminamos hacia ella. Al acercarme pude advertir su gesto de cabreo. Al llegar, Calderón me la presentó. Era Ava Gardner. Se marcharon juntos. Después, cuando lo comenté con algunos amigos, nadie me creyó. «¿No te habrás confundido?», preguntaban con sorna. Yo encogía los hombros y respondía: «Todo puede ser».

La actriz estadounidense, que desde el 53 vive en España, es uno de los muchos rostros famosos que frecuentan el Nicca's, convertido, como escribe Marcos Ordóñez, en «el club de los americanos». Ante esa clientela, por el escenario del local desfilan *crooners*, grupos de jóvenes roqueros, como Los Brincos o Los Pekenikes, y estrellas consagradas de la talla de Dizzy Gillespie.

En una de las fiestas de la alta sociedad madrileña a las que acude, Nicholas Ray conoce a una adolescente que quiere ser cantante. Sin pensárselo dos veces, le brinda la oportunidad de debutar en su local. Con la misma rapidez, la muchacha acepta el ofrecimiento; puede cantar en inglés o en francés e, incluso, acompañarse con su guitarra, pero deja claro que no quiere cambiarse de nombre. Se presentará con el suyo: Mari Trini.

Nicholas proporcionaba audiciones a algunas gentes que querían entrar en el mundo del espectáculo, relató después la artista. Recuerdo que aquel día resolví ponerme *normalita*: una falda de nailon pegada, una blusa discretísima y... bueno, dentro del sostén un poquito de algodón para causar más efecto. Total, que me lancé a cantar con mi guitarra a cuestas. Sin embargo, cuando terminé, me dijo que tenía mucho talento como actriz. Ray quería hacer una película del estilo de la que había rodado con James Dean, pero el *rebelde sin causa* tenía que ser una chica y mi imagen parece que le interesó.

—Era muy joven, casi una niña —recuerda Willy Rubio—. He olvidado los detalles, pero tengo grabada la imagen de estar yo frente al piano y ella cantando, no sé si en algún ensayo o ya actuando. Me ha quedado esa imagen. Sí, quizá fue en el Nicca's. Toqué allí en el 64 y el 65, y me acuerdo de haber acompañado a Mari Trini.

Entre Ray y la debutante se establece rápidamente una corriente de simpatía. Acabo de escuchar en París a Sylvie Vartan y no tiene comparación, le comenta eufórico.

En junio de 1964, María Mille Campos, que ostenta un poder notarial de su marido «como representante legal de la menor», suscribe con el estadounidense un contrato «de representación exclusiva para todo el mundo de su hija, en relación con sus actuaciones como cantante en radio, televisión y para la grabación de discos». El documento, que «tendrá una duración indefinida», recoge que «corresponderá al Sr. Ray dirigir las actividades profesionales de la Srta. Pérez-Miravete, con carácter exclusivo, determinando los métodos de explotación de su capacidad artística, así como la clase de trabajo a realizar en cada momento». Y continúa:

> El Sr. Ray, por su actuación como representante y director de la Srta. Pérez-Miravete, percibirá un 30 % de las remuneraciones que correspondan a esta, como consecuencia de los contratos suscritos o ejecutados. Si las remuneraciones, en cualquier mes, excedieran por semana de 178 libras esterlinas, o su equivalente en cualquier moneda, abonará al Sr. Ray un 12,5 % más de comisión, y si en las mismas condiciones, la remuneración excediese de 256 libras esterlinas, pagará al Sr. Ray un 5 %, con lo que el porcentaje total ascenderá al 47,50 %.

Me firmó un contrato leonino y se convirtió prácticamente en mi representante, corroborará Mari Trini tiempo después. Según el contrato, me tenía que mantener, comprar el vestuario y, a cambio, él cobraría unos derechos de todo lo que pudiera ganar.

Una muchacha con tanto talento necesita salir de España, formarse, conocer gente. Quizá sería recomendable que viviera unos meses en Londres, uno de los epicentros de la nueva cultura mundial. Como la película que planea el cineasta se va a rodar en escenarios británicos, parece conveniente, por tanto, que la chica vaya familiarizándose con el ambiente artístico de ese país. En cualquier caso, antes de nada, debe contar con el carnet que expide el Sindicato Vertical y que desde 1943 resulta indispensable para cualquier español que quiera actuar sobre un escenario. Para obtenerlo, hay que acreditar las capacidades artísticas ante un tribunal formado por profesionales y especialistas.

Con una autorización firmada desde Murcia por el cabeza de familia, Mari Trini y su madre hacen una primera visita a la capital británica, donde tienen la oportunidad de conocer a celebridades como James Mason o Roman Polanski. Mientras, el director de *Rebelde sin causa* pone en marcha su estrategia de comunicación, como anuncia en noviembre la revista *Guidepost*, que se publica en inglés en Madrid:

> Nick Ray vino desde Londres para aplaudir a Mari Trini, su protegida de diecisiete años, que ha participado en una audición para una compañía discográfica estadounidense. Mari toca la guitarra, escribe sus propias canciones y hace algo parecido al blues continental y la música folk americana. Su única aparición pública hasta la fecha ha sido en ABC-TV de Londres.

Varias revistas se hacen eco poco después de la excelente acogida que ha brindado el público británico a la joven cantante en su presentación televisiva la noche del domingo 26 de diciembre de 1965. Entre los intervinientes en el espacio se encontraba el famoso actor Peter Sellers. Según informa *La Gaceta Ilustrada*, «su presentación estuvo a cargo de Larry Adler, quien la acompañó con la armónica, instrumento del que es un concertista extraordinario. Mari Trini cantó *Guitarra*, *Recuérdame* y *Una linterna*; la primera en español, la segunda en italiano y la tercera en francés». El archivo de la BBC asegura, sin embargo, que el presentador fue Denis Tuohy. Las tres melodías forman parte de la veintena que la muchacha ha ido componiendo en los últimos años. Tal como cuenta la revista:

> De este juego le surge letra y música. Algunas canciones las piensa ya en francés y así se quedan. Por ejemplo, el tema de *Une lanterne* es una historia de amor inspirada en un cuadro pintado por el conde de Riudoms, que recoge un paisaje urbano de París, en San Germán de los Prados. La inspiración le vino en francés y en ese idioma ha quedado esta bella y sentida canción. Siempre trabaja en su cuarto, rodeada de libros y ante su gran discoteca. Antes de escribir letra y música, interpreta ante el magnetofón lo que va a ser la canción del alma. Escuchando esta especie de borrador es como surge la verdadera inspiración para ir componiendo, armonizando, cambiando...

Como pretende quedarse a vivir en el sur de Europa, Nicholas Ray aprovecha su estancia en Madrid para acercarse a la crítica cinematográfica italiana y francesa. En particular, a la prestigiosa revista *Cahiers du Cinéma*, que ha elogiado en numerosas ocasiones su obra. Hacia finales de 1964, deja el negocio en manos de un sobrino y se marcha a París para colaborar con Andrzej Wajda en *Popioly* y se interesa por el proyecto de llevar a la pantalla *The Doctor and the Devils*, el guion que Dylan Thomas había escrito en 1953 sobre las andanzas de Burke y Hare, los asesinos y ladrones de cadáveres.

María Mille se lanza entonces a buscar alojamientos de confianza para sus dos hijas, a las que pretende enviar a París. Gracias a la intervención del consulado español, localiza a una aristócrata de origen holandés, venida a menos económicamente, que alquila habitaciones a muchachas formales en su caserón del distrito VI de la capital gala, entre el Sena y el boulevard du Montparnasse. Allí se instala Mari Trini, y Miryam irá a un internado religioso. No les costará adaptarse, las dos hermanas tienen a su favor, además, que hablan con fluidez el francés.

Mientras viaja por varios países, Ray sigue con atención la carrera de su apadrinada, que en 1965, tras firmar su primer contrato discográfico con Pathé-Marconi por tres años, consigue grabar en los míticos estudios de la rue de Sèvres, en Boulogne-Billancourt, un EP con cuatro canciones: *Bonne chance, mon amour*, *Comment veux-tu que je t'oublie?*, *Le diable au corps* y *Les pianos mécaniques*.

Por indicación de su representante, la joven se ha puesto a las órdenes de Poisson, que había hecho carrera y ganado prestigio junto a Edith Piaf. Por su parte, el orquestador y arreglista, Paul Pilot, ha acompañado a artistas de la talla de Luis Mariano o Gloria Lasso. Los compositores de los temas también son prestigiosos: Guy Magenta está detrás de algunos éxitos de André Claveau, Lys Assia o Dalida. La letrista Vline Buggy ha adaptado al francés a The Everly Brothers. A Frank Gerald lo cantarán Gilbert Bécaud, Caterina Valente o Nana Mouskouri. Para cerrar el microsurco, se incluye una versión vocal de la banda sonora de la película *Les pianos mécaniques*, de Georges Delerue.

A las clases con distintos profesores para mejorar su técnica y su pronunciación, los ensayos y las sesiones de grabación, siguen presentaciones en algunos locales de moda parisinos que frecuentan los cazatalentos de la industria. Uno de ellos es el Golf-Drouot, en el número 2 de la rue Drouot, un antiguo salón de té que desde principios de los años sesenta, y hasta su cierre veinte años después, es para muchos *le temple du rock*. No es raro coincidir allí con Johnny Hallyday, Eddy Mitchell e incluso algún componente de The Beatles. Como buen roquero, a esta sala no puede dejar de acudir Teddy Bautista, el guitarrista y cantante de Los Canarios, que acaba de regresar de una gira por Estados Unidos. Le acompaña un directivo de Disques Barclay. Esa noche actúa una compatriota llamada Mari Trini.

—En aquella época yo tenía una larga melena, el pelo me llegaba por los hombros —explica el músico canario sin poder contener una sonrisa—. Cuando terminó, fui a buscarla y le dije: «Je suis espagnol». No sé por qué le hablé en francés. Me miró con una cierta sorpresa antes de responder. «Y yo española», contestó. Reímos. Le conté qué hacía. «Ah, sí», dijo, «Los Canarios. He oído hablar de ellos». Hablamos de Jacques Brel y Gilbert Bécaud, dos artistas que, pese a que mi formación era anglófona, me gustaban mucho, mucho, y ella sabía cantarlos como nadie.

En el panorama musical galo triunfan en ese momento France Gall, Sylvie Vartan o Françoise Hardy. La comparación es inevitable, sobre todo con esta última. El tono de las grabaciones que registra la española, apenas tres años menor que la francesa, incluso la portada del EP, en la que, como Hardy en algunos de sus vinilos, aparece retratada sobre un fondo oscuro, parecen invitar a pensar que una es el modelo de la otra. Ray descarta, a veces de malhumor, cualquier parecido. Mari Trini es distinta, asegura. Está más en la línea de Aznavour, insiste. Es una verdadera artista.

Con su disco bajo el brazo, la joven española recorre las emisoras e incluso acude a algún programa de televisión, mientras mejora su francés y aprende nuevas técnicas interpretativas. Lo más importante fueron las clases que toma con Madame Charlot. Ella me enseñó a cantar con el diafragma, a respirar y a aguantar dos horas de recital sin quedarme afónica, le dirá a Manolo Román en *ABC*. Y a afinar bien, que es una cosa que ya no se considera muy en cuenta.

A veces coincide con algún compatriota, como el cantautor Ismael Peña, que lleva viviendo en la Ciudad de la Luz desde 1960.

—La vi en París varias veces —refiere el artista casi sesenta años después desde su casa en la localidad madrileña de Sevilla La Nueva—, no muy seguidas porque nos movíamos por barrios diferentes. Ella, como yo, estaba inmersa en ese mundo apasionante. Sí, como en el título de la novela, París era una fiesta en esa época. Todavía estaban frescas las heridas de la Segunda Guerra Mundial, pero también quedaban los ecos de las vanguardias, del surrealismo. En cualquier campo de la cultura había primerísimas referencias: Christian Dior en la moda, estaba vivo Picasso, la Greco ya era admirada en Hollywood y, por supuesto, por todas partes sonaban Piaf, Bécaud o Barbara. París era el centro de todo. Los sesenta allí fueron estupendos. Para los que entonces conseguíamos salir de España, el contacto con todo aquello supuso un *shock* y a la vez un revulsivo. Allí todo era posible. Yo había conseguido llegar a París en mayo del 60 con una tuna. En la frontera, nos detuvimos a sellar los pasaportes. Como éramos unos treinta, el trámite se alargó. Anochecía. Mientras esperábamos, vi a través de la ventanilla a un chico y a una chica besándose en la calle. Para mí aquella imagen fue como una revelación. En España, una escena así era impensable. Desde ese momento me convencí de que todo lo que yo había soñado antes de viajar podía hacerse realidad.

Algo parecido le ocurre a la abogada navarra Teresa Moleres, que acabaría trabajando en el Parlamento Europeo. Con apenas veinte años, Moleres, asfixiada por las limitaciones que el franquismo impone a las mujeres, se marcha al país vecino a ampliar estudios y mejorar su francés. París, cuenta, fue el despertar de la libertad.

—Aquellos años marcaron mi vida. Nunca había visto en España a un hombre y a una mujer besarse como no fuera en el cine. Caminaba por Saint-Germain-des-Prés, delante de mí iba un chico con aquellos pantalones de Yves Saint Laurent, así, de campana, tan bonitos, y la chica con una minifalda. Qué guapos, pensé cuando, de repente, se paran y veo que se dan un beso en los labios. Me quedé petrificada. Durante mucho tiempo no dejé de preguntarme por qué no ocurría eso en España. La respuesta estaba clara: vivíamos bajo una dictadura y a años luz del resto de Europa.

Otro hecho llama poco después la atención de Moleres mientras pasea por el *6e arrondissement* de París; la voz de una muchacha que cantaba con su guitarra le hace detenerse.

—Se había formado un corrillo alrededor. A todo el mundo parecía gustarle. Al cabo de algún tiempo volví a Madrid y la reconocí en un programa de televisión en el que la presentaron como Mari Trini. En un primer momento no estaba segura de que fuera ella, pero luego contó que acababa de llegar de París y no tuve duda. Me llevé la alegría de ver que había conseguido abrirse paso y obtener éxito. Ya no dejé de seguirla, he sido una gran admiradora suya. Hoy al escucharla vuelvo a recordar París en aquellos años. Siempre he tenido la impresión de que vivimos cosas parecidas allí.

Hacia el verano del 65, los ejecutivos de Pathé-Marconi acceden a que Mari Trini grabe un segundo EP con composiciones propias. En la mayoría de los países europeos es habitual, en ese momento, que una artista femenina interprete sus canciones. Aparte de Hardy, el referente más cercano es Barbara, que un año antes ha publicado un disco con diez temas firmados por ella. También en 1964 sale otro álbum que contiene uno de sus grandes éxitos, *Dis, quand reviendras-tu?*

Frank Gerald se encargará de traducir tres de los textos al francés. El cuarto se lo encargan a Pierre Delanoë, que había puesto letra a *Je t'appartiens* y *Et maintenant*, de Bécaud. Paul Pilot vuelve a dirigir la orquesta. Para abrir, y destacado en la portada, se elige *Si mes amis me voyaient*, seguido de *Chez moi*, *Le chemin de mon coeur* y, para cerrar, *Ce n'est pas moi*, que seis años después Mari Trini convertirá en una de sus creaciones más célebres, *Yo no soy esa.*

Teddy Bautista corrobora:

—Ella abrió ese camino antes que nadie. Esas cuatro canciones compuestas por Mari Trini, y publicadas en 1965, la acreditarán como la primera cantautora española. Ninguna mujer había conseguido, hasta ese momento, grabar e interpretar sus propias creaciones.

El arreglo de Pilot sobre *Ce n'est pas moi* vuelve a hacer inevitable la comparación con el estilo de Françoise Hardy, la primera cantante pop que ha conseguido en el país vecino formar un repertorio con composiciones propias pese a las reticencias de la discográfica Vogue. En 2016, Hardy contará en el documental *La discrète* que tuvo que aceptar que Roger Samyn, el arreglista de su primer álbum, apareciera como coautor de todos los temas entre los que estaba *Tous les garçons et les filles*. Desde entonces se le considera un símbolo de la juventud francesa en el mundo, pero Mari Trini marca distancias con ella. Mi música, mis canciones y mi estilo de cantar son distintos, responde con rotundidad al preguntarle en una revista.

Mientras la voz de la intérprete parisina se escucha con intensidad en las emisoras del país galo durante ese año de 1965 con *L'amitié*, la española aprovecha cualquier ofrecimiento para cantar en directo. Por entonces, Nicholas Ray acaba instalándose definitivamente en la isla de Sylt, al norte de Alemania. Uno a uno, todos sus proyectos cinematográficos van fracasando. La pesadilla que le atormenta desde el verano del 63 se transforma en una premonición. También parece debilitarse el contacto con su patrocinada, que regresa a Madrid a pasar la Navidad con la familia. Casi como un regalo de Reyes, la oficina de prensa de Ray se encarga de que las agencias distribuyan por las redacciones de los periódicos españoles la noticia:

> Nueva revelación en el mundo del disco francés. Se trata de la española Mari Trini, una chica de dieciocho años, de la buena sociedad murciana, y descubierta en Madrid por Nicholas Ray, con ocasión de una fiesta particular. Mari Trini, que canta y habla francés como una nativa, acaba de ver publicado su primer disco en París. Una de las cuatro grabaciones corresponde al tema de *Los pianos mecánicos*. En España verá la luz el próximo año. Pero ella seguirá viviendo en París, en donde le surgieron ya ofertas para hacer cine, gracias a su personalísima fotogenia.

Sin embargo, las relaciones entre la joven artista y el director están ya heridas de muerte. La presión de Ray sobre Mari Trini ha ido acentuándose con el tiempo hasta caer, simple y llanamente, en el acoso. Pigmalión ha mostrado su verdadero rostro. La cantante lo contará en varias ocasiones a lo largo de su vida, pero el hecho siempre pasará desapercibido y ni siquiera merecerá un titular. Hubo un momento muy decepcionante porque me di cuenta, y esto lo puedo decir con toda sinceridad, que al final lo que había pasado es que este hombre se había enamorado de mí, que es lo clásico, lo que sucede siempre, aunque yo no me había dado cuenta, porque él tenía cincuenta y pico años y yo solo diecisiete. Lo comprendí el día en que no solo se insinuaba, sino que pretendió acostarse conmigo. A partir de ahí le dije que aquello no era así y desapareció nuestra relación y nuestro contrato, afirma la cantante.

Según relatará cuando vuelva a España, su vida en París da un giro tras la ruptura con el cineasta, y se esfuman muchas comodidades, tiene que aprender a ganarse la vida con otros empleos: desde trabajar en una casa, haciendo la comida y limpiando, a vender porcelanas de una tienda. O desde hacer de botones a cantar con mi guitarra en la calle, contará ella misma cuando sea famosa. Su hermana Miryam, sin embargo, discrepa:

—Fuera de su profesión, no trabajó en otra cosa. No le quedaba tiempo. Daba clases con varios profesores por la mañana y la tarde. De noche, cantaba en varios bistrós, pero a las once teníamos que estar ella en su habitación y yo en mi internado. Lo pasamos muy bien, exprimió los días al máximo, se esforzó mucho para aprender.

Además, conoce a otro tipo de gente y empieza a tener amigos de todas las edades. A diferencia de lo que ocurre en Madrid, en la capital francesa nadie se escandaliza de que una joven pueda acudir a cenar al piso de un medio novio mucho mayor que ella. En 1985, durante una entrevista en TVE, el periodista comenta:

—Vamos a ver. Fue en París, tenías diecisiete años cuando perdiste aquello...

—Estás mal informado.

—Pero en París pasó algo...

—¡Acabáramos! Era eso... Pues resulta que yo, con diecisiete años y monísima, tenía un novio. Me invitó a su piso a cenar, como se hace en esos casos. Todo lo había preparado, todo precioso con sus velas, su camita... Bueno, en realidad era una especie de *chaise-longue*. Cenamos. Allí empezó todo, las caricias, los besos..., en fin, esas cosas.

—La cosa estaba bien...

—Bastante bien, yo estaba muy a gusto y él también, no sentíamos ninguna vergüenza, pero en un momento dado que seguíamos con... ¿sabes? Pues de repente hace plas y se quita los zapatos. Entonces sube un olor a pies... Un mal olor tan grande que me quedé congelada. Solo pude decirle: «Por favor, llévame a casa». Él me respondió: «No me puedes dejar en este estado». Pero hay que comprender también lo mío. Me llevó a casa a ciento veinte por hora y de muy mal... café.

El protagonista de la historia podría ser, según Miryam, el pintor Robert Fonta, más de veinte años mayor que ella y fallecido en 1976.

—Era un tío estupendo que la quería muchísimo. Y ella también estaba enamorada. En casa de mi hermana había muchos cuadros de él. Debió de ser una historia importante en su vida, aunque la viviera con un poquito de confusión.

4
El alma no venderé

Guía de escucha: *El alma no venderé*, en un disco sencillo (RCA, 1967)

«Siempre me dio ternura su nombre, tan castizo como el de la Mari Pepa de *La Revoltosa*, tan español y familiar como el de la vecina de enfrente de un barrio madrileño y eso es lo paradójico, porque ella, su voz, sus canciones, su inspiración, sus sueños, venían de París».

Las manos del compositor Juan Carlos Calderón saltan sobre el teclado del ordenador. El diario madrileño *El Mundo* le ha encargado un pequeño artículo para un suplemento dedicado a algunos personajes que han fallecido a lo largo de 2009. Ha estado a punto de decir que no. Nunca ha sido amigo de ir por ahí contando recuerdos. Cuando le anuncian que se trataba de Mari Trini, cambia de opinión. Quizá sea lo último que pueda hacer por ella.

«Todo ese fuego llevaba Mari Trini en su alma cuando la conocí en los sesenta —sigue escribiendo el músico—, una adolescente de dieciséis años, pequeña, con cara inocente, en un club de Madrid llamado Nicca's, donde yo tocaba el piano haciendo doblete con el Bourbon Street por las noches, necesitaba trabajo, estaba empezando mi carrera».

A alguno de esos clubes acude a buscarlo una noche un jovencísimo productor discográfico, Ele Juárez, que trabaja para

RCA, un sello norteamericano que abrió su filial española a principios de los cincuenta. Los directivos acudieron incluso a El Pardo a presentar el proyecto a Franco y a agradecerle las facilidades que su gobierno había dado para que la empresa se instalara a las afueras de la capital. Tras unos años de crisis, RCA afronta una etapa de renovación tomando como modelo la gestión y los buenos resultados obtenidos de la compañía en Italia. Allí envían a un jovencísimo ejecutivo español, donde tiene la ocasión de colaborar con el mismísimo Ennio Morricone. A su regreso, convertido en director general, Juárez sale a la caza de nuevos talentos.

El primer objetivo es Luis Eduardo Aute, un músico, poeta y cineasta que ha pasado por grupos como Los Sonor o Los Tigres. Después de realizar dos cortometrajes y una exposición pictórica, vive una larga temporada en París a la que pone fin para cumplir el servicio militar en el Pirineo. En 1966, de vuelta en Madrid retoma el contacto con algunos músicos. Maritchu, su novia, le presenta a la hija del todopoderoso representante Emilio Santamaría, Massiel, que en abril ha debutado en el mercado discográfico y está preparando su primer LP. Y también a Mari Trini, una muchacha apadrinada por Nicholas Ray recién llegada de Francia, donde ha grabado para Pathé-Marconi.

Durante varios meses, Ele Juárez intenta convencer a Aute para que se dedique a la música. El polifacético artista se resiste a grabar algunas canciones bajo la influencia de Bob Dylan y Joan Baez. Lo suyo es la pintura, insiste. En ese tira y afloja, una noche Juárez lo lleva a un club nocturno donde toca Juan Carlos Calderón, un pianista santanderino que ha entrado en contacto con la compañía a través de Tito Mora.

«Ese fue mi primer encuentro con "El Gorrión de Murcia", me cantó una canción y... me impactó por su voz, su sensibilidad y su juventud», sigue escribiendo Calderón en la cabaña que construyó en el jardín de su casa, el lugar donde han nacido la mayoría de los éxitos con los que ha cosechado tres premios Billboard y cinco Grammys, entre otros reconocimientos. Por algún lado debe guardar fotos de aquel invierno del 65.

Aunque pasa algunas temporadas en la casa familiar, Mari Trini sigue viviendo en París, donde continúa con sus clases de voz e interpretación y aprovecha cualquier oportunidad para actuar en pequeños locales.

No me interesan las *boîtes*, advierte la muchacha en una entrevista. En esos negocios se te impone, y yo quiero un público que saque su entrada para oírme a mí. Conste que sé que es ambiciosa esta decisión de no actuar más que en recitales, y mucho más ahora que soy muy poco conocida, pero estoy decidida a llevarla a cabo. La joven tampoco tiene muy claro que la estancia en Francia vaya a determinar su carrera: Yo me he formado en París; lo necesitaba para grabar en francés. Pero me siento tan lejos de la canción francesa como de la italiana. Ni siquiera descarta profundizar más en su otra vocación de actriz.

A mediados de 1965, coincidiendo con una de sus estancias en Madrid, el actor y director almeriense Ángel Pastor la lleva a conocer a los componentes de Los Goliardos, una compañía de teatro independiente que acaba de estrenar su sede en un piso del barrio de Estrecho. Con obras como *Ceremonia por un negro asesinado* o *Notas al margen para un montaje pánico*, y bajo la atenta mirada de la censura, el grupo impulsará una renovación de la escena española. La cantautora Ana María Drack, parte del elenco fundacional de Los Goliardos, recuerda como si fuera ayer ese día:

—Todavía no me dedicaba a la música, pero tenía mi guitarra allí porque a veces, cuando terminábamos el ensayo, yo cantaba y los otros actores me pedían canciones de Chavela Vargas, Cafrune o Edith Piaf. Creo que Ángel Pastor la llevó para presentármela porque a mí me gustaba mucho la *chanson* y ella la interpretaba muy bien. Me cayó de maravilla, me pareció una muchacha encantadora, educadísima, con clase. Era un verdadero placer escucharla. En aquella época, todo el grupo disfrutábamos mucho con la Piaf o Brel. Fue una sorpresa. Nos cantó algo de los dos y una tercera compuesta por ella titulada *Guitarra*.

Esa composición ha ido acompañándola desde que se presentó en el Nicca's. También la incluyó en sus actuaciones en las televisiones británica y francesa, pero fue descartada por los ejecutivos de Pathé-Marconi.

Dos años después, Mari Trini sigue convencida de su fuerza y se la presenta a Juárez, cuando, acompañada de su madre, la recibe por primera vez en la nueva sede de la compañía, en la Torre de Madrid. «La discográfica RCA la contrató y yo le hice su primer disco. Lo que son las cosas: la primera canción que cantó, *Algo así*, era mía. ¡Qué ironía! Cantarme una canción, siendo ella cantautora», escribe con nostalgia Calderón en su obituario.

Los dos años de vigencia del pacto que Mari Trini había suscrito con la discográfica francesa, que no parece decidida a apostar por nuevas grabaciones, expiran a principios de 1967. Adelantándose a ese momento, cada vez que regresa lleva sus maquetas a alguna editora. Casi todas poseen un catálogo que combina el flamenco, la copla y los ritmos yeyés que enloquecen a los más jóvenes. En la radio o en las máquinas reproductoras que proliferan por bares y cafeterías suenan Los Brincos con *Un sorbito de champán*, Bruno Lomas y *Amor amargo*, o *Lady Pepa* de Los Pekenikes. En noviembre de 1965, Raphael, que en los años siguientes acudirá en dos ocasiones consecutivas a Eurovisión, ha ofrecido un concierto en el elitista Teatro de la Zarzuela. Por tanto, las voces femeninas siguen siendo minoritarias en las listas de éxitos. Las Chics, el primer grupo español formado exclusivamente por mujeres, acaba de disolverse. Karina se dispone a grabar uno de los mayores éxitos de su carrera, *Romeo y Julieta*, que le disputará el reinado en fiestas y guateques a *Corazón contento* de Marisol.

Pese a que políticamente son inofensivos, la dictadura asiste con recelo al cambio de gustos musicales que experimenta la juventud española. En junio de 1965, The Beatles han actuado, con poco éxito, en Madrid y Barcelona. Dos hermanos holandeses, Johnny & Charley, dicen haber inventado un baile, *La yenka*, con un extraño estribillo: «Derecha, derecha, izquierda, izquierda, adelante, atrás, un, dos, tres». En Finlandia, de donde al parecer procede la melodía, sospechan que se trata de una maniobra publicitaria del franquismo. Al siguiente verano, es el *Black Is Black* de Los Bravos el que provoca contorsiones y extraños movimientos en las pistas de baile de medio mundo, aunque las listas españolas también se rindan a Luis Aguilé y *Juanita Banana*.

Lo insustancial de muchas de las canciones que suenan en la radio y tararea la gente parece preocupar a los gobernantes tanto como la longitud de faldas y melenas. Tras el Festival de Benidorm del 65, el ministro de Información y Turismo, Manuel Fraga Iribarne, muestra su indignación por la banalidad de la canción ganadora, *Me lo dijo Pérez*, que ha compuesto Alberto Cortez. La ira de Fraga empuja a Cortez a buscar un nuevo estilo.

Como otros artistas del momento, lo encuentra en la obra de Brel o Brassens o Aznavour, que también parecen influir en los componentes de la *Nova Cançó*, un movimiento artístico y cultural que reivindica el uso del catalán y critica el régimen político. Desde 1964, Paco Ibáñez pone música a poetas como Federico García Lorca o Luis de Góngora. En algunos colegios mayores y en ciertos programas de radio se escucha con insistencia el folk que viene de Estados Unidos. El periodista e investigador Gabriel Jaraba lo cuenta en un artículo publicado en 2020 en el diario *Catalunya-Plural*:

> La industria buscaba una cosa muy concreta: hacer triunfar una *Nueva Canción Castellana* que reprodujese en toda España el éxito de la *Nova Cançó* catalana, pero sin la connotación reivindicativa manifiesta.
>
> Esta estrategia tenía como objeto diluir los nacientes movimientos de nueva canción en otro que fuera inocuo mediante un desplazamiento de la atención hacia una moda más atractiva. En Madrid ya había cantantes reivindicativos, la mayoría más «rojos» que muchos de sus colegas catalanes (militaban en organizaciones clandestinas, cosa que horrorizaba a los artistas de la *Nova Cançó*, excepto a Ovidi Montllor, militante del PSUC y CCOO). Los cantantes castellanos estaban vinculados al Grupo Canción del Pueblo: artistas como Elisa Serna, Hilario Camacho, Luis Pastor, Las Madres del Cordero, Pablo Guerrero y muchos otros. Por aquel entonces, Paco Ibáñez aún estaba en París haciendo de guitarrista de sesión. El artista hijo de la República Española que daba la cara en los escenarios era Leny Escudero.
>
> En esta situación, la operación buscada era doble. Por parte de la industria, profundizar en el nicho de mercado abierto por

> Serrat en lengua castellana. Por parte del sector opusdeísta del gobierno de Franco y de los profesionales más lúcidos de la industria de la comunicación asociada al régimen, ofrecer al gran público una línea de producto de estilo folk y cantautores desteñida de cualquier componente ideológico y desplazar a ella la atención del público de tal modo que ocultase la auténtica canción disconforme.

Todo cambia muy deprisa en la cultura y la sociedad españolas. En los catálogos de las principales discográficas, que también han crecido en número de empresas y en venta de ejemplares, conviven los nombres de oro de la copla, la canción del verano y sus secuelas, los grupos de pop y, en menor medida, algún artista relacionado con los cantautores, esa nueva palabra que empieza a adquirir un significado en esa época. En las páginas de *ABC*, el crítico Mariano Méndez Vigo defiende esa variedad de estilos y recomienda a sus colegas, como la locutora Encarnita Sánchez, no mezclarlos:

> Todos los países tienen su folklore o sus aires populares, pero a la hora de presentar temas modernos universales lo indicado es componer canciones que no sean ni italianas, ni francesas, ni inglesas, ni norteamericanas, ni españolas. Hay canciones popularísimas en todas partes que podrían haberse creado en cualquiera de estas nacionalidades. Es el caso de *Extraños en la noche*, el gran tema de Frank Sinatra, que ha permanecido como número uno muchas semanas en nuestra clasificación y en la de muchos países, sin intercalar un fandango o una tarantela. Dejemos cada cosa en su sitio porque mezclarlas es peor...

Para el Festival de Mallorca de 1966, Zafiro, un sello nacional que ha lanzado a Marisol y a Los Brincos, apuesta decididamente por una jovencísima Massiel, que todavía no ha cumplido los diecinueve años. El premio es para *Vuelo 502*, de Los 4 de la Torre, pero la crítica elogia con entusiasmo su interpretación de *Rufo el pescador*, la composición de Manolo Díaz, un antiguo componente de Los Bravos que ha grabado en París un disco con el significativo título de *Posguerra*. Poco después aparece el primer EP de la futura ganadora de Eurovisión, en el que ha puesto letra a las melodías de Luis de Pablo.

No hay muchas mujeres en España, en ese momento, que escriban y canten sus propias canciones. Desde principios de la década, y avalada por Maurice Chevalier y Edith Piaf, Fina de Calderón (Josefina de Attard y Tello) y Maryní Callejo, la vocalista de Los 4 Brujos que había producido el primer disco de Los Brincos, representan dos de esas excepciones. En 1965, RCA había descubierto a Lorella, una debutante que con canciones de su autoría aspira a ocupar el estrellato que disfrutan Gelu o Karina. En su hoja de presentación se lee lo siguiente:

> Tiene veinte años. Ella vivió la mayor parte de su vida en Pamplona y Asturias. Ahora, en Madrid estudia Arte Dramático con Amparo Reyes en la Escuela Superior. La carrera de canto la terminó en el Conservatorio de Pamplona. Es autora de sus primeras canciones y quiere dedicarse por entero a los jóvenes que, como ella, comienzan a dar sus pasos importantes en la vida. Posee una gran inspiración y sensibilidad de artista nata que se refleja claramente en sus composiciones.

Apenas un año después, por recomendación del periodista Fernando Salaverri, Rafael Trabucchelli, recién nombrado director artístico de Hispavox, la discográfica más importante del país, escucha algunas de las canciones de María Ostiz, el nombre real de Lorella, que RCA descartó. Hispavox ha empezado a distribuir en España las grabaciones de Joan Baez que tolera la censura. El productor, que cree haber encontrado la réplica hispana a la estadounidense, no se lo piensa dos veces y la contrata. El erudito musicólogo Roberto Pla explica en la contraportada del LP publicado a mediados de 1967:

> Y resulta que España tiene su folk. ¿No lo sabíamos? Desde los días del Rey Sabio, las tierras de España están quemadas de sol y de canciones. Y María Ostiz lo sabe, lo siente y lo dice como lo puede decir una mujer que ama la cuna de su origen y la eleva a canción para convertirse en algo muy simple y difícil: arte, expresión de belleza. Es verdad que el laúd se ha trocado en guitarra o en orquesta. Y es también verdad que no hace falta cantar ahora, como lo hiciera Juan de la Encina, sobre el enlutado campo de Granada, recién rescatado a los moros. Pero la libertad y el vivir de hoy tienen como prisma la misma tierra y vía: un lujo de sonidos que llamamos folk y que, en la voz dulce de María Ostiz, huele, además, a historia y vida muy jóvenes y nuestras.

Con arreglos de Waldo de los Ríos, la Ostiz publica a mediados de 1967 su álbum, el primero en la música española compuesto íntegramente por una cantante, en el que no faltan pinceladas naífs como *Cada lugar* o *Corre el camino*, guiños a la tradición en una nueva versión del *Romance anónimo* o *Los juglares*, pero también la inspirada *No sabes cómo sufrí*.

Aunque Mari Trini ya había publicado en Francia sus canciones un año y medio antes, para presentar a María Ostiz se utiliza por primera vez en la prensa y la radio española el término «cantautora», aunque ella, más de medio siglo después, sigue prefiriendo evitar las etiquetas.

—Ni Trabucchelli ni nadie puso objeciones a que cantara mis temas —puntualiza desde su casa en Madrid—. Para bien o para mal, las riendas de mi caballo las he llevado yo siempre. Si me han propuesto algo que se apartaba de mi conciencia, me he negado y punto. No me han podido ni la fama ni el dinero, solo la música y el respeto a la gente. No sé si en otras discográficas ponían trabas o no a que las mujeres cantaran. Yo fui a Hispavox y dije: «Quiero hacer esto, pero paso solo por la puerta que quiero pasar». A Trabucchelli le pareció bien y llamó a Waldo. Así se hizo el disco.

También en 1967, y en un sello tan propenso a lo comercial y lo *kitsch* como Belter, publica su primer disco María Lourdes Iriondo, que incluye *Gaztedi Berri-Zalea* (Juventud ansiosa). El mensaje no puede ser más desafiante: «Somos jóvenes y no estamos conformes».

Pese a la buena acogida que recibe en las páginas culturales de los principales diarios y en las emisoras, las ventas del disco de María Ostiz son discretas, aunque no tanto como las de María Lourdes Iriondo. Más fortuna parece tener con sus grabaciones Massiel, cuyo primer vinilo grande aparece casi a la vez. En el repertorio están las canciones que ella compuso con Luis de Pablo y Alfonso Isasi, además de cinco temas nuevos firmados por Luis Eduardo Aute. A modo de declaración de intenciones, el LP se abre con *Aleluya número 1* e incluye *Rosas en el mar*, que no tarda en convertirse en un gran éxito dentro y fuera de España y cuya letra parece encerrar el grito de protesta de los jóvenes del momento: «Voy buscando la razón de tanta falsedad, la mentira es obsesión y falsa la verdad. Qué ganarán, qué perderán, si hasta los dioses caerán. Es más fácil encontrar rosas en el mar...».

Ele Juárez trata de persuadir a Aute para que grabe con RCA, pero este le da largas.

—Mi padre estaba tan interesado en la pintura —aclara su hijo Miguel—, que hasta fue a casarse con mi madre directamente desde la exposición que montaba. En cuanto terminó la ceremonia, tomó un taxi y se volvió para seguir con la tarea.

Mientras Luis Eduardo se decide, en junio de 1967 Juárez ficha a Mari Trini, quien, desde su regreso de Francia, está en conversaciones con el productor Alain Milhaud, el descubridor de grupos como Los Canarios o Los Bravos.

—A Milhaud le gustaba muchísimo la forma de cantar de Mari Trini —ratifica Teddy Bautista—. Se vieron varias veces y le dieron vueltas a algún proyecto, pero luego no sé lo que ocurrió.

Bautista también da fe de la tenacidad de Mari Trini ante Milhaud y Juárez para grabar su propio repertorio. Tras un corto tira y afloja, encuentran una fórmula de consenso: en la cara A estaría *El alma no venderé*, en la que Aute se deja llevar por la influencia de Dylan, y en la B, *Guitarra*, la canción-fetiche que la acompaña desde antes de presentarse en el Nicca's. De los arreglos se encargará, finalmente, Juan Carlos Calderón, que ha firmado los del primer disco de Massiel y también lo hará en el de Aute.

En varias sesiones de trabajo, Juárez, Calderón y Mari Trini eligen un puñado de temas para grabar en Roma. Junto a *Guitarra*, la cantante consigue que le dejen grabar *Viento*, *Un hombre camina*, *Ni nada ni nadie* y *Si no te vas con la tarde*. De Luis Eduardo, además de *El alma no venderé*, figuran *Daniel* y *No sé qué pasará*, que según él mismo contará después, es la primera pieza que compuso en su vida, antes incluso de cumplir los veinte. Calderón, que también está estrenando su exitosa carrera de compositor, aporta *Algo así*. «Pero lo más anecdótico y lo más grave —anota sobre esa melodía Juan Carlos en su texto— son las circunstancias en que la grabó: Ele Juárez, que años después sería presidente del Grupo Prisa, se la hizo cantar con casi 40 de fiebre y la nariz taponada; todavía me da la risa escuchar esta canción». El músico se levanta y busca en una estantería atestada de discos. Extrae uno y lo pone en el reproductor. La voz de Mari Trini, ingenua, fresca, le devuelve los versos de aquella primera canción: «Algo así como una vida que está quieta, agua que no corre, eso es nuestra unión. Como regalar cosas de un muerto, eso son mis besos, eso es nuestra unión».

Al escuchar más de medio siglo después de su publicación esta y otras grabaciones de aquellas sesiones en el estudio de la multinacional en la Via Tiburtina de Roma, el director de orquesta José María Druet coincide con la descripción que Calderón hace de su trabajo:

—Es un *collage* de influencias *bitelianas*, jazzísticas, medievales, música contemporánea, francesa y sinfónica. En fin, una locura, un despropósito, pero muy divertido. La orquestación de esas primeras grabaciones de Mari Trini es básica y casi camerística, Calderón hace un uso muy discreto de los instrumentos de viento y la percusión extra es simple e interviene de manera puntual. Los acompañamientos en general son sencillos utilizando una base de batería, bajo, guitarras y pandereta que se adereza en ocasiones con el uso de órgano eléctrico tipo Electone para crear contramelodías y efectos.

El 20 de noviembre de 1967, la sección musical del diario *ABC* da ánimos a María Ostiz ante la inminente aparición de su primer LP:

> Hoy estamos de valores nuevos, de voces inéditas y de esperanzas nacidas. Esta es María Dolores Ostiz, pensativa y quizá un poco asustada ante un inminente lanzamiento artístico con canciones propias...

Coincidiendo con los de María Ostiz y Luis Eduardo Aute, en el otoño de 1967 RCA se dispone a publicar el primer disco sencillo de Mari Trini en España. La imagen de la portada se la encarga a un experimentado fotógrafo, Antonio Sánchez Prieto, que organiza, a finales de verano, una sesión en un anticuario.

Pocas semanas más tarde, *El alma no venderé* encabeza la lista de novedades discográficas de la semana. Esa misma relación incluye también a Pic-Nic y *Cállate niña*, Percy Sledge o Jaime Morey. En la página de la derecha, Mariano Méndez Vigo, el mayor defensor de Mari Trini, según el también periodista Miguel de los Santos, titula su comentario semanal: «Mari Trini, ha nacido una estrella».

> [...] Y al corazón llega Mari Trini cuando canta —con su voz grave o aguda porque es un privilegiado medio de expresión—. [...] Sus canciones están muy por encima del nivel vulgar constante, reconfortando corazones y encendiendo recuerdos o añoranzas olvidadas. Así ha nacido Mari Trini Pérez-Miravete, una muchacha cualquiera de una calle cualquiera de Madrid... Pero su voz, su íntima y cálida voz, segura —que quiebra y rompe cuando quiere— añade un encanto más a su

> extraordinario y modernísimo estilo. ¿Qué tendrá esta chiquilla? Cualquiera lo sabe… Un toque especial de la naturaleza o un don del cielo en su corazón. Algún milagro. Un bello milagro que hace que se transforme cuando pulsa la guitarra para cantarnos muchas cosas nuevas, tantas como interesan a la juventud y tantas como para asegurar que son inagotables.

La presentación del disco en Radio Madrid abre un encendido debate sobre el nombre artístico elegido por la nueva cantante. Tras escucharla cantar, y con la artista todavía en el estudio, el locutor plantea a la audiencia y a unos expertos si no habría sido más acertado que la discográfica y la propia intérprete hubieran apostado por otro seudónimo más moderno y con más garra. Así lo habían hecho la mayoría de las figuras del momento: Karina en lugar de Maribel o Massiel en vez de María de los Ángeles. Incluso Mikaela había introducido una «k» en su firma. Por no hablar de Raphael, que se había inspirado en la marca Philips para su famosa «ph». Casi todos los consultados consideran que la elección ha sido un error. Sin embargo, unas semanas más tarde *ABC* recoge la encendida protesta de una lectora:

> Yo creo que en esto de los nombres tenemos una especie de complejo que denota una gran falta de personalidad. ¿No hay por ahí un cantante que se llama Trini López? ¿Ha sido obstáculo para que venda millones de discos? Los artistas extranjeros en una inmensa mayoría, sobre todo ahora con la moda de la naturalidad, conservan sus nombres, y si los cambian es para hacerlos más pegadizos, pero es difícil que un italiano adopte un nombre inglés, un inglés uno francés, etc. Las excepciones

son poquísimas. Aquí... Aquí tenemos una miss Cataluña llamada María Tarriño, que para el cine va a llamarse nada menos que Inka Ivor, un cantante que ha cambiado la «f» por la «ph», un Curro llamado Kurt... La lista sería interminable. Si quieren ser exóticos, si lo hacen con vistas al extranjero, no lo consiguen. En Francia llamarse Brigitte es como llamarse en España Pepa. Para ser famosa no hay que llamarse Brigitte, sino tener la belleza, la personalidad de B. B. Si lo hacen con vistas al mercado español creo que también es un error, porque los que compramos discos lo hacemos atraídos por el arte del cantante...

En la lista de discos más vendidos que aparece en ese mismo número de *ABC*, *Guitarra* se sitúa ya en el puesto número diecisiete. La campaña de promoción de RCA está dando sus frutos. El 8 de diciembre, Mari Trini recibe la ovación del público en el Palacio de los Deportes de Madrid durante la gala del programa *Ritmo Joven* que presenta Miguel de los Santos. En Navidad, el diario *La Verdad* se hace eco de su éxito e informa de que pasará las fiestas junto a la familia en su tierra:

Sus discos llegaron ya a Murcia y forman parte de las jóvenes discotecas. He hecho la prueba en la calle:

—¿Quién es Mari Trini?

—¿Conoces a Mari Trini?

—¿Te suena Mari Trini?

Y, oiga, la juventud me dio razón de ella.

Aunque para entonces se ha instalado en España, la muchacha no ha perdido el contacto con las amistades que hizo en París. Allí RCA se dispone a lanzar también el sencillo, porque

Guitarra ha sido elegida por el director Antoine D'Ormesson para la banda sonora de *La nuit infidèle*. El propio cineasta, que ha compuesto la música incidental del filme, realiza una versión instrumental de la canción que puede escucharse en las escenas más evocativas rodadas en región de La Camargue.

La película, que se estrena en Francia en agosto de 1968, no llegará nunca a los cines españoles. Para esa fecha, Mari Trini tiene un segundo disco en el mercado. Juárez y su equipo vuelven a apostar por Aute para la cara A. El momento que se está viviendo parece el más apropiado para el mensaje de *No sé qué pasará*. Tres meses antes, comienzan una serie de protestas estudiantiles y sindicales iniciadas en París que se extienden a diversos países; los ecos del descontento llegan incluso a la España gobernada con mano de hierro por el general Franco. El 4 de abril, el reverendo Martin Luther King Jr. muere asesinado mientras saludaba a sus seguidores desde el balcón de un hotel. El 6 de junio, también en un hotel, es acribillado a balazos el senador Robert Francis Kennedy.

Mientras todo esto ocurre, en las radios y la televisión españolas una ingenua Mari Trini proclama: «Tanto cielo, tanta gente, tanta vida recorrí. Cuánto frío, cuánta muerte en sus almas descubrí...».

Aute y otros artistas del momento frecuentan la casa de los Pérez-Miravete en la calle Claudio Coello de Madrid. Entre ellos, Patxi Andión, al que su colaboración con distintas organizaciones antifranquistas le obligó a instalarse en París, se gana la simpatía de María, la madre, y de Paco, el hermano. Incluso bromean con la posibilidad de un noviazgo. Mari Trini admitirá que sintió un cierto enamoramiento por Patxi y que no llegó a más por «el carácter fuerte» de los dos.

«Mi hija y Patxi lucharon por abrirse camino», declarará María tiempo después. Los dos tenían las puertas cerradas y los dos tenían fe en el triunfo futuro.

El cantautor acaba de incorporarse a la discográfica Movieplay y prepara su primer LP junto al arreglista argentino Carlos Montero. Ambos componen para Mari Trini una balada, *Decir*, que forma parte del repertorio con el que la artista se presenta en las actuaciones que realiza durante el verano del 68. En algunas comparte escenario con figuras consagradas, como Alberto Cortez, con el que establecerá una larga amistad, y en otras, con debutantes como ella. En un blog de 2015, el periodista Santiago Moreno recuerda lo siguiente:

> Cada vez que pasaba por Albacete, camino de Levante, o me llamaba ella para tomar algo, o venía directamente al periódico, ante el asombro de los clientes del bar de enfrente, La Confitería, y de mis propios compañeros. Un día, recuerdo que era domingo por la tarde, me dice que está en la cafetería del Hotel Los Llanos, camino de Murcia, y quiere que nos veamos para pedirme un favor. [...] La cafetería del hotel —la de la calle— estaba a rebosar. Mari Trini, grande y generosa, me presentó a un joven que, según ella, había que ayudar porque quería ser cantante y ella estaba convencida de que valía mucho. El joven recomendado era Julio Iglesias. Desconocido total. Le entrevisté, lo mismo que a Mari Trini. Muchas mamás, con sus niños, se hicieron muchas fotos con ellos, especialmente por la fama de ella y por la simpatía de él.

Las apariciones en TVE han proporcionado a la cantante murciana una cierta popularidad, sobre todo entre la gente de su edad. Acompañada muchas veces por su hermana, Mari Trini se sumerge en la noche madrileña, en la que nunca faltan un estreno, una presentación o un cóctel.

—Le encantaba salir y entrar, coquetear, tener novios —asegura Miryam con una sonrisa—. Fardaba un montón. Era un demonio emplumado. Un demonio. Y mira que no le gustaba nada arreglarse ni maquillarse, pero con ese pelo rubio que tenía, todo rizado, esos ojos azules y encima, si estaba a gusto, cogía la guitarra y cantaba donde fuera... Pues sí, se llevaba todo el mundo por delante. Ligaba una barbaridad. Desde luego, ella se quedaba siempre con el más guapo, a mí me tocaba siempre el feo. Salíamos hasta las tantas de la noche. Claro que tuvo novios. Varios. En realidad, los hombres se enamoraban de ella.

Una de esas noches acuden a Le Bistrot, un restaurante de la Cava Baja madrileña que se ha puesto de moda. Además de artistas famosos, lo frecuentan periodistas y personajes importantes, entre ellos, el aspirante al trono de España, Juan Carlos de Borbón, al que Franco aún no ha designado sucesor. Claudette Lanza, la propietaria del establecimiento, es parisina, de unos treinta y siete años, alta, elegante. Entre la clientela se comenta que se ha separado de su marido, un español que vive en otra ciudad, y que tiene un hijo de once años. La complicidad que surge entre la joven cantante y la propietaria del restorán resulta evidente para Miryam:

—Me di cuenta desde el primer día, pero, bueno, no hicimos el menor comentario.

Desde ese instante, Mari Trini y Claudette no se separarán jamás.

La experiencia amorosa que acaba de descubrir empieza a reflejarse en las canciones que compone y que, a falta de partitura, graba en un pequeño casete en el cuarto de baño de la casa familiar.

Poco a poco, al referirse a ella, la crítica especializada empieza a utilizar en femenino el término «cantautora». Así lo hace ese año Armando Matías Guiu en *La Vanguardia*:

> Después de que RCA no tenga ya a Lorella, reaparecida como María Ostiz y bajo otro sello, he aquí el lanzamiento de otra voz femenina y cantautora: Mari Trini. Cabe admitir que RCA no ha perdido con el cambio. No es cosa de entablar comparaciones, pero Mari Trini se expresa con naturalidad, explicando una problemática simple y concisa, montada sobre una tabla melódica, de corte muy actual y servida por una voz limpia de engolamiento y artificiosidad, de un colorido muy agradable y de gran poder comunicativo. Mari Trini merece atención.

Por un momento, Calderón duda si extenderse más en el artículo que está escribiendo para *El Mundo*. Tal vez debería hablar de los años que vinieron después de aquel verano del 67, o contar que en 1975, en lo más alto de su carrera, acude a *La hora de Juan Carlos Calderón*, un programa homenaje que le dedicó TVE. En el montaje final, Mari Trini, ataviada con camisa y pantalón vaquero, no canta, pero se sienta a su derecha junto a otros invitados, como Donna Hightower o el Dúo Dinámico, para los que también realizó sus primeros arreglos discográficos.

> —Así llegamos al final de la primera etapa mía *(Calderón sonríe mientras la cámara busca el rostro de Mari Trini)* con este encanto de mujer que interpretó una de las canciones más bo-

nitas de mi vida. También una de las que menos éxito tuvo, quizá porque era una cara B...

—Quizá en esa época no hubo éxito discográfico *(le interrumpe Mari Trini)*, pero sí es un éxito actual, yo la canto todavía y la juventud la pide.

El compositor siente un pellizco en la garganta. Arranca a escribir y concluye: «La última vez que la vi fue en Vigo hace mucho tiempo... ¡Qué tristeza que nos haya dejado para cantar sus canciones en otros mundos desconocidos, de campos, lunas y soles muy diferentes a los que conocemos! Mari Trini, soy tu fan número uno porque te conocí empezando y te admiré cuando nuestros caminos se separaron. Tus canciones siguen volando sobre las almas de los que aún estamos luchando por sobrevivir en este secano llamado mundo.

»Un beso, seguimos juntos en esta loca aventura de la música: tú allí y yo aquí».

Juan Carlos Calderón López de Arróyabe fallece tres años después de escribir ese artículo, el 26 de noviembre de 2012.

5
La sombra de tu mano, la sombra de tu perro

Guía de escucha: *Ne me quitte pas*, del álbum *¿Quién?* (Hispavox, 1974)

France, la segunda hija de Jacques Brel, administradora desde 2004 de la fundación que mantiene viva su memoria, me asegura en un correo electrónico no haber encontrado ningún documento que relacione a su padre con Mari Trini. Sin embargo, celebra que la consulta le haya permitido descubrir varias hermosas interpretaciones de la más célebre composición suya en la voz de una española.

En realidad, entre 1968 y 1984, Mari Trini graba en cuatro ocasiones *Ne me quitte pas*. En sus conciertos y actuaciones televisivas la presenta como «la canción de amor más hermosa que se ha escrito nunca», y suele recitar en castellano los últimos versos. Cuando canto *Ne me quitte pas* en el escenario, me tiemblan las manos, confiesa, es la canción de amor más sublime que se haya podido escribir jamás. Eso solo lo puede decir alguien que está profundamente enamorado.

A mí me gusta más traducir el mensaje como «no te vayas», le contará en 2001 al periodista Pedro Ruiz en una entrevista en televisión. Todo son imágenes en la letra y, además, lo más sublime es la humildad del que lo pide. No es normal en un hombre, comenta cerrando los ojos y levantando el rostro: «Déjame convertirme en la sombra de tu sombra, en la sombra de tu mano, en la sombra de tu perro, pero no me abandones».

Para su autor, *Ne me quitte pas* «no es una canción de amor, sino un himno a la cobardía de los hombres», y pese a formar parte del repertorio de más de un millar de solistas en todo el mundo, no fue, ni mucho menos, su favorita.

En 1953, Brel se atreve a dar el paso definitivo en su carrera. Deja en Bruselas a su mujer e hijas y se planta en París en busca del éxito. Durante algunos meses, vive en Montreuil-sous-Bois y se gana la vida dando clases de guitarra. Al cabo de un año, consigue su primer éxito, *Quand on n'a que l'amour*, y actúa en el mítico Olympia. Como las cosas parecen ir bien, alquila un piso en la rue du Moulin para que la familia pueda reunirse, pero el destino se reservaba una carta. En el verano de 1955, Brel emprende una gira con Les Filles à Papa, una compañía cómica de la que forma parte la actriz Suzanne Gabriello. El cantante belga no tarda en sentirse atraído por Zizou, como todos la llaman. El idilio, a ratos apasionado, a ratos tormentoso, ya se había iniciado cuando la esposa y las hijas de Jacques llegaron a París. Cansado de buscar coartadas y escondites, y presionado por Zizou, la familia regresa a Bélgica y la pareja se instala en un piso en la place de Clichy. Tres años después, Suzanne se queda embarazada. La situación se hace insostenible para Brel, cuyas convicciones religiosas le impiden divorciarse: no acepta la paternidad y mucho menos se aviene a sentarse con Zizou para hablar del futuro. Ella, furiosa ante ese gesto cobarde, le amenaza con destapar el escándalo en la prensa. Brel vuelve con su familia y Gabriello aborta.

Influido, a decir de sus biógrafos, por Liszt, García Lorca y Dostoievski, Brel compone *Ne me quitte pas* con la que pretende reconocer su culpa y recuperar el amor de Suzanne. En un primer momento descarta grabarla. Su pianista, François Rauber, la arregla antes de ofrecérsela a Janine de Waleyne, pero será Simone Langlois la primera en cantarla en un disco. Jacques la incluye en su cuarto álbum, que aparece en septiembre de 1959, en el que hay otro tema inspirado en Zizou, *Je t'aime*.

A partir de ahí, el éxito de *Ne me quitte pas* es imparable, pese a que su autor nunca le tendrá aprecio. El poeta Rod McKuen hace una adaptación al inglés, titulada *If You Go Away*, que cantarán Frank Sinatra, Nina Simone o Ray Charles. Pese a grabarla en ambos idiomas, Edith Piaf no oculta que no le gusta la composición, y mucho menos la historia que la envuelve. «¡Un hombre no debería cantar cosas como estas!», aseguran que dijo al escucharla.

Casi diez años después, Mari Trini insiste a Ele Juárez en que quiere registrarla. Ningún artista lo ha hecho hasta ese momento en España. Tras algún tira y afloja, lo consigue poco antes de someterse a una intervención quirúrgica, la cuarta, derivada de la que le practicaron cuando era una niña. El hueco que dejó en el paladar la muela infectada es muy grande y a veces le provoca sinusitis. También le extirparon una pequeña porción del maxilar. Desde hace tiempo, los médicos le recomiendan que pase por quirófano para intentar paliar las molestias. Sin embargo, le advierten, la cirugía es delicada y dolorosa.

La operación finalmente es un éxito, pero afecta a las facciones de Mari Trini.

—A pesar de lo que se haya dicho desde entonces, no fue ni mucho menos una parálisis —repiten Gonzalo y Miryam—. Se exageró mucho con eso. Simplemente, el labio superior perdió algo de firmeza —aclara él—, y en determinados momentos, como cuando sonreía, se contrariaba o estaba tensa, se desplazaba hacia un lado, torcía el gesto. Era tremendamente tímida y en el escenario, o en una sesión de fotos, en alguna circunstancia más o menos importante, lógicamente se ponía en tensión y el nervio se levantaba más de lo normal. Eso era todo. Si hubiera sido una parálisis —concluye la hermana—, no habría podido cantar. Por supuesto, pudo recurrir a la cirugía estética, pero ya no quiso operarse. En la vida cotidiana apenas se le notaba. De hecho, con el tiempo, casi se le corrigió.

Durante seis meses permanece alejada de la promoción de sus discos y de los escenarios. Vuelve a estar convaleciente en casa y acude a las curas y las sesiones de estimulación con las que los médicos pretenden devolver la normalidad a su rostro. Lo lograrán a medias, aunque ella terminará por convertir el leve desplazamiento de la boca en uno de los rasgos de su personalidad.

Entre los famosos, el de Mari Trini no fue el único rostro afectado por la enfermedad. Más o menos por las mismas fechas en las que la sonrisa de la cantautora cambió, una operación de oído dejó la misma secuela en Manuela Fernández Pérez, a la que todo el mundo conocía en los sesenta y setenta como Manolita Chen. Siguió actuando hasta bien entrados los años ochenta. En esa época triunfaba en el cine Michael Sylvester Gardenzio Stallone, Silvester Stallone. Su éxito era una consecuencia, en cierta medida, del aspecto de su semblante. Al nacer, la excesiva presión de los fórceps provocó daños en el nervio facial del bebé. Otros actores, como Katie Holmes, Pierce Brosnan o George Clooney han sufrido en algún momento de su vida esa insensibilidad que, según explicó el médico y académico Julio Cruz y Hermida, marca también la sonrisa de *La Gioconda* de Leonardo da Vinci.

Pese a la insistencia de algunos periodistas en preguntarle por su salud y por qué ha estado alejada de la música algunos meses, la cantante elude hablar de lo ocurrido y centra su respuesta en lo puramente musical: He estado preparándome a fondo para lograr un repertorio con consistencia. No quería limitarme a los sencillos, dice.

Algunas de esas canciones se grabarán en Madrid, también con arreglos de Juan Carlos Calderón. Otras, como *Vals de otoño*, las interpretará en televisión. Tanto en la pequeña pantalla como en las fotos que se publican de ella, su gesto se ha vuelto más serio.

—Sufrió mucho —recuerda Ele Juárez—, pero lo sobrellevó con mucha dignidad. Cuando apareció por RCA tras la intervención, no dio muchas explicaciones ni la vimos quejarse. Se limitó a hablar de cosas de trabajo sin hacer el más mínimo comentario, pero sé que lo pasó bastante mal.

Poco antes de Navidad, la discográfica edita un cuarto sencillo con una canción propia, *Si no te vas con la tarde*, que dos años después volvería a incluirse en *Amores*, con arreglos de Waldo de los Ríos, y en la cara B, *Ne me quitte pas*. Curiosamente, esta última es la que despierta más interés entre los críticos. En enero de 1969, leemos en *La Vanguardia*:

> Como intérprete, confiamos más en Mari Trini que en ninguna otra de las «cantautoras con guitarra» de lengua castellana. Tiene fibra, nervio y vigor expresivo bastante considerable, si no todavía en términos absolutos, sí en comparación con otros ejemplos próximos, de expresividad lánguida y somnolienta. La interpretación que nos ofrece de *Ne me quitte pas* en francés resulta a este respecto una prueba bastante elocuente.

> Todo este disco en conjunto resulta ilustrativo, para darnos la medida de sus posibilidades, todavía no desplegadas del todo, de esta joven y prometedora artista.

Algunos titulares anuncian la posibilidad de que Jacques Brel, que para entonces se ha retirado de los escenarios y ha cosechado un considerable éxito interpretando su adaptación del musical *L'homme de La Mancha* en el Théâtre des Champs-Élysées de París, componga todo un álbum para Mari Trini.

Como Patxi Andión, también ella asegura haberlo tratado «superficialmente» mientras vivió en Francia. Ahora la ha felicitado, según su testimonio, por la versión de *Ne me quitte pas*. Cuando en 1974 vuelva a grabarla con unos audaces y sobrios arreglos del cubano Juan Márquez, contará que llegó a tomar una cerveza con el artista belga. Dos años después, instalado ya Brel en las islas Marquesas, en la Polinesia Francesa, incluirá una excelente versión de *La chanson des vieux amants* en el disco *Como el rocío*. A diferencia de lo que hará con otros compositores franceses a los que admira, como Leo Ferré, nunca traducirá sus textos al español.

Es prácticamente imposible reproducir el espíritu de las canciones de Brel, declara en 1969 a la periodista María Consuelo Reyna en *Diario de Burgos*. Lo más que se puede hacer es escribir canciones nuevas tan auténticamente poéticas como las suyas. Es decir, que no sean intelectuales ni abstractas, sino populares..., sin caer en la vulgaridad. En esa misma entrevista, una de las primeras que concede tras el paréntesis impuesto por la intervención quirúrgica, explica que quiere hacerse con un repertorio de «temas muy líricos, lentos, con letras libres de tópicos».

Con el modelo, incluso estético, de otras intérpretes femeninas que han brindado importantes beneficios a la compañía, como Patty Pravo o Sylvie Vartan, en RCA no acaban de ver con buenos ojos ese sesgo personal que Mari Trini quiere dar a su carrera. En realidad, las relaciones con la discográfica se han enfriado desde la aparición de *No sé qué pasará*. La popularidad y el prestigio que ha conseguido la artista entre un sector del público y la crítica no se reflejan en las ventas. Ella está convencida de que la promoción flojea.

—En las compañías siempre se establecen prioridades —aclara, más de cuatro décadas después, Ele Juárez—. Probablemente, en aquel momento para RCA la prioridad era Aute. Mari Trini estaba muy bien considerada, tenía una voz espectacular, pero si el departamento de marketing no movía los discos y no sonaban suficiente en las radios, poco se podía hacer. Ella, además, era muy seria para sus cosas, muy ambiciosa, en el mejor sentido de la palabra, y empezó a no sentirse cómoda en la discográfica. Como se demostró después, no le faltaba razón. No obstante, hicimos todo lo que pudimos por vender los discos. Incluso en el extranjero. Algunos se editaron en Portugal y lo intentamos con Francia, Latinoamérica y hasta la Unión Soviética. Esos lanzamientos entonces resultaban muy complicados porque, aun siendo la misma marca, las filiales eran una especie de reinos de taifas. En cada país le tenía que gustar al presidente de la compañía y al director artístico, era difícil superar esas barreras y obligaba a hacer una inversión, porque los viajes y la promoción corrían por cuenta de la división española. Todo eso dificultaba mucho la explotación internacional. Ahora es fácil: con subir el material a cualquier plataforma digital ya está casi hecho.

A través de amigos comunes, como Cortez, Marisol o Massiel, ha conocido a Waldo de los Ríos, un orquestador argentino que está detrás de muchos de los éxitos del momento. Waldo me llevó a Hispavox, reconocería Mari Trini después de la trágica muerte del músico. Quizá por la mediación de este, Luis Vidal Zapater, uno de los propietarios, y Rafael Trabucchelli, el director artístico del sello, el más importante de España en aquellos días, han acudido a visitarla al hospital durante su convalecencia. Ambos creen que la carrera de la artista necesita reorientarse, pero aún no pueden hacerle ninguna oferta porque hasta 1970 tiene contrato con RCA. Entre los responsables de esta última empresa cae mal la noticia de la reunión de «su» artista con directivos de la competencia. Tal como informa *La Vanguardia* a finales de 1968:

> Se habla de que la cantante Mari Trini está en dificultades con su editora de discos, la compañía americana RCA. Al parecer, la artista había pedido la rescisión del contrato, pero cuando la empresa editora de sus discos supo que Mari Trini sería bien acogida en otra compañía competidora —Hispavox— cortó inmediatamente los tratos y ahora se niega en redondo a dejar a la cantante en libertad. Ciertas grabaciones efectuadas hace tiempo serán publicadas en breve, pero se dice que Mari Trini no les prestará su apoyo personal. Ella sigue estando decidida a cambiar de sello editor porque considera que el actual no le ha dedicado la atención que ella merece. Es una lástima que estas trifulcas entorpezcan de momento la carrera artística de Mari Trini, ya que es una cantante con personalidad y posee cualidades para hacer algo importante en el mundillo de la canción española.

Ele Juárez, que no ha intervenido en esas negociaciones, abandona la dirección artística de RCA en enero de 1969 y se marcha a vivir a California. Su sustituto decide jugar una última carta para retener a la cantante. Del 19 al 21 de marzo se va a celebrar en México el Festival Mundial de la Canción Latina, el antecedente de lo que será después el Festival de la OTI. La multinacional logra que los dos representantes españoles que acuden al certamen sean figuras de su catálogo. De un lado, el granadino Valen, que acaba de obtener un gran éxito con *La mano de Dios*; del otro, Mari Trini, que interpreta *Canción vieja*, un tema compuesto meses atrás por Patxi Andión, acompañada de una orquesta con el famoso director Franck Pourcel al frente.

—No me dio mucho trabajo esa canción —me explica en una entrevista en 1984 el cantautor durante un descanso en el rodaje de la serie de televisión que protagoniza—. Estuve componiéndola toda la noche y la terminé por la mañana. Después de comer, fui a ver a Mari Trini a su casa. Se la canté, le gustó y salimos a dar un paseo. Quizá era domingo. Tengo una imagen muy clara de aquel día.

La puertorriqueña Lucecita Benítez se alza con el primer premio del festival, que se celebra en el Teatro Ferrocarrilero de la capital mexicana y en el que también compiten Tony Renis, Denisse De Kalafe o un jovencísimo José Luis Rodríguez, al que con los años apodarían «El Puma».

Mari Trini queda en octava posición y regresa a Madrid con un nuevo compañero: un cachorro de pekinés que, según recuerda su hermano Gonzalo, pasa la aduana oculto en el bolsillo de la americana de uno de los pilotos. Algunas semanas después, el intenso tira y afloja da sus frutos y RCA se aviene a romper el contrato. Eso sí, ella tendrá que abonar casi 500.000

pesetas en concepto de indemnización. Por su parte, la compañía se compromete a expedirle la carta de libertad que le permita ligarse a otra discográfica.

Sin embargo, no podrá celebrarlo. El 14 de abril de 1969 muere, a los cuarenta y nueve años, en Murcia, Gonzalo Pérez-Miravete y Pasqual de Riquelme a causa de una afección hepática.

—Estábamos en Madrid, nos llamaron, recogimos a una tía y fuimos todos a Beniel —recuerda el hermano de Mari Trini—. Mi padre fue el último que se enterró en el panteón de la familia. Le estaban tratando desde hacía algún tiempo en el hospital de la Cruz Roja de Murcia. Creo que lo debieron mandar a casa cuando ya no había nada que hacer.

Una vez más, se guarda el dolor para sí y no hablará de las circunstancias que rodean el óbito. La figura del padre sobrevuela una letra que escribe en esos días: «Un hombre marchó, dejó la casa, dejó la ciudad. Se fue dulcemente, ningún reproche, nada que ocultar y buscó senderos entre las montañas que van al mar, que van al mar».

Creo que todas las mujeres tienen la necesidad de idealizar a un padre, confiesa poco tiempo después al escritor Alfonso Paso. Yo lo he idealizado ahora, con la muerte. He empezado a ser hija. ¿Mi madre? Sí, yo creo que ella es ahora también más esposa. Mi padre era un tipo extraordinario. Hasta cierto punto no hizo lo que quería hacer. No sé, le dolía la ciudad. Era un hombre fuera de lo normal, consciente de que iba a morir. Sí, nos dejó. A la familia, quiero decir, a todos. Lo que pasa es que a su muerte me he sentido muy cercana a él. La casa es distinta y gravita sobre mí de un modo impresionante.

Con el paso del tiempo, Mari Trini asume que la pérdida del padre a sus veintidós años ha abierto una nueva etapa en su vida. Acepté la estimulante responsabilidad de elegir mi camino, reflexiona en voz alta junto al actor Adolfo Marsillach. Cogí una gabardina y un bolso, nada más, y me fui a un hotel. Mi madre, claro, se quedó llorando. Y yo también. Estábamos pagando entre las dos el precio de mi libertad.

6
Los sueños son míos

Guía de escucha: *Déjame*, del álbum *Amores* (Hispavox, 1970)

Ese es el día señalado: 23 de julio de 1969. Apenas tres días antes, el hombre ha pisado la superficie de la Luna. Mari Trini lee la fecha en el encabezamiento del contrato sin saber la trascendencia que tendrá en la historia de España. La tarde anterior, en una sesión que dura una hora y catorce minutos, las Cortes franquistas votan la designación, con título de rey, del príncipe Juan Carlos de Borbón y Borbón como sucesor a la jefatura del Estado por una amplísima mayoría: 491 procuradores lo hacen a favor, 19 en contra y 9 se abstienen.

A las siete de la tarde de ese 23 de julio está previsto el juramento del futuro monarca. Antes, a mediodía, en la sede de Hispavox en Madrid, María Trinidad Pérez-Miravete Mille, que acaba de cumplir los veintidós años, se dispone a firmar un nuevo contrato, el tercero que la vincula a una discográfica en apenas cinco años. Por parte de la compañía rubrican el acuerdo su consejero delegado, José Manuel Vidal Zapater, y el director artístico, Rafael Trabucchelli. Las cláusulas contemplan una vigencia de tres ejercicios sin otra remuneración que el pago de un porcentaje por copia vendida. Mari Trini estampa su firma en la parte superior del documento, casi a la altura de la cabecera del texto. Al acto acuden otros ejecutivos de la compañía, como el consejero Luis Vidal Zapater, el orquestador Waldo de los Ríos y el responsable de comunicación Fernando Salaverri.

Apenas veinticuatro horas después, recibe una carta del cubano Gil A. Beltrán, que ha sustituido a Ele Juárez al frente de RCA:

> Querida Mari Trini:
>
> Por la presente, y accediendo a tus deseos, queda rescindido el contrato que tienes establecido con nuestra Sociedad.
>
> Aprovecho la oportunidad para agradecerte la colaboración y desearte toda clase de éxitos futuros.
>
> Cordialmente,
>
> RCA S.A.

Pertenecientes, como los Pérez-Miravete, a una familia del estamento militar, los hermanos José Manuel y Luis Vidal Zapater habían creado Hispavox en 1953, sorteando, con la ayuda de altas instancias del régimen franquista, las restricciones que imponía la autarquía a la importación de materias primas. Gracias a una oferta que combina el flamenco con la música clásica y los diferentes estilos que los gustos del mercado han ido imponiendo, además de la distribución de grandes multinacionales como CBS y Warner Bros, el sello lidera la industria discográfica española.

Desde mediados de los sesenta, Trabucchelli, De los Ríos y el ingeniero de sonido chileno Mike Llewellyn-Jones aplican en sus instalaciones, entre las mejores de Europa, una técnica de grabación similar a la del *wall of sound* que el productor Phil

Spector utiliza con bastante fortuna en Estados Unidos. Los registros de Hispavox adquieren así una tesitura amplia, refinada y moderna. Una presentación gráfica inusual para la época, la intensa promoción y una eficiente comercialización los diferencian también de sus competidores.

El ideólogo de esta estrategia es Rafael Trabucchelli. Nacido en Milán en 1929, con apenas quince años ya acompañaba a las Hermanas Fleta mientras completaba sus estudios en el conservatorio. Desde finales de los cincuenta, el futuro productor ha sido uno de los pioneros del montaje musical en la radio española, como realizador de programas como *Discomanía*, que presenta Raúl Matas, o el famoso serial *Ama Rosa*. Luis Eguizábal Jiménez explica en su tesis doctoral:

> Al igual que, en Estados Unidos, discográficas como la Tamla-Motown llegaron a adquirir un sonido propio y reconocible, bautizado como «sonido Motown», Hispavox consiguió una idiosincrasia que la distinguía del resto de casas de discos con un sonido uniforme, pese a la gran variedad de artistas que pasaron por sus filas. [...] De la mano de Trabucchelli, el sello consiguió un sonido claro con una poderosa sección de vientos y una instrumentación que no se queda atrás con respecto al resto de producciones europeas.

Trabucchelli introduce un sistema de trabajo en los estudios que, además de dar uniformidad a la producción, mejora considerablemente su rentabilidad. De la mañana a la noche, una plantilla más o menos estable de músicos graba con distintos artistas, lo que abarata costes y facilita sinergias. Hispavox pasa a convertirse en una factoría de éxitos. No es extraño que la soprano Victoria de los Ángeles se cruce por los pasillos con el saxofonista Pedro Iturralde, que María Ostiz coincida con Los Ángeles o Pic-Nic, que al término de una sesión con Los Marismeños se inicie otra con Los Mitos mientras Enrique Morente o Paco de Lucía esperan en la cafetería a que los llamen.

En estrecha colaboración con Trabucchelli, al frente de la dirección musical de la mayoría de esas grabaciones está Waldo de los Ríos. Hijo de una cantante folclórica argentina a la que acompaña desde adolescente en el escenario, el orquestador estudia las últimas técnicas de grabación en Nueva York y desde la cúpula de la filial de la Columbia en su país participa en el lanzamiento de grupos como Los 5 Latinos o Los 3 Sudamericanos. En 1962 quiere ampliar estudios en Alemania, pero a mitad del viaje le deniegan la beca y se establece en España, lo que le obliga a empezar casi desde cero.

Uno de los primeros encargos que recibe Waldo en Madrid es la composición de la banda sonora del exitoso programa de televisión *Escala en Hi-Fi*, que edita Hispavox. Poco antes de que a Trabucchelli le ofrezcan la dirección artística de la discográfica, De los Ríos lo conoce en alguna emisión radiofónica. Desde sus despachos contiguos en la primera planta del flamante edificio que han levantado los Vidal Zapater a las afueras de Madrid, juntos relanzan la carrera de Karina o Los Pekenikes, consiguen su primer éxito internacional con *La yenka* y convierten a Raphael en un ídolo de masas.

El fino olfato del productor para descubrir talentos, los originales arreglos de Waldo, el suntuoso acabado y un cuidado engranaje de marketing convertirán al «Sonido Torrelaguna», la etiqueta con la que los críticos suelen catalogar las producciones de la marca, en alusión a la calle madrileña donde tiene su sede, en una seña de identidad de la música española en el mundo. Para lograr este hito, la discográfica centraliza y controla todos los procesos que intervienen en la edición de un disco: los ensayos, la selección de los temas, las grabaciones, el diseño de la portada, la promoción, la fabricación de los vinilos y hasta la impresión de las carpetas y el material publicitario. En esa época, ninguna empresa del sector en España se sostiene en una estructura tan completa.

La mañana en que Mari Trini firma el contrato, la maquinaria que comandan Trabucchelli y De los Ríos trabaja a pleno rendimiento en los lanzamientos de otoño, momento en que se disparan las ventas, además del verano. Raphael, quien, tras una batalla judicial en medio mundo con los Vidal Zapater, acaba de volver a la compañía por la puerta grande, está grabando *Aquí*, un ambicioso álbum en el que colaboran Juan Carlos Calderón y Rafael Ibarbia. Después de casi una década en la compañía, Karina tendrá, por fin, un LP que, además de temas nuevos, incluirá sus dos grandes éxitos, *El baúl de los recuerdos* y *Las flechas del amor*. Por el descomunal Estudio 1, de dimensiones y medios similares a los londinenses de Abbey Road, pasan también esos días Los Ángeles o Los Payos, grupos ya consolidados, o los debutantes Módulos, el cuarteto que cultiva un rock progresivo de raíces españolas. El productor no tiene claro que puedan llegar a tiempo de incluir a Mari Trini en la campaña. La artista, sin embargo, no oculta su ilusión ante la nueva etapa que se abre en su vida, de lo cual informa *La Vanguardia*:

> Mari Trini se muestra al fin muy satisfecha, pues cuenta con que ahora podrá desarrollar a fondo su actividad, tal como a ella

> le gustaba. Aunque no ha explicado qué inconvenientes tenía en la compañía que la contrataba hasta ahora, que exteriorizaba una dosis de interés por esta artista. Es curioso, pero ningún cantante parece estar plenamente contento con la política promocional que respecto a él despliega su compañía editora. Es aquello de que la hierba parece más verde en el patio del vecino. Hispavox, por su parte, habrá visto en Mari Trini la posibilidad de cubrir el campo que ha dejado con su retirada vida de hogar la cantante María Ostiz. Y nuestra opinión es que Mari Trini, en RCA o en Hispavox, es una buena base en potencia para determinada rama de la canción española. Esperamos resultados positivos pronto.

En cualquier caso, Trabucchelli está decidido a hacer borrón y cuenta nueva con la carrera de la cantante murciana. Quiere recolocar su voz y sacar el máximo partido a su inspiración. Además, le pide que intente contar con sencillez una historia en cada tema, casi con planteamiento, nudo y desenlace, como si se tratara de una novela o de una película, y, por supuesto, que explore la posibilidad de ir más allá de los cánones de la canción romántica. El productor es consciente de que junto a los ritmos más o menos intrascendentes de imitación francesa o italiana, lo que algunos llaman «música ligera», en el mercado español se han ido abriendo paso los cantautores, el término con el que la crítica y los medios de comunicación han bautizado a los artistas que, en la estela de la *chanson* o del folk, interpretan sus propias composiciones con un abanico temático en el que sobresalen el compromiso y la denuncia política. Tras estos ha nacido una segunda generación de solistas que se dirigen al público con un mensaje más abierto, sin adscripciones políticas definidas, pero sensible a los cambios que está experimentando la sociedad española. En cierta medida, este otro grupo de creadores menos marcados políticamente sintoniza con una clase media urbana, laica y culta, cada vez más numerosa.

En esa línea, Hispavox ha hecho algunas apuestas desde 1967: Alberto Cortez, que desde principios de la década graba para el sello, ha pasado de cantar *Me lo dijo Pérez* a escribir historias tan inspiradas como *El abuelo*, *Mi árbol y yo* o *Cuando un amigo se va*. También pone música a poemas de Quevedo, Machado, Hernández, que incluso serán interpretados por Joan Manuel Serrat, el cantautor por antonomasia en esos momentos. La otra baza es aún más arriesgada: por primera vez en la música española una mujer, María Ostiz, será la autora de todos los temas de su álbum en el que da cabida, también, a temáticas pioneras como el ecologismo en *El árbol*. Su matrimonio con el futbolista Ignacio Zoco en 1969 la alejará paulatinamente de los escenarios.

Pese a los elogios de la crítica, las ventas, tanto en un caso como en otro, son discretas y mucho más modestas que las obtenidas con las producciones «ligeras». Trabucchelli confía en poder hacer algo grande con Mari Trini. Desde el primer momento, el productor y la cantautora han congeniado y seguirán colaborando, con algún vaivén en la relación, durante veinte años, hasta 1990, cuando los dos ya están fuera de Hispavox. Una década más tarde, en 2000, cuando le pregunto en una entrevista en Canal Sur Radio con quién ha trabajado mejor a lo largo de su carrera, Rafael Trabucchelli todavía responde sin titubear: «Mari Trini, es seria, responsable, disciplinada, una buena persona».

A la vuelta de las vacaciones, en los primeros días de septiembre de 1969, la cantautora regresa al despacho del productor con su guitarra, algunas cintas y una carpeta con las letras, la mayoría de las cuales giran en torno a las relaciones sentimentales. O, lo que es lo mismo, a lo que ella misma está viviendo.

—Le cantaba al amor, le salía del alma —recuerda su hermana Myriam—. Todavía escuchas sus canciones y dices es increíble, cuánta profundidad emana ese amor. Al cantar, cerraba los ojos y parecía que estaba hablando con ella misma. «Hablo conmigo misma», me dijo una vez. En la mayoría de las actuaciones casi siempre cerraba los ojos. Lo hacía por vergüenza, por timidez, sí, pero también porque hablaba para ella. «Es que siento lo que digo», me contó, «y lo que digo es para mí, no para los demás. Será egoísmo, pero es para mí». Por entonces, yo acababa de romper con un noviete. Estaba muy triste. Una noche me asomé al cuarto de baño. Ella estaba con su guitarra y la pequeña grabadora. «Ven, entra, acabo de componer esto pensando en ti. Llevas dos noches llorando porque te ha dejado un tío. Anda ya, no seas tonta». Y empezó a cantar: «Amores se van marchando como las olas del mar...». Y yo llorando como una magdalena.

«Lo que más le gusta a la gente son las historias de amor», suele decirle Trabucchelli. «Sin ir más lejos, ahí tienes a Edith Piaf, a Corín Tellado. ¿Te imaginas que hubieran hablado solo de ricos y pobres? Está bien que abras tu sensibilidad a las cosas que pasan a nuestro alrededor, a tu estado de ánimo, pero sin dejar de lado el corazón y los amores».

Rafael y Waldo están entusiasmados, sin embargo, con otro proyecto. Pocas semanas antes, mientras cenan en casa del primero, Waldo consigue verbalizar una idea a la que no dejaba de dar vueltas desde hacía varios meses: ¿cómo habría grabado Beethoven, ese verano, el de la llegada del hombre a la Luna, el cuarto movimiento de la *Novena*? No se trataba de una simple adaptación, en la línea de Richard Anthony y el *Concierto de Aranjuez* o The Toys con *A Lover's Concerto*, inspirada en Bach. Tenían que ser más ambiciosos. Se trataba de someter la obra a un proceso de reescritura, o de deconstrucción, con la osadía del propio genio de Bonn al componer la sinfonía.

Entusiasmado, Trabucchelli logra convencer a los propietarios de la marca. Además de su elevado coste, la propuesta es arriesgada por la previsible polémica que levantará entre los sectores musicales más conservadores. Con el visto bueno de los Vidal Zapater, Waldo convoca a casi un centenar de músicos y comienzan a buscar una voz para cantar la letra del *Himno a la alegría*, que es como piensan titular la obra. Entre sesión y sesión, la maquinaria de Hispavox y, por supuesto, su gran orquesta no se detienen. Como en una especie de blog de notas, el director argentino suele registrar en una cinta abierta a baja velocidad el trabajo que saca adelante cada día. En algunas de esas cintas pueden escucharse los ensayos con Los Payos, Los Ángeles o de sus *Sinfonías*. Todos se ajustan a un horario y trabajan con los mismos recursos.

Superadas las dudas iniciales, el productor decide que quiere sondear el mercado con un primer sencillo que se grabará y saldrá a la venta casi a la vez que el *Himno a la alegría* en la voz de Miguel Ríos. En la cara A estará *Mañana*, esa canción que desde la época de París está esperando una oportunidad, con la que presentarán la imagen renovada de la cantante, más segura y empoderada que en la etapa anterior. En la cara B, *Vals de otoño*, que había sido rechazada por RCA y a la que Waldo imprime un estallido de color frente al carácter sombrío de sus primeras versiones.

Al otoño siempre se le ha cantado de una manera triste, miedosa y tímida, razona la cantautora. ¿Por qué? Nadie lo sabe. ¿Porque los árboles están desnudos? ¿Porque es una costumbre? Nadie lo sabe. Olvidándome de estas ideas he descrito un otoño lleno de esperanza y alegría. Así nació *Vals de otoño*.

A partir de ahí, el primer álbum de Mari Trini en Hispavox va tomando forma con unos medios muy superiores a los que cualquier discográfica habría destinado para el lanzamiento de una debutante. Esa transformación se observa también en la clásica *J'attendrai*, que había popularizado Rina Ketty en los meses previos al estallido de la Segunda Guerra Mundial, o incluso en la ranchera *Amanecí entre tus brazos*, de José Alfredo Jiménez.

Mientras escucha esas canciones, el compositor y director Pedro Vázquez Marín observa, cincuenta años después, que Waldo usa los instrumentos graves y agudos de la orquesta según los momentos vocales de Mari Trini. Los primeros, por ejemplo, en las introducciones e intermedios instrumentales. También emplea los más agudos cuando la cantante está interviniendo en contraste con las cualidades más oscuras de su voz.

—Se vale de instrumentos del espectro agudo como la flauta y el violín, frente a los metales más graves —anota—. Es precioso el uso del violonchelo solo y la trompa para empastar esos registros.

Waldo y Trabucchelli apuestan también por dar relieve al carácter rebelde e inconformista de la autora, con sus veintidós años recién cumplidos. La letra y la música de *Déjame* son un excelente ejemplo de esa actitud.

Mari Trini ha contado en su casa que está enamorada de Claudette, con la que vive, tras la muerte de su padre, en un apartamento de la calle Río Manzanares. María Mille no ve con buenos ojos esa unión. La relación entre madre e hija, tan estrecha durante los años de la enfermedad y los primeros pasos artísticos, nunca volverá a ser estrecha. «Déjame, tengo que llegar, no quiero quedarme atrás —dice en su canción—, los sueños son míos, dejadme soñar».

El grito de rebeldía perdurará varias décadas. En 2020, el grupo holandés ¡Pendejo! grabará incluso una versión heavy.

—Me encanta el tres por cuatro —anota ahora el periodista y escritor José Madrid—, el contraste entre la rebeldía de la letra y el vals decadente sobre el que se apoya. La voz, además, tiene una fuerza tremenda. Como si gritara: «¡Estoy harta de que me digáis lo que tengo que hacer! ¡No me llaméis ilusa, no me reprochéis que siempre estoy en las nubes! Tengo derecho a soñar con lo que me dé la gana». Desde una mirada más amplia, recoge el grito de los jóvenes que se han sublevado en mayo del 68, de los que protestan contra la segregación racial o la guerra de Vietnam. Es también la reivindicación de una nueva generación de españoles que no ha conocido ni la Guerra Civil ni los años del hambre y que quieren ser dueños de sus sueños, de su libertad.

Entre grabación y grabación, Trabucchelli se entretiene improvisando en el piano de su despacho. Una de esas melodías llama la atención de la cantante.

—¿Qué es eso? —pregunta.

El productor, según contará diez años después en el programa de TVE *Música en blanco y negro*, se encoge de hombros.

—No sé, algo que se me ha ocurrido —dice.

—Pero ¿es tuyo? —insiste ella.

—Sí…

Mari Trini escribe unos textos para esas improvisaciones de Trabucchelli que se transforman en dos clásicos de su repertorio: *Un hombre marchó* y *Cuando me acaricias*. En la primera recuerda a su padre, fallecido hace unos meses; la segunda relata las dificultades de una pareja (quizá ella misma y Claudette, casada y madre de un hijo) para vivir un amor que la sociedad no permite. El argumento no pasa desapercibido para Waldo de los Ríos, atrapado también en una oculta homosexualidad. El orquestador hace suya la historia y la envuelve en una espectacular atmósfera sonora. Años después confesará que, de todos los de su carrera, el de *Cuando me acaricias* era el arreglo del que se sentía más satisfecho. También será una de las favoritas del escritor Manuel Vázquez Montalbán, que la incluirá, ya en los años 2000, en su *Cancionero general del franquismo*. Junto a esta, *En una noche callada* o *Vive* insisten en esa idea de una época en la que chocan los valores morales del pasado con los de un tiempo nuevo.

La obra cumbre del disco, sin embargo, es *Amores*, que ha escrito poco antes de iniciar la grabación y que, según contará después, ha dedicado a su madre, con la que mantiene una tensa relación. Incluso le ha copiado la letra sobre una foto que ha enmarcado. Waldo consigue que la orquesta arrope con sencillez a la intérprete para no restar intensidad a la reflexión que plantea una muchacha sobre la verdadera naturaleza del amor.

—De los Ríos elige la flauta y la cuerda como los grandes protagonistas de este trabajo —observa el director Vázquez Marín—, dando a estos instrumentistas un papel relevante frente a la voz de la cantante. Resulta fascinante comprobar cómo consigue sacar todo su potencial. La orquesta siempre acompaña a Mari Trini, y es su contrapunto. Su voz natural se centra en una tesitura que fluctúa en sus canciones entre fa3 y la5, podríamos decir que es una voz grave, incluso oscura en las notas más graves. Quedaría por explorar qué habría sido de sus agudos si hubiera recibido una mayor formación lírica, se atisba en ellos una gran belleza y potencia.

Convencido del éxito que tienen entre manos, Trabucchelli activa la potente maquinaria de marketing de Hispavox. Un disco es más que un ramillete de canciones, repite. Necesita una portada atractiva y, por supuesto, llegar a todas las emisoras, periódicos y revistas de España.

El diseñador Daniel Gil Pila y el fotógrafo Paco Ontañón, que desde mediados de los sesenta han renovado el concepto gráfico de las cubiertas de los sencillos y los álbumes del sello, se ponen a trabajar. A las sesiones en el estudio siguen otras en la calle y en algunos descampados de las afueras de Madrid. Para el álbum, Gil Pila elige un medio plano de la artista con su guitarra al hombro. Un año antes ha utilizado un motivo parecido para Alberto Cortez en *El compositor... el cantante*. Ahora parece inspirarse en la portada de Barbra Streisand en *People*. A la derecha, con un tipo de letra Times, puede leerse el título de la obra y su intérprete.

Por su parte, el responsable de promoción, Fernando Salaverri, comienza su peregrinaje por radios y redacciones con un abultado dosier bajo el brazo. El periodista de Vitoria-Gasteiz, que cincuenta años después ha preferido no compartir en este libro sus recuerdos de aquel tiempo, sabe ser persuasivo.

—A veces, Salaverri se presentaba en el despacho e incluso te tarareaba el estribillo del disco que pretendía venderte, era muy tenaz —recuerda Rafael Revert, director por entonces de *Los 40 Principales* de la Cadena SER—. Él fue el primero que vino a hablarnos de Mari Trini porque la promoción de RCA había sido casi inexistente.

Según lo previsto, un par de semanas antes de la salida del *Himno a la alegría*, a finales de octubre de 1969, el sencillo con *Mañana* y *Vals de otoño* llega a las tiendas. En líneas generales, la recepción que le brindan los medios es buena, aunque algunos críticos acusan, a veces con reservas, los cambios que ha introducido Trabucchelli en la forma de cantar de la artista. En opinión de Armando Matías Guiu en *La Vanguardia*:

> Son muy atractivas las canciones de Mari Trini y su interpretación vocal, si bien en varias fases se pierde el encanto por un exceso de énfasis que le hace caer en la afectación. Por otra parte, en algunos pasajes pasa Mari Trini inopinadamente de cantar a gritar, lo que tampoco le ayuda. Pero esto son detalles fácilmente corregibles: queda el valor de sus canciones y de las grandes posibilidades interpretativas aún sin explorar plenamente.

La labor de Salaverri empieza a dar sus frutos y, en noviembre, *Mañana* consigue colarse en la lista de *Los 40 Principales*, el prescriptor musical por excelencia del país en ese momento. Cada semana, sus locutores más relevantes se reúnen y seleccionan los discos que emitirán todas las emisoras de la cadena, según una secuencia que recuerda el paso de las agujas de un reloj.

—Teníamos siempre a casi todos los encargados de promoción en la puerta, intentando hasta el último minuto colocarnos su producto —sigue contando Rafael Revert—. Con Mari Trini lo tuvimos claro desde el primer momento, no hizo falta discutir mucho, a casi todos nos gustaba. Algunos habíamos tenido la oportunidad, además, de conocer el resto del material y sabíamos que lo que venía era bueno, de mucha calidad.

Hispavox se guarda ese invierno otros ases: *María Isabel*, de Los Payos, y el incombustible *El baúl de los recuerdos*, de Karina, que compiten duramente con *Quiero abrazarte tanto*, de Víctor Manuel. *Mañana* entra con fuerza en la lista, directamente al puesto 26, y se mantiene durante varias semanas. En otras emisoras, el sencillo suena también a diario. A diferencia de la promoción de los anteriores, la información que acompaña al disco subraya el talento de Mari Trini como compositora. Sin embargo, en las numerosas entrevistas a las que acude resulta casi inevitable la pregunta de si la inspiración procede del dolor. Se empieza a formar así la imagen de una mujer solitaria, acomplejada y arisca que marcará toda su carrera.

En una de esas primeras interviús, la cantante hace patente su agradecimiento a su productor: Normalmente no soy capaz de expresar halagos personales cuando se trabaja en equipo, pero en este caso debo hacer una excepción y dar públicamente las gracias a Rafael Trabucchelli por el trabajo que ha realizado. Ha sabido dar a cada canción el ambiente que deseaba.

En las primeras semanas de 1970, la discográfica envía cintas con algunos de los temas que ha grabado Mari Trini a otros sellos con los que tiene un acuerdo de distribución. En general, las producciones que salen de los estudios de la calle Torrelaguna tienen buena acogida en el extranjero, especialmente en Portugal y México, donde funciona Gamma, una filial de la compañía española. También llevan en sus catálogos las grabaciones de Hispavox la francesa Disques AZ, la británica PYE, la argentina Music-Hall o la estadounidense A&M. Esta última convertirá en un éxito sin precedentes *Song of Joy*, la versión inglesa del *Himno a la alegría*, cuya letra adapta Tom Parker, en Canadá, Reino Unido y Estados Unidos. Con los fabulosos ingresos que proporcionan las ventas de ese disco en todo el mundo, Hispavox afianza su liderazgo en la industria española, aunque a partir de ese año tendrá que hacer frente a la competencia de la Columbia, que se establece en Madrid bajo la marca CBS. El desembarco ha sido cuidadosamente capitaneado por Tomás Muñoz, un antiguo ejecutivo de confianza de los Vidal Zapater, y alguien que conoce bien el funcionamiento y la organización interna de su rival.

A pesar de estas novedades, Rafael Trabucchelli y su equipo diseñan una audaz campaña de lanzamientos para los meses de primavera y verano de 1970. Como contará el productor en varias entrevistas, las ventas de *Mañana* han sido discretas, pero en esa tanda de novedades incluye un segundo sencillo de Mari Trini con *Cuando me acaricias* y *Un hombre marchó*. Durante varias décadas, los créditos de estas canciones omiten su nombre como autor de la música de ambos temas.

En mayo, pocos días después de que se anuncie la separación de The Beatles y casi coincidiendo con la publicación de *Let It Be*, Waldo y Mari Trini coinciden en el programa de TVE *Galas del sábado*. El primero dirige la orquesta que interpreta versiones instrumentales de éxitos del momento, y acompaña a Miguel Ríos. Así se felicita *ABC* el 30 de mayo:

> *Mañana* abrió un nuevo horizonte en la carrera de esa gran voz-autora española que es Mari Trini, que ahora se nos confirma con *Cuando me acaricias* y pronto nos anuncia su primer LP *Amores*. Todos los temas están escritos por ella y solo nos queda

desear que sea un éxito. Mari Trini lo merece y nosotros siempre lo hemos dicho.

La artista murciana regresa poco después a *Galas del sábado*, que conducen Joaquín Prat y Laura Valenzuela: «*Mañana* es una canción que identifica ya a su intérprete —enfatiza Prat en la presentación—. Ella, fiel a su estilo, a su personalidad, ha iniciado una nueva etapa muy interesante en su carrera artística». A pesar de que el primer plano deja al descubierto las secuelas en el rostro de la intervención quirúrgica del año anterior, su aspecto físico, el peinado y el vestido la acercan más a la imagen de una mujer joven que a la de la muchacha huidiza y un tanto insegura de las primeras intervenciones televisivas.

Seamos claros: se había creado de mí una imagen de «niña bien» a la que le importaba un pepino la música y se dedicaba a ella como *hobby*, cosa que es mentira, explica a la periodista María Consuelo Reina. También se quiso presentar al público la pobrecita-niña-enferma que se distrae con la música. La verdad es que yo he estado enferma, he tenido que guardar reposo... ¡Como otras muchas personas! Lo que yo no debía hacer era explotar esa enfermedad que daba como resultado una imagen de Mari Trini tristona, marchita, que jamás podía gustar al público porque sonaba a falsa.

Para reforzar la promoción, Hispavox incluye esta canción en una popular campaña de publicidad de los refrescos Mirinda, que obsequia con discos a quienes consigan completar las siete letras de la marca que van impresas en unas cápsulas de plástico en el interior de los tapones.

A mediados de julio, *Cuando me acaricias* aparece ya en el puesto 14 de la lista de los más vendidos, que encabezan Los

Diablos y su *Un rayo de sol*, y de la que también forman parte artistas como Massiel, Simon & Garfunkel o Elvis Presley. *La Vanguardia* destaca sobre el álbum:

> Excelente grabación, de la mano maestra de Rafael Trabucchelli, y estupendo arreglo instrumental de Waldo de los Ríos. El trabajo de este celebrado binomio es lo mejor del disco y aquello que acredita su valoración. La presencia de Mari Trini es más bien episódica, de modo que el disco tendría el mismo mérito si Trabucchelli y De los Ríos hubiesen aplicado su talento a otra voz y otras canciones. Que una labor que debe ser secundaria cobre tanto relieve como para ocupar el primer plano es evidentemente fruto de la falta de interés que ofrece la aportación de parte de quien ocupa en realidad el «rol» del protagonista.

Pese a estas y otras críticas adversas, el disco se mantiene con fuerza en la cabecera de las listas de éxitos. Cinco meses después de su aparición, alcanza la primera posición en el listado del diario catalán, a partir de los votos emitidos por los oyentes de Radio Peninsular de Barcelona, y por delante de Chicago, Deep Purple o Nino Bravo. En realidad, según certifica la prestigiosa revista estadounidense *Billboard* en noviembre de 1971, *Cuando me acaricias* marca un hito en la historia de la música en España al mantenerse treinta y tres semanas entre los discos más vendidos. Ni *La yenka*, ni *Flamenco* ni *Get On Your Knees* lo habían conseguido.

En Hispavox se disipa cualquier duda. Trabucchelli y De los Ríos han acertado de nuevo. La operación de lanzamiento de la artista culmina con la aparición, en octubre de 1970, de *Amores*, el álbum que todo el mundo parece esperar y que en pocas semanas se convierte en número uno.

La publicación del primer LP de Mari Trini coincide con una polémica en la que se ve envuelta la Sociedad General de Autores Españoles (SGAE) desde mediados de 1970. Los estatutos de la entidad, que, aunque publicados en el Boletín Oficial del Estado en 1963, habían sido redactados veinte años antes, establecían una diferencia en el reparto de remuneraciones entre los socios que podían acreditar su condición de autor mediante una titulación expedida por un conservatorio o escuela de música y los que no. Para poder incorporarse a la SGAE, estos últimos «deberán someterse a una prueba de aptitud» ante la Junta Directiva, cuyo fallo se considerará inapelable. «El solicitante rechazado —añade el artículo 9 de los estatutos— podrá someterse de nuevo a un posterior examen».

A este grupo pertenecen buena parte de los artistas y compositores del momento, como, además de la propia Mari Trini, Víctor Manuel, Joan Manuel Serrat, Luis Eduardo Aute, Fernando Arbex, Manuel de la Calva, Ramón Arcusa o Juan Pardo, que en ocasiones ejerce de portavoz de los afectados. Así lo explica el creador de *La charanga* en *ABC*:

> Nosotros somos los que conseguimos, como mínimo, más de la mitad de los millones de pesetas que ingresa la SGAE en concepto de pequeño derecho. Y se nos paga con terribles descuentos. Los compositores de hoy, por el hecho de no saber música con arreglo a los cánones clásicos, somos considerados, dentro de una sociedad que solo debe ser administradora, como «silbadores». De ahí que muchos se hayan inscrito en sociedades de autores extranjeras, pero no queremos ese ver-

> gonzante sistema de huir, de esconder la cabeza debajo del ala. Pretendemos que se haga justicia. Que se reformen los Estatutos anticuados, si es preciso. Pero que no se nos atropelle reiteradamente.

El abogado gallego Antonio Vázquez Guillén asume la defensa jurídica de los reclamantes, que intentan que su reivindicación se aborde en la reunión que celebra el consejo de administración de la SGAE en julio de 1970. El presidente de la sociedad, el dramaturgo Víctor Ruiz Iriarte, aplaza sin embargo el debate hasta la vuelta de las vacaciones y deja abierta la posibilidad de llevar a cabo «una revisión total» de los estatutos. En octubre, el académico responde en extenso artículo a la, según *ABC*, «espectacular rebelión de los jóvenes compositores españoles»:

> El examen es distinto para cada una de las categorías de los creadores. Consiste, para el autor, en escribir una canción de dos estrofas y un estribillo, una poesía de corte clásico, un poema en verso libre, un monólogo o un *sketch* de diez a quince minutos. Para el compositor, en desarrollar y armonizar por escrito sobre 16 compases, por lo menos, un motivo determinado establecido en base al carácter de las obras que figuran en el expediente del peticionario. Para el metodista, en escribir un canto sin acompañamiento sobre un tema determinado. Yo pienso, sinceramente, que si alguno de estos jóvenes nuestros que amenazan con inscribirse en una Sociedad extranjera para rehuir el poco grato trámite de la prueba de aptitud de la SGAE cumpliera su propósito, quedaría un tanto defraudado. Pero ¿quiere esto decir que la SGAE y otras similares dejan de reco-

> nocer que el examen es un ejercicio incómodo, ingrato y turbador? No. Ni les es difícil a sus dirigentes comprender el enojo que este trámite produce en el joven que irrumpe, pletórico de fe en sí mismo, cargado de legítimas y nobles arrogancias, en el mundo de la creación. Pero piense este joven, si su transitorio enfado se lo permite, que las Sociedades, procediendo así, no actúan contra él, sino por él. Porque, queramos o no, el examen, tan propicio a las ironías, con todas sus apariencias negativas, significa el inexorable descubrimiento del impostor que en todas partes merodea en torno al Derecho de Autor y trata de apropiarse de los frutos de una obra que ha creado otro, el viejo maestro o el joven rebelde: el verdadero autor. Aquel a quien su Sociedad, en Madrid, en París, en Roma o en Berlín, tiene el deber y el honor de amparar. Por otra parte, es imprudente y peligroso, a mi juicio, magnificar demasiado, aunque la teoría se apoye en citas insignes, el hecho de hacer música sin saber escribir música. Todo esto y algo más coincidente y positivo, por cierto, me hubiera gustado decirles en mi despacho de presidente a algunos de estos jóvenes que con tanto ímpetu atacan públicamente a la SGAE.

Tras un corto tira y afloja, la demanda acabará por ser atendida y a finales de año «los silbadores» se incorporan a la SGAE en las mismas condiciones que otros creadores. Para entonces, *Amores* ya es uno de los álbumes más vendidos en España. En febrero de 1971 ocupa el octavo lugar en la reseña de *Billboard*. Después pasará varias veces por el primer puesto. Durante todo un año, 52 semanas, permanecerá en las listas. Incluso coincidirá con el siguiente álbum, *Escúchame*. Todavía en 1974, los boletines internos de Hispavox lo incluyen como uno de los productos más demandados de la compañía. No hay tienda de discos en España que no lo lleve a su escaparate. Y no es que Mari Trini multiplique su cotización como artista, sino que se convierte en un corto plazo de tiempo en un personaje popular de la vida social y cultural española. Los principales teatros del país la contratan, su aparición en periódicos y revistas es constante. Hay una identificación colectiva con la artista a la que persigue un aura de enfermedad, dolor, soledad y superación. El periodista Ángel Casas, que trabaja por entonces como guionista en TVE, se lo plantea con crudeza en una entrevista en el programa *Luces en la noche*:

> —Llevando tanto tiempo en eso de la música sin que acabe de llegar este éxito multitudinario, ¿no has tenido nunca deseos de tirar la toalla y abandonar?
>
> —No, en absoluto, porque yo creo que triunfar en la vida no es cuestión de un año ni de dos, sino de mucho tesón y mucha voluntad, de manera que cada día, cada año que pasa es mejor para mí. No abandonaré la toalla ni la tiraré.
>
> —Mari Trini, ¿te consideras una cantante maldita?
>
> —No, no me considero una cantante maldita en absoluto. Además, la palabra «maldita» es una palabra muy fea.
>
> —El hecho de que tu último disco se esté vendiendo bien, ¿lo atribuyes a que el gusto del público español está evolucionando positivamente o que tu actual casa de discos conoce a fondo los secretos de la promoción?
>
> —Hay algo importante, desde luego, que es estar contenta al trabajar en equipo, con una compañía que te interesa, pero también por mi tenacidad y mi esfuerzo y mi trabajo, que son ocho años...

—¿Es que *Cuando me acaricias* y *Un hombre marchó* son canciones muy buenas y las anteriores eran muy malas?

—Bueno, digamos que unas están bien enfocadas y otras estaban peor, pero las canciones han sido siempre prácticamente iguales. Yo no digo si son buenas o no.

—¿Tu aspecto taciturno es una pose para reforzar la tristeza de tus canciones?

—No, no yo no tengo aspecto taciturno, en absoluto. *(Se traba al pronunciar la palabra)*. Perdón, creo que sois vosotros que a veces os habéis empeñado en hacerme una mujer triste, una huérfana, una mujer tétrica, y os aseguro que no es verdad.

—¿Por qué no sonríes?

(Esboza una sonrisa desganada)

—Mari Trini, sinceramente, ¿cuentas tu vida en tus canciones?

—Bueno, si yo contara mi vida en mis canciones sería un monstruo, ¿verdad? Porque yo tengo muchas canciones escritas y todavía no me ha dado tiempo a vivir tanto. Mis canciones las escribo a través de lo que veo en la gente, en la calle, con vosotros, con todos.

—¿Qué esperas que el público piense de ti?

(Se encoge de hombros)

—Y tú ¿qué opinas del público?

—Bueno, el público no tiene... O sea, no se le puede calificar, es algo vital para un artista, para un cantante, para un actor de teatro. Es lo que da vida a un artista y lo que le ayuda día a día. Eso es el público, el alma.

—¿Cómo eres tú?

—Yo digo que soy una mujer sencilla, siempre con mis problemas y con una vocación tremenda dentro de la música, no solamente en la yeyé, sino la moderna, la lírica o como se le quiera llamar. Eso sí, con muchas alegrías y con muchas ganas de triunfar, de escribir, de componer y de trabajar mucho. Esa soy yo.

—¿Para quién escribe estas canciones?

—Bueno, para todo el mundo. No las escribo para mí sola, las escribo para el público. No para que se queden en casa, sino para que se vendan discos y por medio de esos discos y de esta cámara me comunique con el público y mañana pueda trabajar ante mucha gente.

—¿Quién crees que compra tus discos?

—No lo sé porque todavía no he pasado a cobrar ni me lo han explicado, pero yo creo que hay un tanto por ciento bastante equilibrado entre la gente muy joven y la adulta. Es decir, que no solamente compran mis discos los jóvenes, me atrevería a decir que también los mayores.

—¿Por qué entre tus composiciones hay tan pocas canciones de amor?

—Bueno, esto es una pregunta un poco... No sé qué contestar, ¿no?

—Tú, Mari Trini, no puedes presentar un bagaje de premios ni de canciones vencedoras en festivales, ¿es que no crees en ellos?

—Para mí, no. Los artistas, nosotros, no estamos hechos en serie. Dentro de la canción hay muchas ramas. Para mí no están hechos los festivales. Me sentiría como un jugador de fútbol y, con perdón, a mí no me gusta el fútbol.

—¿Cómo ves tu futuro profesional?

—Yo tengo sueños, tengo ilusión, espero ver ese futuro día a día. Lo voy palpando más que verlo.

En 1980, un grupo de especialistas convocado por *El gran musical*, la revista de la Cadena SER, eligió a *Amores*, junto a *Mediterráneo*, de Serrat, como el mejor álbum español de la década de los setenta. El descomunal éxito de ese disco condicionará la carrera artística de Mari Trini.

7
Una educación sentimental

Guía de escucha: *Amores*, del álbum del mismo título (Hispavox, 1970)

—Me lo regaló mi cuñada Aurora y cambió el curso de mi vida.

Teléfono en mano, paseando a primera hora de la mañana por el rompeolas de alguna playa de la costa de Huelva, el artista visual Pablo Sycet recuerda su adolescencia.

—*Amores* provocó en mí una verdadera conmoción en todos los sentidos —prosigue—, no solamente en lo literario o musical, también en lo emocional. Recuerdo que, tras escuchar una y otra vez el álbum, escribí algo y se lo pasé a mi cuñada. «Está bien», me dijo, «pero bebe demasiado de Mari Trini». Vamos, que era una mala copia.

El rumor de las olas se mezcla con la voz de Sycet.

—Las canciones de aquel disco, sus letras, el modo de decirlas, el acompañamiento orquestal forma parte de lo que Vázquez Montalbán llama, en el título de uno de sus libros, la *Crónica sentimental de España*. O, para ser más justos, de la de varias generaciones. A mí me atropellan, en el mejor sentido de la palabra, esa sensibilidad y su forma de componer cuando todavía soy un adolescente, pero claro, quien me descubre el disco es mi cuñada Aurora, que tiene unos diez años más que yo. Ella me lo regala porque también ha caído rendida a los pies de lo que escucha. Suma todos esos años y verás de cuánto tiempo estamos hablando. Ese es, sin duda, uno de los grandes valores de *Amores*: ser parte importante de la memoria sentimental de varias generaciones de españoles.

»En alguna entrevista —sigue explicando el artista onubense— comprobé que, por esas mismas fechas, al escritor Luis García Montero le había ocurrido algo parecido. A Luis, su padre le leía el libro *Las mil mejores poesías de la lengua castellana*. En algún momento, él descubre uno de los poemas de Machado musicalizados por Serrat, y con el dinero de un regalo de cumpleaños compra el disco y una antología de Machado. A partir de ahí se encamina hacia su futuro como poeta. El efecto es paralelo a lo que yo viví. Asumo que si me he dedicado a escribir letras para Luz Casal, Fangoria y otros artistas es porque Mari Trini llegó a mi vida de aquella manera tan estruendosa. Escuchaba *Amores* hasta la saciedad, se acababa el disco y lo volvía a poner una vez y otra, y otra... Estaba absolutamente impregnado de *maritrinismo*, ese concepto que años después, al final de su carrera, utilizó en alguna ocasión. Todo me gustaba de ella, menos el nombre. Fue algo que siempre se me atravesó, ¿cómo alguien tan sublime podía llamarse simplemente Mari Trini? No lo entendía.

Por esas mismas fechas, en Asturias, una niña de apenas doce años que va al colegio Paula Frassinetti sueña con ser cantante. Estudia piano, solfeo y ballet. Más tarde actúa con su grupo, Los Fannys, en distintas localidades del norte de la Península. Publica un primer disco titulado *La guapa* y más tarde acompaña a Juan Pardo en los coros. En 1982 ve por fin su nombre impreso en la carátula de un disco grande. Casi cuatro décadas después, en 2018, convertida ya en una artista prestigiosa, incluye *Amores* en su repertorio. En ese momento la composición está a punto de cumplir medio siglo de existencia. En los conciertos, buena parte del público desconoce a la autora, pero corea emocionado la letra.

—En la música popular tendemos a usar y tirar —reflexiona la cantante asturiana en un descanso de la gira que realiza por varias capitales europeas—. Las canciones traspasan el tiempo —asegura—, por algo están instaladas en la memoria colectiva. ¿Por qué se utiliza el término «música clásica»? Porque permanece y sigue siendo parte del colectivo. ¿Por qué una fiesta, una romería, pasado un centenar de años, continúa formando parte de la historia sentimental y emocional de la gente? Porque representa no sé qué cosas que tienen que ver con la historia del pueblo, de la ciudad, del país. Eso ocurre con *Amores*. A muchas de las creaciones de Mari Trini se las puede catalogar de clásicas, la gente las canta sin detenerse en averiguar quién las compuso. Si les preguntas, a lo mejor no te saben decir que fue ella. Siempre me ha parecido que esas melodías deben de ser, si no revisadas, para ofrecérselas a los más jóvenes como diciéndoles: mira, esto también te pertenece, forma parte de tu memoria musical o sentimental porque, por ejemplo, le gustaba mucho a tu madre. Sin sentirme obligada a realizar ese ejercicio, creo que tengo una cierta predisposición a traer a nuestro presente este tipo de compositores o cantantes. Eso sí, con respeto. Para interpretar la *Patética* de Chaikovski alterando el tiempo, la tonalidad y todo lo demás es preferible que compongas tú otra, déjala como está.

A pesar de tener amigos comunes, en especial Juan Pardo, Luz apenas trató a Mari Trini. Recuerda que, en los inicios de su carrera, coincidieron en la espera para intervenir en un programa de televisión. La estrella se dirigió con cercanía y complicidad a la principiante, como si se conocieran de siempre.

—Nunca olvidaré su humildad y su franqueza —señala la Casal.

Después volvieron a verse una o dos veces más, siempre en los prolegómenos de alguna gala o una emisión.

En parecidas circunstancias la conoció también Sole Giménez, por entonces vocalista del grupo Presuntos Implicados. El contacto entre ambas fue fugaz, pero acrecentó la admiración que esta sentía desde muy joven por la cantautora.

—Me gusta mucho cantar *Amores* —explica Sole Giménez, que incluyó la obra en su trabajo *Mujeres de música*, en 2019—. De hecho, hablo de Mari Trini antes de interpretarla, doy alguna pincelada y la reivindico como artista por los discos que grabó, por la cantidad de canciones que compuso, por la calidad de su trabajo. En definitiva, por el tiempo que estuvo entre nosotros. Sin duda, es la autora más importante que hemos tenido en este país, pero, lamentablemente, y también lo digo así, es posible que la estemos olvidando. Parece raro, ¿no? Es como si lo hiciéramos con Serrat, con Víctor Manuel, con cualquiera de aquella generación que arriesgó tanto. ¿Cómo es posible? No lo sé, pero con *Amores* ocurre como con la famosa magdalena de Proust, que te retrotrae a una época pasada que ya no volverá. Contiene un mensaje transgeneracional. De pequeña me encantaba verla en la tele. Crecí oyéndola por la radio. En esa época estaba muy presente en la vida de todos, escucharla era algo natural. La verdad es que cuesta creer que *Amores* tenga ya casi sesenta años. ¡Cómo pasa el tiempo!

Ana Reverte también tiene un recuerdo de la cantante.

—Cuando Mari Trini apareció, yo no había empezado a actuar profesionalmente —me cuenta la cantaora desde su casa de Los Corrales, en Sevilla—. Cantaba aquí y allá, pero no me conocía casi nadie. Ella, en cambio, era una figura, y yo la seguía, me gustaba mucho su forma de interpretar, con ese estilo afrancesado tan cercano, a la vez, al flamenco, y la hondura de sus letras. Fíjate: «El amor es como tierra que hay que arar y sembrar» —tararea—. «Míralo al caer en la tarde, que no lo vengan a pisar». ¿No es maravilloso, extraordinario? Hay muchos autores que hacen letras que son más bien prosas —añade—. Sin embargo, ella sabía rimarlo todo de una forma tan bonita, tan natural...

El periodista Luis García Gil, estudioso de la obra de otros coetáneos de Mari Trini, como Serrat, Aute o Andión, subraya la estrecha vinculación entre la poesía y la canción popular que se da en la cultura española en ese momento.

—Hoy nos sorprende que artistas o compositores que apenas habían cumplido los veinte años se expresaran con la madurez de alguien de cuarenta —añade.

Una impresión que corrobora Gerardo Rodríguez Salas, profesor en la Universidad de Granada:

—De hecho, las canciones de Mari Trini nos regalan letras cargadas de figuras retóricas que poseen una fuerza propia que va más allá de la música. En sus textos abundan metáforas (el amor es un niño que hay que enseñar a amar o una barca con dos remos en el mar), deliciosas hipálages (otoño crujiente), rotundas hipérboles (apagar de un soplo el sol), anáforas que remarcan su compleja identidad femenina (esa niña sí, no, esa no soy yo), antítesis que avivan la pasión desenfrenada del amor, como todas las que estructuran *Si no te vas con la tarde*.

En cierta forma, sus textos anticipan los presupuestos de la poesía de la experiencia o de la nueva sentimentalidad. «Romper la identificación con la sensibilidad que hemos heredado significa también participar en el intento de construir una sentimentalidad distinta, libre de prejuicios, exterior a la disciplina burguesa de la vida», escribirá más de veinte años después Luis García Montero.

—Por eso me parece un error —observa García Gil— que, pasado el tiempo, se haya pretendido incluir a Mari Trini entre los intérpretes melódicos de aquella época. *Amores*, por ejemplo, la aleja de ese tipo de artistas, en el que sí deben estar Julio Iglesias o Raphael, y la sitúa claramente entre los componentes más brillantes de la primera generación de cantautores, aunque muchas de sus obras tengan un regusto romántico o sentimental.

Durante medio siglo, esa emoción saltará de generación en generación. A Rozalén, por ejemplo, se la transmitió su padre.

—Él le tenía devoción, le encantaba —me cuenta—, por eso fue de las primeras mujeres cantautoras que yo escuché. Recuerdo que, cuando empezaba a cantar, alguna vez me dijo: ¿Por qué no te aprendes alguna de Mari Trini? Entonces no era muy consciente de lo que decía en sus letras, pero ahora cuanto más la escucho más me sorprende el tipo de canciones que hacía. Me parece que, sin figuras como la de Mari Trini, sería difícil que yo, por ejemplo, existiera.

Para el escritor Manuel Vilas, la figura de la cantautora, sus canciones entroncan perfectamente con el retrato de la sociedad española de los setenta, la década en la que España salió definitivamente del aislamiento, conoció la prosperidad, cerró las heridas del pasado y apostó por una convivencia democrática.

Ese itinerario está reflejado en *Cuéntame*, la serie de Televisión Española protagonizada por la familia Alcántara.

—Me hubiera gustado —escribe Vilas en un artículo periodístico— que el matrimonio, interpretado por Imanol Arias y Ana Duato, hubiera acudido a algún concierto de Mari Trini. Fue nuestra Edith Piaf. Me gustan mucho sus canciones. Mi favorita es *Un hombre marchó*. Lloro con ella. Adoro esa canción, adoro la voz de esa mujer.

Octavio Salazar Benítez, escritor y catedrático de la Universidad de Córdoba, comenta:

—Con *Amores*, Mari Trini se convierte en el eslabón entre los años cuarenta, cincuenta o sesenta, y todos los cambios que llegaron con los setenta y ochenta; engarza la copla, Concha Piquer, Lola Flores con la Movida. Pertenece a una generación puente de muchas mujeres cuya memoria todavía no se ha escrito del todo, no está bien contada. Los setenta, para las mujeres, supusieron un cambio radical desde el punto de vista de su autonomía, de su independencia, ya sea familiar, económica o emocional. Yo lo veía en mis tías, por ejemplo, que rompieron con unas costumbres con respecto a lo que representaba mi abuelo, el típico patriarca con unas normas muy estrictas que, de repente, se encuentra con dos hijas rebeldes, dispuestas a plantar cara a ese modelo de sociedad.

»Mis tías significaron una especie de deslumbramiento en mi niñez ante lo que podían ser y hacer otro tipo de mujeres, distintas a mi madre, que había preferido casarse y criar a sus hijos. Eran una ventana de aprendizaje en la que Mari Trini tenía una presencia constante. Recuerdo aquellos discos en su casa. Mari Luz, la menor de las dos, que falleció relativamente joven por un cáncer, sentía auténtica devoción por la cantautora. Conservo intacta su imagen, planchando y cantando *Amores* a toda potencia, por encima del disco. Más allá de que le gustara la melodía o la letra, había una cierta identificación, aunque no fuera expresa, con el tipo de mujer que representaba Mari Trini en un mundo donde, salvo las típicas vocalistas que hacían éxitos de usar y tirar, estaba dominado, mayoritariamente, por las voces masculinas. Incluso entre los cantautores eran mucho menos habituales las mujeres.

«Tengo un gran recuerdo de Mari Trini —me escribe Paloma San Basilio desde California—. Tal vez *Amores* sea mi canción preferida, la que mejor describe sus sentimientos. Fue una intérprete única que mereció una carrera más larga y reconocida —añade—. Su voz desgarrada transmitía pasión y dolor al mismo tiempo. Dotada de una gran personalidad, convivía mal con los convencionalismos y las exigencias del mercado y las discográficas hasta convertirse en una artista difícil por indomable. No hay ni ha habido una figura de su calibre».

—Creo que *Amores* la marcó a ella y un poco a todos, tiene algo especial —agrega Ana Reverte—. Ese álbum acarreó un cambio de actitud de la industria hacia las cantantes femeninas, abrió puertas. Cuando yo, tiempo después, conseguí llegar a una casa discográfica, lo primero que les pedí fue que me dejaran hacer lo que yo quisiera, y así fue. Nadie me impuso nada nunca. Me daba exactamente igual que alguien pudiera pensar que el flamenco era cosa de hombres y que en el escenario debía vestirme de una forma determinada. Al principio salí a actuar con tejanos y luego vestí con naturalidad, como si me hubiera arreglado para una cena con amigos. Siempre fui evolucionando por mí misma. Si en la discográfica me daban algún consejo, lo maduraba y decía: me sirve o no, pero tendré que filtrarlo yo.

Por eso he podido acumular un repertorio tan amplio, desde las colombianas, los cantes de ida y vuelta, hasta las versiones de temas que me gustaban.

»Uno de ellos fue *Amores*, por lo que significaba para mí, por lo que me aportaba y transmitía. A lo mejor las tesituras de las voces son distintas, pero todo lo demás se acoplaba muy bien con lo que yo estaba haciendo en aquellos momentos. Acababa de ganar el Festival de la OTI en 1993 y atravesaba un momento muy maduro de mi carrera. Recibí muchísimas felicitaciones, todo el mundo celebró que había hecho una buenísima interpretación de *Amores*, aunque posiblemente las versiones nunca sean comparables a la original. Puse el alma, me volqué, entregué lo mejor, a mi manera, con mi estilo, con bastante dignidad y, por supuesto, respetando muchísimo la melodía, aunque aportara unos matices propios.

»Teníamos amigas en común, le envié el disco con una dedicatoria a través de ellas. Nunca me contestó. Acabé por saber que no le había gustado que la grabara. No sé qué le pasó por la cabeza, pero en aquel tiempo Mari Trini ya no era la que había sido. Siete u ocho años después, coincidimos en un programa de televisión; fue la única vez que nos vimos. Me presenté: «Hola, Mari Trini, soy Ana Reverte». En ningún momento dijo «ya sé, has grabado *Amores*, muchas gracias» o incluso «me parece un desastre lo que has hecho». No, apenas me dirigió la palabra. Fue muy fría, como un témpano. Me dolió bastante, aunque con esto no quiero decir que cambiara mi opinión sobre ella; lo único que había hecho en mi vida fue admirarla y escucharla. Sí, creo que la carrera de Mari Trini fue muy grande.

8
Escúchame

Guía de escucha: *Escúchame*, del álbum del mismo título (Hispavox, 1971)

Soy insignificante de momento, le dice Mari Trini a un periodista en los primeros meses de 1972. Todos los grandes de la canción francesa han conseguido la fama pasados los treinta años y la mantienen indefinidamente... Yo no quiero caer en la trampa de los éxitos, del mundo musical español. Prefiero esperar a conseguir la madurez sin torcerme.

Pese a que evita vanagloriarse, hasta entonces en la industria discográfica española ninguna mujer ha conseguido tener dos álbumes en las listas de ventas: *Amores* acumula ya más de cincuenta semanas de permanencia y el segundo, *Escúchame*, publicado en noviembre de 1971, va camino de revalidar la marca.

Alrededor de la cantante se ha desatado en el último año y medio una ola de admiración que excede de los gustos musicales. Recorre de norte a sur el país ofreciendo galas con un caché que se acerca a las 170.000 pesetas por actuación (unos 54.000 euros), cuatro veces más de lo que cobraba en 1970; rara es la semana que no aparece en una revista, en algún diario; acude a programas de televisión, y recoge premios aquí y allá.

Diario de Barcelona se refiere a ella como «La gran vedette del momento. La mujer segura, amable, sencilla. La chica que guarda su respeto al público y se entrega con fuerza y ganas. La cantante que busca no defraudar jamás».

La espiral de éxitos y elogios, iniciada a finales de 1970 con la publicación de *Amores*, parece no tener fin. Apenas pocos meses después, Hispavox cierra acuerdos para la edición del disco en Rusia, Portugal, Canadá o Argentina. A&M Records, el sello de Herb Alpert y Jerry Moss, que tiene en su catálogo a estrellas como Sergio Mendes, Burt Bacharach o el dúo Carpenters, se interesa por su distribución, aunque al final sea United Artists la que lo presente en el mercado estadounidense.

Con esta perspectiva, Trabucchelli quiere empezar cuanto antes a dar forma al segundo álbum de la artista. A Mari Trini, sin embargo, no le queda tiempo para componer, ensayar o grabar. El mismo problema se plantea con De los Ríos, al que la *Sinfonía 40* de Mozart y el *Himno a la alegría* han convertido en una estrella en medio mundo. El músico se resiste a regresar a las largas sesiones en el Estudio 1 de la compañía. No obstante, ha aceptado encargarse de los arreglos de *Soy rebelde* de Jeanette, y de *No soy de aquí*, el nuevo LP de Alberto Cortez.

Por fin, en la primavera de 1971, el productor, el arreglista y la cantautora se reúnen para empezar a preparar el disco. Hay una canción nueva que les parece clave, *Escúchame*, con un mensaje optimista frente a la tristura que se empeñan en subrayar los detractores del estilo de la intérprete. El mismo tono alegre tiene la otra composición nueva, *Canciones a mi manera*. La escasez de material los obliga a recurrir a los descartes de la etapa de RCA. Waldo imprime un aire distinto a *Canción vieja* y a *Ni nada ni nadie*, que ahora titularán *Seré silenciosa*. En la misma línea del disco anterior, incluyen *La fanette*, de Jacques Brel, y la mexicana *Que seas feliz*. También se inclinan por una versión en español del *Je partirai*, de Gilbert Bécaud, y *Ayer*, un fragmento del intermedio de *La tempranica*, la vieja zarzuela del maestro Gerardo Giménez, a la que la cantautora acopla una reflexión sobre el paso del tiempo: «Ayer veinte años cumplí, la inocencia perdí, desaté el corazón».

La censura, que ya había puesto algún reparo a *Cuando me acaricias* o *En una noche callada*, tacha sin contemplaciones la tercera parte de la historia, que Mari Trini no completará hasta 2001 en el disco que grabó junto a Los Panchos: «Ayer los cuarenta cumplí, y volví a tropezar con uno de veinte. Ayer descubrí que el amor ayuda a vivir si el corazón late fuerte…».

Estos y otros inconvenientes siguen retrasando la aparición de un álbum por el que no dejan de preguntar los periodistas y los seguidores de la artista, cuya agenda apenas tiene un día libre. Desde el año anterior, forma parte del programa de los Festivales de España, un ciclo veraniego de espectáculos musicales y escénicos desde principios de los sesenta auspiciado por el Ministerio de Información y Turismo, en colaboración con ayuntamientos y diputaciones. A esos contratos se suman otros que gestiona la oficina del mánager y los compromisos de evidente interés publicitario, como galas, programas televisivos o la actuación en la final del Festival de Benidorm de ese año.

Como el tiempo se les echa encima, Trabucchelli recurre a otro de sus colaboradores de confianza, el pianista Miguel Ramos. A Ramitos, como lo conoce todo el mundo en la compañía, la sublevación militar y la Guerra Civil le sorprendieron en la capital francesa, donde ya no le faltaría trabajo y llegaría a ser un músico reputado que incluso acompañaría a Charles Aznavour. Sin embargo, en sus grabaciones y por exigencia de las discográficas, que consideraban más comercial presentar a una mujer como organista, también en las portadas de muchos discos, se convirtió en Virginie Morgan o Patricia Lamour. En otras fue Michel Ramos.

Esas credenciales le sirvieron de poco a su vuelta. En el Madrid de principios de los sesenta, alguien que había vivido en el exilio despertaba no pocos recelos. A falta de otros empleos, se gana la vida como profesor particular y escribe orquestaciones de éxitos del momento para los grupos que amenizan fiestas y verbenas. El pianista Willy Rubio, que formó parte de Los Waldos, asegura que esas transcripciones eran muy útiles para los grupos de pueblos porque se adaptaban a casi todas las formaciones orquestales. Por su parte, Merche Valimaña, una de las integrantes del Trío La, La, La, destaca el carácter amable y sosegado en el trabajo de Ramos:

—Era muy educado. Hablaba a todo el mundo con mucho respeto.

A mediados de los sesenta, Trabucchelli lo incorpora a su equipo en Hispavox, como una especie de suplente de Waldo de los Ríos. En ausencia o por delegación de este, Ramos firma los arreglos de *Romeo y Julieta*, de Karina, o de una primera versión de *En un rincón del alma*, grabada por Alberto Cortez en 1967. Para este cantautor también arregló con brillantez *Los americanos*, que la censura prohibió en España.

Ante el éxito espectacular de *Amores* y la consiguiente demanda de actuaciones de su intérprete, Ramitos se hace cargo de la dirección del grupo que acompañará a Mari Trini hasta finales de 1971. Entre gala y gala, pone música a *Yo confieso*, un texto de la cantautora que estrenan en abril de ese año en la discoteca madrileña J. J. También arregla la espectacular versión del viejo *Milord*, que había inmortalizado Edith Piaf. Todavía les falta un tema para completar el trabajo, y el tiempo apremia. Casi por casualidad, Trabucchelli vuelve a escuchar *Ce n'est pas moi*, una de las composiciones que Mari Trini había grabado en Francia en 1965. La orquestación de Ramos le da un tono menos ingenuo y más agresivo. «Yo no soy esa que tú te imaginas», empieza diciendo una letra que será asumida como un himno por las mujeres españolas de varias generaciones.

Al fin, en noviembre de 1971, se pone a la venta *Escúchame*. Como la carpeta, cuya foto también firma Francisco Ontañón, todo el disco parece más descuidado y carente de la coherencia y la solidez de *Amores*. Escribe J. Moya Angeler en *Diario de Barcelona*:

> Acaba de aparecer un nuevo *long-play* [...] al que mejor le hubiera ido el título de *Confesiones*, no solo porque *Yo confieso* signifique el eje del disco, sino porque en él la cantante ha dejado bien patente sus debilidades y sus aciertos. El disco está confeccionado a caballo de una serie de canciones creadas por ella misma y una revisión sentimental a ciertos temas franceses de dispar línea. Sus canciones pecan de un castellano rudo, poco melodioso y, a veces, perfumado con gongorismos. Las francesas tienen ese envidiable tono poético que Bécaud, Moustaki y Brel saben imprimir. El conjunto forma un disco ameno en estilos, hábilmente confeccionado para contrarrestar la monótona voz de la cantante, que de otra forma encontraríamos hasta cargante. Ni el bolero escapa a esta variedad de estilos. La voz, al margen de sus reducidas cualidades, sigue apareciendo poco femenina y, estableciendo comparación con el apelativo dado a Serrat, un tanto «caprina». Para cubrir este bache, Mari Trini aporta una interpretación con garra y fuerza que alcanza

> en la diana del acierto en *Milord*. Aquí, sin llegar a la altura de Edith Piaf, claro está, luce briosa, como no sabría hacerlo Mireille Mathieu si intentara revivir la canción. En *Escúchame*, Mari Trini sigue mostrándose inmadura e incompleta. El disco solo es válido como un paso más, no como algo definitivo. [...] En nuestro paupérrimo mercado nacional femenino de la canción, este disco que Mari Trini pone en órbita va a tener, indudablemente, un buen éxito. Es importante ser conscientes de que lo es por falta de competencia.

A pesar de estas reticencias, las nuevas canciones de Mari Trini calan en la sociedad española. La mayoría de ellas serán insustituibles en el repertorio de sus actuaciones y en las diferentes recopilaciones de grandes éxitos que publica. La respuesta del mercado no deja lugar a dudas: en pocas semanas el álbum lidera las ventas en España. Cierta crítica especializada observa, además, que la producción y los arreglos, el Sonido Torrelaguna, acaban por aprisionar el talento creativo de la artista. Como observa *La Vanguardia* en 1972:

> Mari Trini es una cantautora de gran clase y ocupa con todo merecimiento un lugar muy destacado en la escena actual del disco español. Estas grabaciones que nos propone ahora son probablemente las que más a fondo han sido estudiadas, al abrigo además del éxito del disco anterior, pero no han resultado lo encomiables que hubieran podido ser, según las grandes posibilidades que ofrece su protagonista. Y ello es debido, una vez más, al hecho peregrino de que la productora fonográfica de Mari Trini no parece haber entendido todavía el estilo personalísimo de esta artista, de manera que la rodea de unos arreglos

> instrumentales nocivamente prolijos y absorbentes. Ya anteriormente habíamos observado esta curiosa peculiaridad que las instrumentaciones de los discos de Mari Trini no parecen trabajar a favor de ella sino en contra. [...] Y no: los arreglos instrumentales han de estar escritos y ejecutados con entera sumisión a la personalidad del cantante (si es que la tiene, que Mari Trini sí) y no para lucimiento del arreglista, como si hiciera un trabajo individual, independiente. [...] Mari Trini ha combinado su disco con la inclusión de obras suyas y ajenas en este *long-play*. Ni tampoco *Que seas feliz*, que por cierto recibe una interpretación lamentable (en comparación con otras muchas, memorables, de esta misma canción, que todo el mundo recordará). Algo mejor lograda es *La fanette*, de Jacques Brel, aunque tampoco está justificada su presencia en un disco propio de Mari Trini, quien es en sus propias canciones donde se encuentra verdaderamente a sí misma y nos da la interpretación más convincente. Así que ¿por qué no completar todo el *long-play* con canciones originales de ella misma y dejar los *milores* y las *fanettes* para las actuaciones en público?

Escúchame y *Yo confieso*, las dos canciones incluidas del sencillo suenan con insistencia en las emisoras. En los primeros meses de 1972, el diario *Pueblo* realiza una encuesta entre la flor y nata de los comentaristas musicales para designar el artista más apropiado para representar a España en el Festival de Eurovisión. Mari Trini es la preferida, seguida, a mucha distancia, de Serrat.

Mientras, la fuerte campaña de promoción consigue que *Escúchame* llegue al número dos en la lista de *Billboard*. Cinco puestos más abajo se sitúa *Amores*. En la cabecera resiste *Mediterráneo*, de

Joan Manuel Serrat, que repentinamente ha decidido cambiar de director musical. De hecho, grabó ese disco en Milán con Juan Carlos Calderón, Gian Piero Reverberi y Antoni Ros Marbà, y está a punto de emprender una gira por América sin Ricard Miralles, que lo acompañaba desde el inicio de su carrera. Poco después de la aparición de su nuevo LP, se anuncia a bombo y platillo que el pianista barcelonés dirigirá a los músicos que acompañarán a Mari Trini en su próxima gira. Para algunos se trata de una operación audaz que, liberada de las orquestaciones de Waldo, le permitirá mostrarse más auténtica en el escenario. «Miralles puede proporcionarle no solo unos arreglos orquestales con menos cuerda y amartelamientos, sino una dirección musical más acertada y de acuerdo con sus dotes», asegura el crítico musical de *La Vanguardia*. Otros especialistas creen que esconde un intento de emular a Serrat. Desde hace meses, diferentes publicaciones vienen insistiendo en subrayar una rivalidad que no se plantea con otros cantautores, como Alberto Cortez o Víctor Manuel. «La publicidad ha presentado a Serrat —al igual que a Mari Trini— como un gran poeta, y Serrat tiene muy poco de poeta», escribe Jesús Torbado en la *Enciclopedia de la música pop*.

Es frecuente que los periodistas pidan a la cantante que opine sobre otros profesionales con los que rivaliza en las listas de éxitos. Ella suele esquivar las preguntas sobre Serrat y se muestra crítica con Raphael. No me gusta, dice en una revista al referirse al de Linares. Simpatiza, eso sí, con Lola Flores y Rocío Jurado, y protagoniza alguna polémica con Sara Montiel, de la que se hace eco el diario *La Verdad*:

> Se ha escrito algo —y se ha rumoreado más— sobre los posibles celos artísticos entre la cantante murciana Mari Trini y

Sara Montiel. Dicen que hubo un incidente hace poco, cuando actuaron juntas en una gala. No estamos seguros. Lo que sí parece cierto es que Mari Trini ha negado los hechos y ha manifestado su admiración por Sara con una frase que lleva su veneno dentro: «Sara Montiel pertenece a la generación de mi madre, pero su estilo me va».

En cambio, no escatima amistad y camaradería con Juan Pardo, Nino Bravo, Víctor Manuel y Ana Belén. Muchos de ellos la acompañarán en su exitosa presentación en el Palacio de la Música, en pleno corazón de la Gran Vía madrileña. Así informa *Diez Minutos* del evento:

> Mari Trini ha dejado de ser una cantante de minorías, actualmente sus recitales tienen un lleno total. El último de ellos fue en Madrid, donde la cantante interpretó veinticinco canciones, entre ellas, *Escúchame*, *Déjame*, *Amores*, *Ayer*... Canciones viejas, conocidas, pero que siguen gustando, canciones melancólicas y tristes que reflejan el carácter de esta intérprete de canción ligera que en un principio era de minorías y ahora llena los teatros, como en este caso el Palacio de la Música de Madrid. Entre los asistentes, caras conocidas y famosos que también aplaudieron en el recital; Rocío Dúrcal sentada en la fila de delante de Marisol, aunque ambas mantuvieron una animada conversación. Marisol, la Pepa, cómo no, con un pantalón de peto de esos que no se han visto. Juan Pardo y Emi, su mujer, con una inmensa bolsa de palomitas, Víctor Manuel, Ana Belén, Raúl Matas, Antonio Gades, que fue el encargado de la iluminación del espectáculo...

En abril de 1972, además, TVE emite un programa especial dedicado a la cantante que celebra la llegada de *Yo no soy esa* al número uno en la lista de los sencillos más vendidos. Como había hecho pocos meses antes RCA, que publicó un álbum con las grabaciones que posee de la artista, EMI tira de archivo y lanza en el mercado español *Ce n'est pas moi*, pero eso sí, para sortear el litigio con Hispavox, lo hace sin ninguna foto en la portada y dando relevancia al título en francés. Con el tiempo, este vinilo será una pieza codiciada por los coleccionistas. En junio, el crítico de *Diario de Barcelona* escribe:

> ¿Es el éxito una eterna flauta que suena por casualidad? Quienes escuchen detenidamente *Ce n'est pas moi*, un disco que acaba de aparecer a la venta en nuestro país, se formularán esta pregunta. ¿Es comprensible que hace años ninguna editora discográfica quisiera lanzar esta canción en nuestro país? Una canción que llamó a sus puertas con un nombre español, el de Mari Trini, y con idéntica o mayor fuerza que la que tiene hoy su versión en castellano más conocida como *Yo no soy esa*. De nuevo vemos lo poco que cuentan por estas latitudes determinados valores. La canción no ha cambiado nada. La voz tampoco. Para Mari Trini solo queda el consuelo de saber que al final ha conseguido el triunfo que pacientemente esperó. Para nosotros, un gramo más de sorpresa a los sorprendentes caminos que se traza la industria discográfica. Para los aficionados, el placer de poder comparar dos versiones muy interesantes de un mismo tema. En francés, más suave, de mayor riqueza poética y con una expresión de mayor condescendencia. En castellano, más arrogante, agresiva y menos graciosa. Mejor letra la francesa, mayor brillantez interpretativa en cas-

tellano. *Yo no soy esa* o *Ce n'est pas moi*. Ahora, por fin, todos le hacen caso.

Entre tanto ajetreo, la cantautora consigue escaparse al campo. Ahora vive con Claudette en el número 32 de la madrileña calle María de Molina, cerca de la casa familiar, de la que poco a poco van saliendo los hermanos. Todos han cobrado una importante herencia del padre, que permite emanciparse a los mayores. Paco se marcha a Navarra a estudiar, y Miryam se casa en los primeros días del verano de 1972. Los ecos de sociedad de *ABC* recogen su boda con Joaquín Tinao Toledano en la iglesia de San Francisco de Borja.

Mari Trini y Claudette, que aparecen juntas, con bastante naturalidad, en las fotos de varias revistas, quieren instalarse en un lugar tranquilo, donde solo pueda escucharse el canto de los pájaros. A las dos les gusta el campo. Como recogerá José Manuel Caballero Bonald en *La novela de la memoria*, cada vez que pueden se escapan junto a la poeta Gloria Fuertes, «que asumía el papel de maestresala», y otras amigas, «seis o siete personas de muy distinta índole», a una casa cercana a la que ocupan el escritor y su familia en la localidad de Soto del Real.

La artista y «su secretaria», como se refieren a Claudette en la prensa, en la línea de lo que había ocurrido con Gabriela Mistral y María Urzúa o Marguerite Yourcenar y Grace Frick, se instalan después en un luminoso dúplex en La Florida, en el barrio madrileño de El Plantío. Sin embargo, no tardan en fijarse en un caserón de esa misma zona levantado, como la mayoría de las construcciones de la colonia, a principios del siglo XX; los lugareños lo conocen como la Casa de Piedra, pero su propietaria lo bautiza como Villa Antonieta. El edificio, que consta de sótano y dos plantas, está coronado por dos torretas y rodeado de un frondoso jardín. En una de ellas, la cantautora pretende instalar su estudio. «Mari Trini ha comprado la Casa de Piedra... para cuando se case», asegura el periodista Javier de Montini en *Lecturas*. «Dos veces ha estado en un tris de casarse, según ha confesado en diversas ocasiones. Y se arrepintió. A lo mejor, a la tercera va la vencida. Problemas de vivienda no hay, pues en Villa Antonieta caben perfectamente un marido... y una docena de hijos». La compré a una señora anciana y sola. Yo vivía cerca, me enteré de la venta y me interesé, explica la propietaria. No es un lujo ni una presunción mía. Sencillamente, me gustó por eso, por ser de piedra, a la antigua. En el momento de la adquisición, la nueva inquilina desconoce, sin embargo, que su familia tiene una antigua vinculación con el inmueble.

—Cuando mis abuelos vivían en Madrid, en los años treinta —explica su hermano Gonzalo—, muchos fines de semana preparaban una merienda, se subían en el coche y hacían una excursión a las afueras. Solían detenerse cerca de la Casa de Piedra. Mi abuela le decía a mi abuelo: «Algún día compraremos esta casa». Pasó el tiempo y cuando mi tía, la madrina, que era la única persona que podía conocer esa historia, fue a visitar por primera vez a mi hermana, se emocionó mucho. «¡Aquí veníamos cuando salíamos a merendar con mis padres!», dijo. Mi hermana, por supuesto, no sabía nada.

A tres minutos a pie de Villa Antonieta se ha instalado Miryam, que ya es madre de dos hijos, en una vivienda alquilada a unos vecinos ilustres, la familia Oriol, descendientes de José Luis de Oriol y Urigüen, fundador de la actual eléctrica Iberdrola.

—Le contaron que esa casa guardaba una historia un tanto siniestra —recuerda la hermana—, pero a ella le divertían ese tipo de cosas. La vio y se encaprichó. Los techos eran altísimos. El salón, enorme. Cuando íbamos a verla por las tardes, les ponía a mis hijos un pijama debajo de la ropa por si se arrastraban por el suelo mientras jugaban con ella. Hacía muchísimo frío.

Aunque se conserva relativamente bien, la villa necesita arreglos. Partiendo de que no había ni agua del Canal de Isabel II, sino que se surtía de un pozo privado, imagina todo lo que ha supuesto la canalización, explica la cantante. Y con la calefacción ha ocurrido igual. Aún hay que gastar muchas pesetas y, claro, antes hay que ganar ese dinero.

Vivir en un caserón como ese no le asusta. Todavía no he dado con mi hombre, se justifica cuando el periodista insiste en preguntarle por los noviazgos. No, yo no me casaré a la buena de Dios, advierte el día que cumple veintiocho años. En mi Casa de piedra, en El Plantío, además, no estoy sola: tengo siempre amigos, tengo a Claudette, que me ayuda, tengo a mi perrito Charlie, que es una miniatura...

Apenas si tiene tiempo para seguir la marcha de las obras, pues trabajo no le falta. El verano es agotador: Murcia, toda la Costa Brava, Bilbao, Alicante, Almería, Torremolinos, Gijón, San Sebastián, Cádiz, Palma... El plan es casi siempre el mismo: al terminar el concierto, atiende como puede a los admiradores y a los periodistas locales. Agotada, cada vez limita más esos encuentros. «Sube el sueño y el cansancio de las artistas. La murciana Mari Trini ya ha puesto barrera ante tanta entrevista a deshora. "Si quieren hablar conmigo, tienen que hacerlo primero con mi representante". Y claro, comprendemos, pero no lo hacemos», critica *La Verdad*.

En otras ocasiones no tiene más remedio que ser condescendiente. El franquismo y la aristocracia quieren retratarse con ella. Lo mismo actúa en la Casa Pilatos de Sevilla, la residencia-palacio de los duques de Medinaceli, que canta a las reclusas de un penal mexicano, dentro de una gira americana que resulta un éxito. En Hispavox, sin embargo, Trabucchelli está otra vez nervioso y constantemente apremia a la cantautora a que componga. Pero esta vez será más difícil contar con Waldo; le han encargado varias bandas sonoras y prepara un disco de adaptaciones de óperas.

Los condicionamientos comerciales hacen sentirse mal a un artista, explica la cantante en una revista. También las limitaciones de tiempo, de dinero y, por supuesto, el miedo a no vender discos. Quizá la peor de todas las limitaciones sea esta: meter en la cabeza a un artista la obsesión, el ansia de vender. Y un artista debe trabajar con honradez, sin limitaciones. En España, además, las chicas tenemos limitaciones específicas por aquello de los prejuicios.

Tanta presión acaba por pasarle factura:

> La cantante Mari Trini, hospitalizada. [...] El diario *Sevilla*, citando noticias circuladas en los medios artísticos sevillanos, informa a sus lectores sobre el rumor de que Mari Trini es víctima de una fuerte depresión nerviosa, no pudiendo por ello comparecer ante el público de Andújar, donde debió actuar antes de venir a Sevilla.

Necesita parar.

Pero quizá no sea posible.

9
Una señorita tranquila y sencilla

Guía de escucha: *Yo no soy esa*, del álbum *Escúchame* (Hispavox, 1972)

—Con sus letras, esta mujer ha roto muchísimas barreras —explica la cantautora Vanesa Martín en el programa *Somos música*, de Canal Sur Televisión, en 2022. De fondo suena *Yo no soy esa*—. Gracias a ella —sigue diciendo la artista malagueña—, muchas mujeres creemos en los valores del progreso y la igualdad. Cuando yo era chica, en mi casa sonaba mucho Mari Trini —recuerda—. Una vez, mi madre fue a uno de mis conciertos. Un espectador gritó: «¡Viva la madre que te parió!». Yo respondí: «Pues ahí está, en el palco». «Que cante la madre, que cante la madre», empezó a pedir el público y, sin pensárselo dos veces, ella se puso en pie y comenzó a cantar: «Yo no soy esa que tú te creías, esa señorita tranquila y sencilla». Mi padre, por detrás, le pedía que se callara: «Toñi, qué vergüenza, me voy». pero mi madre seguía a lo suyo: «esa niña, sí, no, esa no soy yo».

—Pues hoy, en *Somos música* —bromea el presentador—, ¡Vanesa Martín con Mari Trini!

—Me habría encantado, me habría encantado, ojalá hubiera podido ser así —responde con una sonrisa la malagueña.

Seis años antes, en 2016, medio centenar de ciudadanas de distintas edades y profesiones, desde una bombera hasta una peluquera, ruedan un vídeo en La Coruña para celebrar el Día Internacional de la Mujer y, según cuenta *El País*, transmitir un mensaje de fuerza, alejado de estereotipos caducos. Con gesto serio y grave, las participantes gesticulan sobre *Yo no soy esa*. La campaña, que pretende subrayar la necesidad de alcanzar la igualdad real en la sociedad, logra en pocas horas más de 100.000 reproducciones en Facebook y unas 7.000 en YouTube. El 8 de marzo de 2018, durante las históricas manifestaciones que siguieron a la primera huelga feminista en España en apoyo del movimiento #MeToo y para demandar una sociedad más igualitaria miles de mujeres corean: «¡Yo no soy esa que tú te imaginas!».

Con el nuevo siglo, la popularidad de la melodía no deja de crecer, aunque para entonces su autora llevara décadas sin interpretarla en las actuaciones. Por cansancio o para evitar que empañen las nuevas composiciones, es frecuente que los artistas dejen de incluir algunos de sus grandes éxitos en el programa de conciertos y presentaciones. «Hace mucho tiempo que voy con *La saeta* a todas partes y creo que debe descansar un tiempo», responde Joan Manuel Serrat en 1978 cuando el público se la pide durante un recital. A Mari Trini le ocurre algo parecido con el disco más vendido de su carrera. Por increíble que parezca, deja de cantarla en directo a mediados de los setenta, no se incluye en el recopilatorio *Grandes éxitos, volumen 1*, ni en la grabación del concierto en el Teatro Salamanca de 1984.

En medio mundo, sin embargo, otros artistas ya la han hecho suya. Apenas unos meses después de la publicación en España, la colombiana Hilda Murillo la pasea por varios países de Hispanoamérica. Otra artista compatriota suya, Vicky, también la incluye en un álbum. Katri Helena hace lo propio en Finlandia con *Valvo enää*, e incluso Emilio El Moro se atreve a convertirla en una humorada: «Yo no soy ese que tú te imaginas, yo soy un morito tranquilo y tontuno, que vende relojes y hace pinchos morunos, ese moro sí, no, ese sí soy yo». Hasta el historietista Francisco Ibáñez utiliza el estribillo en una de las aventuras de sus inseparables Mortadelo y Filemón.

Empujada por la industria a publicar un álbum cada diez o doce meses, el repertorio de Mari Trini empieza a nutrirse, desde mediados de los setenta, de novedades. Estas son sus nuevas canciones, suele destacar la promoción machaconamente año tras año. Para contentar al público, recupera lo más granado de *Amores* (*Cuando me acaricias*, *Un hombre marchó*, *Mañana*) y alguno más de esa primera etapa (*Yo confieso*, *Ayer* o *Ne me quitte pas*).

Curiosamente, el progresivo archivo de *Yo no soy esa* coincide con la eclosión en España del movimiento feminista. A los cambios legislativos que el franquismo se ve obligado a introducir, por la presión social, muy poco antes de la muerte del dictador, le sigue el pertinaz empuje de mujeres que, desde los sindicatos, los partidos y las tribunas, exigen que se siga avanzando en la igualdad de derechos. Solo 13 mujeres forman parte de las últimas Cortes franquistas. En la legislatura preconstitucional hay 21 en el Congreso y 6 en el Senado. En 2019, 164 escaños serán ocupados por mujeres. Asimismo, de los estudiantes que llegan a la universidad española, las mujeres representan solo el 25,8 % en 1970, porcentaje que sube al 36,9 % en el curso 75/76 y rebasará el 40 % a comienzos de la siguiente década. La incorporación de mano de obra femenina al mercado laboral también es continua en esos años; sin embargo, los empleos ocupados por hombres representan dos tercios del total en 1976.

Con la llegada de la democracia, y a pesar de la ola de destape que invade el país y que mercantiliza y cosifica el cuerpo de la mujer, la sociedad hace suyo el discurso de la igualdad. La nueva Constitución prohíbe de forma expresa cualquier discriminación por razón de sexo. Por primera vez se empieza a hablar abiertamente de despenalizar el adulterio, las relaciones homosexuales, los métodos anticonceptivos y el aborto. La inmensa mayoría de los que se habían casado para toda la vida aceptan, e incluso demandan, el divorcio. España ingresa en las instituciones europeas a mediados de los ochenta con la aprobación de una ley que regula la interrupción del embarazo en determinados supuestos y que algunos sectores consideran, sin embargo, insuficiente. A partir de ahí, los avances se centran en afianzar la paridad en la representación institucional o en los órganos de gestión de las grandes empresas.

Pese a esta evolución, durante más de dos décadas Mari Trini se muestra reticente e incluso combativa ante el feminismo. En sus declaraciones critica sin rodeos el machismo, el matrimonio y, en algunos momentos, el aborto, pero rechaza presentarse como feminista y atiza sin piedad a sus activistas. Muchas de ellas, dice textualmente en 1980, son una especie de marimachos, como esos bandoleros a lo Curro Jiménez. La mujer, añade, ha de defender sus derechos contando con el hombre y sin dejar de ser femenina.

Esa aparente contradicción no es exclusiva, ni mucho menos, de Mari Trini en ese momento políticamente convulso y de transición. Muchas mujeres, para las que la palabra «feminismo» está cargada de connotaciones negativas, optan por un individualismo radical que, en sus formas, no difiere de una práctica feminista. Raro es el álbum en el que, además de historias de amor, en las que la narradora dista mucho de adoptar una actitud sumisa en la relación, no incluye un retrato-denuncia de una mujer sometida: la que se ve atrapada en el matrimonio solo para asegurarse una posición económica en *Y ahora qué* (1977), la adúltera confesa en *Señor juez* (1978), la adolescente decepcionada en *La primera vez* (1980), la casada que descubre que su cónyuge es homosexual en *Despiértame* (1980) o las que conforman el LP *Diario de una mujer* en 1984.

—Mari Trini se acerca a esas historias —observa la periodista Pepa Pacheco— desde valores que son consustanciales al discurso feminista: la sororidad, por ejemplo, en *Ayúdala*, que salpica de pronombres, artículos y sustantivos en femenino. La voz narradora, que es una mujer, pide a su interlocutora que cuide de otra mujer, que la apoye, que la acepte como es, que no quiebre sus alas Eso no era muy propio en esa época. También habla, cuando nadie lo hace, de un amor en igualdad —continúa Pacheco—, ese por el que apuesta y pierde la protagonista de *Diario de una mujer*. O esa denuncia descarnada del abuso y la esclavitud que acarrea la prostitución en *Robar amor*. Y siempre sin perder un ápice de sutileza. No me extraña que fuera una diosa para mi madre y muchas mujeres de los setenta. En mi concepto del feminismo —concluye— es una referencia imprescindible.

»A veces se tiende a incluir a Mari Trini en lo que se conoce como "canción melódica" —sigue explicando la periodista—, y me parece que es un error aunque aparezca así en Wikipedia. En mi casa se escuchó a los artistas de la protesta. Mis padres, antifranquistas y simpatizantes de la izquierda, habían comprado muchos de sus discos. Yo nací cuando ya vivíamos en democracia, pero me aprendí todas aquellas canciones. De jovencita, ya en los noventa o los primeros años del nuevo siglo, descubrí *Yo no soy esa* y me volví loca. Ella ya había caído en el olvido. Había que escarbar mucho para encontrar información sobre Mari Trini. Todo lo que iba encontrando resultaba sorprendente: una artista alejada de cualquier estereotipo, sin sexualizar, lo mismo se vestía de negro hasta los pies que se ponía unos pantalones, enfrentada siempre a una industria manejada por los hombres y que expresa su orientación sexoafectiva de una forma tan evidente que la hace invisible. ¿Y todo esto qué es sino una forma clara de compromiso? —se pregunta Pepa—. Está claro: en el caso de Mari Trini, la etiqueta de "melódica" se le queda muy corta.

Para la escritora Laura Sagaz, *Yo no soy esa* presagia una declaración de espíritu punk, el género musical que en la década de los setenta canalizará la protesta juvenil contra las clases y los estereotipos sociales. Aunque no sigan la línea de la estética o el tipo de sonido, Mari Trini y Cecilia dejan claro que se niegan a quedar a la sombra ni a la merced de ningún hombre. «El punk es tener una conciencia, una manera disruptiva de hacer las cosas, y ellas la tenían. [...] Se puede ser punk manteniendo esa dulzura musical que se les atribuye a las mujeres», aclara Sagaz en *ElDiario.es*.

—En la música española, la figura femenina no tenía esa reivindicación —observa la cantante Sole Giménez—. Ella lo hace porque cree que es necesario, había vivido en París y alimentado de otro tipo de sociedad en la que esos avances eran mucho más evidentes. De manera natural ella se posiciona ahí —añade la solista de Presuntos Implicados—, reclama metas que hoy en día se dan por conquistadas, pero que todavía se sigue teniendo que reivindicar.

Por su parte, Octavio Salazar Benítez, escritor y catedrático de la Universidad de Córdoba, comenta:

—No deja de sorprender que a principios de los años sesenta una muchacha de quince o dieciséis años se rebele contra la heterodesignación, un concepto que había explicado Simone de Beauvoir en *El segundo sexo*. Las mujeres siempre han sido designadas por otros, nombradas por otros. La gran lucha del feminismo es que las mujeres se autodesignen, que tú seas la que decidas lo que hacer con tu vida, con tus emociones, con tu trabajo, con todas las opciones que a lo largo de la vida va tomando un ser humano. Esa idea ha sido una losa permanente para las mujeres. Mari Trini se rebela y grita: yo no soy esa que vosotros queréis que sea, yo soy la que yo quiero ser.

La recuperación de *Yo no soy esa* parece imparable a partir de los noventa. La propia autora incluye una nueva grabación en su álbum *Sin barreras*, en 1995. Seis años más tarde, en *Hay que volver a empezar*, el primer disco colectivo contra el maltrato a la mujer que se publica en España, Marilia Andrés, componente del dúo Ella Baila Sola, realiza una versión del éxito de 1972 que vuelve a aparecer en los sucesivos recopilatorios de la compositora que se editan a lo largo de la década.

En 2012, tras la muerte de la artista, y coincidiendo con el cuadragésimo aniversario de su publicación, Rosa López lleva *Yo no soy esa* a las pistas de baile y al primer lugar de la lista de descargas de iTunes y al cuarto en las listas de ventas. Además de rescatar un éxito del pop para que, según sus palabras, «los jóvenes del siglo XXI descubran lo que es una buena letra», Rosa quiere homenajear a la artista que le gustaba a su padre. Para la ganadora de *Operación Triunfo*, Mari Trini transmite muchas cosas, es una poeta, una luchadora en la música y en la vida.

—Desde un punto de vista feminista, la canción de Mari Trini ha envejecido mucho mejor que otras de la época que también tenían protagonista a una mujer, como *Un ramito de violetas* —sostiene Salazar Benítez—, aunque no debamos de aplicar los esquemas de interpretación de hoy en día, con todo lo que hemos aprendido y avanzado, a expresiones de hace treinta o cuarenta años, porque quizá caeríamos en más de un error de valoración.

Para la periodista Valeria Vegas el tiempo ha convertido en un himno aquella composición que la cantautora grabó por primera vez en París, tres años antes de mayo del 68:

—También se ve como un canto a libertad individual, sin ningún género. Muchos himnos no se pueden crear a conciencia. Ningún compositor puede decir: como hoy es miércoles, voy a escribir uno. El resultado sería algo premeditado, superficial. En definitiva, falso. Cosa distinta es escribir una canción y que se convierta en himno porque el público lo percibe así, porque la gente se identifica con su mensaje, porque la empatía del oyente o del espectador es más grande que la canción en sí misma. Parece obvio, pero *Yo no soy esa* es un himno ahora porque la gente la ha hecho más suya que otras canciones.

A un lado y otro del Atlántico, varias series y películas incluyen también la canción en sus bandas sonoras. Pocos meses antes de la muerte de su compositora, el director mexicano Mario Muñoz la hace sonar en su ópera prima, *Bajo la sal*. En la segunda temporada de *Merlí: sapere aude*, Dino, el propietario de un bar gay interpretado por Eusebio Poncela, se marca una peculiar versión, con los arreglos de Xavi Capellas y la orquestación de Joan Martorell. Tres años más tarde, Lucas Vidal, nieto del ejecutivo de Hispavox que fichó a Mari Trini, le imprime un tono sinfónico a la balada en *Érase una vez... pero ya no* que interpreta Nia. La voz de la cantautora aporta intensidad a uno de los episodios de la serie *El cuerpo en llamas*, mientras Rosa Peral, la agente que será acusada del asesinato de su pareja, Pedro Rodríguez, sostiene el anillo de boda y piensa en su amante, Albert López.

Cincuenta y un veranos después de que media España la coreara, *Yo no soy esa* recupera, en 2023, su tono más reivindicativo como parte del argumento y la banda sonora de la película *Te estoy amando locamente*, del cineasta Alejandro Marín. Miguelito, el protagonista, al que da vida el actor Omar Banana, trata de encajar un *playback* con la voz de la cantante mientras se prepara para concursar en *Gente joven*, un programa de TVE de los setenta que pretendía descubrir nuevos talentos. El filme narra la aparición de los grupos de defensa de los derechos de las personas LGTBIQ+ en la España de 1977, con la Ley de Peligrosidad Social del franquismo aún vigente. Como tantos jóvenes de aquel tiempo, Miguelito tiene sobre su cama un póster de Mari Trini retratada por el fotógrafo Jack Tourotte.

—En el nuevo siglo, el espíritu de aquella canción se mantiene en compositoras como Rozalén o Vanesa Martín —destaca el periodista Pedro Ángel Sánchez—. Basta escuchar versos como «Pero no me da la gana. / Si tú quieres, me disparas. / Llevo las medias bien puestas / por si te encuentro de cara» en *He sido* de Vanesa para darte cuenta de que aquel grito liberador no se ha ahogado, ni mucho menos.

Rozalén admite sin ambages esa influencia:

—Puede ser que una de tantas canciones que me marcaron fuera *Yo no soy esa*, es la que más conozco de ella y, a lo mejor, sin ese referente *La puerta violeta* hubiera llegado más tarde, no lo sé. Pero es necesario, claro, que alguien abra camino. ¿Por qué sigue vigente ese tema? Porque se refiere a una situación que sigue ahí. Supongo que en el tiempo de Mari Trini era más habitual que ahora, pero también habría más silencio. Los micromachismos, los machismos, son algo que están tan en el ADN de la cultura, de la sociedad, que, claro, resulta complicado cambiar las cosas o, al menos, es un proceso lento porque hay gente que si le intentan quitar sus privilegios se pone nerviosa y obstaculiza los avances. Por eso se sigue y se seguirán cantando hasta el momento en que ya no hagan falta.

Yo no soy esa es, con diferencia, la canción más popular de Mari Trini. Solo en Spotify acumula casi dieciocho millones de descargas. Y la cifra sigue aumentando.

10
¿Quién?

Guía de escucha: *¿Quién?*, del álbum del mismo título (Hispavox, 1974)

Hasta ese momento había sido un rumor, pero en plena promoción de *Ventanas*, su tercer álbum con Hispavox, Mari Trini concreta y pone fecha a su retirada. En una entrevista en *Diario de Barcelona*, en abril de 1973, anuncia que cumplirá los compromisos que tiene adquiridos hasta el verano y después dejará de cantar. «¿Se tratará de una retirada temporal o de un abandono?», insiste el periodista. «Retirada, de momento. Luego, ya veremos cuándo decido volver a la canción», responde la cantante.

En su círculo más íntimo, la noticia no sorprende. Sin concederse un mínimo respiro, la artista no ha dejado de enlazar proyectos, contratos y obligaciones desde hace cuatro años. La discográfica, el mánager, los medios de comunicación, los cada vez más numerosos clubes de admiradores le reclaman constantemente una novedad, la que sea; todo parece valer.

Escarmentada de las tensiones que rodearon la grabación de *Escúchame*, ha empezado a preparar con antelación el nuevo álbum, del que se ha descolgado Waldo de los Ríos. Por fortuna, la inspiración no parece haberse resentido con tanto ajetreo. Entre gala y gala, entre viaje y viaje, van surgiendo ideas. Cualquier momento es bueno. El mismo día de Navidad de 1971 da forma a *Quizás*, la canción que Trabucchelli ha elegido para promocionar el nuevo LP, a pesar de su tono intimista y melancólico, alejado de la luz y rebeldía de *Yo no soy esa*: «Si sola es mucho decir que por noche tengo abril y mayo por despertar. Si solo me queda un llorón, sauce de mi desamor, y trapos en el corazón, en el corazón…».

En los primeros meses de 1972, con *Escúchame* y *Yo no soy esa* en lo más alto de las listas de ventas, desarrolla con Ricard Miralles el concepto sobre el que girará el nuevo repertorio. Si en *Amores* primó lo sentimental, ahora se presenta como una observadora de la sociedad en la que le ha tocado vivir. Hay que mirar a la gente, explica, y darse cuenta de que hoy quieren una cosa y mañana otra. Por eso, añade, he cantado en un momento el amor, el hombre y la mujer, y luego he pasado a otras cosas.

Desde sus composiciones, convertidas en imaginarias ventanas, Mari Trini se atreve a criticar la hipocresía o el machismo de una sociedad que intenta superar las barreras impuestas por el franquismo.

Creo que he cambiado con respecto a mi anterior disco, comenta a los periodistas. Un cambio para ser más profunda, para variar el enfoque de los temas, para enriquecer mis canciones. Lo que no he hecho ha sido jugar a la contestación, a la pose de rebelde, al politiqueo o al compromiso, porque estoy bastante cansada de todo esto. Mientras no pueda tomar una postura concreta y definida, preferiré jugar dentro de unos límites que todos conocemos porque todos los cantantes hemos tenido nuestros problemas con la censura.

Al productor le encanta la propuesta, pero se reserva la última palabra en el acabado. Para empezar, no ve con buenos ojos que Miralles asuma la totalidad de los arreglos.

—En Hispavox tenían su propio equipo, con el maestro Ramos y Waldo principalmente —me explica con una sonrisa el pianista barcelonés medio siglo después—. Yo no era santo de la devoción de Trabucchelli, no le hacía gracia verme por la compañía, por eso solo arreglé las canciones que yo había compuesto, *Ventanas* y *El señorito español*, además de encargarme de la dirección musical en las galas y conciertos. A Ramos no lo traté, pero De los Ríos era un músico extraordinario y una buena persona.

En realidad, el productor cree prematuro introducir cualquier variación en el dibujo sonoro que trazó Waldo en *Amores*. Considera que, a pesar de los buenos resultados económicos obtenidos, el siguiente trabajo, *Escúchame*, no tuvo un acabado tan perfecto. Tras algún momento de tensión, acaba cediendo. Otros dos músicos con los que justo ha empezado a colaborar, el veterano Juan Márquez y Eddy Guerín, más joven, se ocuparán de *Un hombre gris* y *Saber amar*, a la que ha puesto música el propio productor. El grueso del trabajo lo asumirá Miguel Ramos, quien, después de acompañarla durante dos años en sus actuaciones, conoce muy de cerca a la intérprete. Dos de esas canciones, *Querer, creer, querer* y *Paisajes*, tienen una duración muy extensa, superior a los cinco minutos, y necesitan una orquestación potente.

—Ramos mantiene la base a la que suma guitarras, bajo y batería en la línea creada por Waldo y que solían emplear otros grandes orquestadores, desde Morricone hasta Mancini —señala el director de orquesta José María Druet—. Hay muchas coincidencias con De los Ríos, como el uso del bajo eléctrico punteando o de las guitarras, que unas veces marcan la armonía a través de rasgueos rítmicos y otras toman la melodía mediante juegos rítmicos contrapuntísticos. El resultado es fresco y a la vez exuberante, gracias al fondo sinfónico en el que la orquesta brilla a la par de la solista. A pesar de la intervención de varios arregladores, *Ventanas* se escucha medio siglo después como un trabajo maduro, a la altura del emblemático *Amores*.

El equipo gráfico de Hispavox diseña una ambiciosa (y cara) carpeta troquelada. Tras la foto de una vieja ventana vemos a Mari Trini retratada por los hermanos Juan y Elías Dolcet, que acaban de incorporarse a la compañía.

En septiembre de 1972, el disco está listo para su publicación. Sin embargo, Hispavox retrasa la salida hasta los primeros días del año entrante. Antes, el 11 de octubre, en el despacho de José Manuel Vidal Zapater, el sello y la artista renuevan el contrato, que tendrá una vigencia de cinco ejercicios y tampoco contempla el pago de anticipos, aunque sí un incremento en el porcentaje de *royalties*. Tras la firma, la cantante inicia una gira por distintos países de América, en los que *Amores* y *Escúchame* han tenido una excelente acogida. A su regreso la esperan numerosos reconocimientos. La revista norteamericana *Record World* le otorga el premio a la mejor intérprete femenina. Serrat lo recibe en la categoría masculina y Camilo Sesto como cantante revelación. Por su parte, *ABC* clasifica los discos más vendidos de los últimos doce meses: tras *Algo de mí* y *Without You*, de Harry Nilsson, se sitúa *Yo no soy esa*, que ha permanecido veintiocho semanas en las listas y nueve en el número uno. Así informa el diario madrileño a principios de diciembre:

> Es un auténtico maratón. Hace tan solo unos días regresó de México, donde en veinticuatro días dio cincuenta y dos espectáculos en Monterrey, Veracruz y Puebla. Desde el verano, en

> que estuvo varios días enferma, se pueden contar con los dedos de la mano los días que no ha tenido al menos una actuación. [...] En febrero de 1973 actuará en los carnavales de Buenos Aires, dará cuatro recitales en Costa Rica, estará en Caracas, otra vez en México y en Puerto Rico. Posiblemente actuará en un recital que patrocinará la Princesa Doña Sofía. Hará una presentación en el Palau barcelonés, en breve. Participará en Ámsterdam en la Gala de la UNICEF. Y seguirá haciendo teatros, discotecas, etcétera. Hoy por hoy es la cantante española con mejor calendario. Y pese a todo, a tanto avión, tanto coche, tanta sala de fiesta, tanta tarambana, tiene tiempo para escribir y componer.

En las páginas de este y otros periódicos se anuncia esos días el estreno de *Experiencia prematrimonial*, la película de Pedro Masó que ha despertado una gran expectación en España, tanto por su título y su argumento como por la presencia en el reparto de la actriz italiana Ornella Muti. El filme pretende reflejar el choque de las nuevas generaciones de españoles con la mentalidad conservadora de sus padres. Sin embargo, la historia, a juicio del crítico de *ABC*, «se queda en la anécdota —situada a nivel de burguesía acomodada— para pronunciarse, en definitiva, con sentido conservador, por el matrimonio a lo clásico». Tal como recordará años después el historiador César Vidal:

> Que se planteara que una pareja de novios podía tener relaciones sexuales fuera del matrimonio e incluso irse a vivir juntos sin casarse era simplemente intolerable. Había casos de novios que llegaban a tenerlas, claro está, pero era excepcional y,

> caso de tener lugar un embarazo, en medio de una vergüenza generalizada, se celebraba el matrimonio —«de penalti», se decía entonces— deprisa y corriendo. Partiendo de esa base, que el tema se abordara en una película implicaba que la historia tenía que terminar como el rosario de la aurora. Por supuesto, hubo gente a la que el relato no la convenció. Recuerdo que un crítico de cine de la época llegó a preguntarse qué hubiera sucedido si Ornella Muti —la simpática protagonista— hubiera sabido cocinar y no se hubiera quedado embarazada. Podía haberse preguntado también por su novio, que no era el colmo de la madurez, pero la verdad es que no lo hizo. Para gente que ande por la veintena —o incluso la treintena— y vea la película seguramente lo que aparece en la pantalla le resultará increíble. No lo es. Doy fe de que España era así a inicio de los años setenta.

Con más de dos millones y medio de espectadores, todavía en 2019, *Experiencia prematrimonial* estará entre las cincuenta películas más taquilleras de la industria cinematográfica española. Pese a los severos reproches que recibe de los sectores más inmovilistas, muchos acuden a verla convencidos de que su estreno representa una victoria sobre la censura. El crítico cinematográfico Javier Ocaña comenta:

> La gran novedad de la historia radicaba en que era la chica la que defendía el nuevo método de seguridad en el amor ante el inminente matrimonio. Y al final el sacramento no se ponía en duda: aunque fuera bien la convivencia prematrimonial, no había posibilidad de seguir viviendo juntos sin casarse. A pesar de las restricciones y de que realmente se condenaba la expe-

> riencia, porque todo salía fatal, el primer plano del filme se le escapó a la censura. Y es que Ornella Muti, mito erótico, aparecía agitada en la cama mientras dormía la siesta. ¿Un sueño erótico?

Precisamente, en los minutos previos a esa escena, durante la cabecera, se escucha a Mari Trini cantar *El desamor*, el tema central de la banda sonora que ha compuesto Augusto Algueró. La cantautora resume en unos versos el quiero y no puedo que plantea el argumento: «Rebeldes adolescentes, quisimos ser diferentes: no como viejos, de dos en dos. Y creímos como niños que cuatro y cuatro pueden ser dos».

La colaboración entre Mari Trini y Algueró suscita sorpresa y curiosidad, pero, a diferencia de lo ocurrido cuando el popular compositor colaboró con Serrat en *Penélope*, o Rafael de León en *Te quiero, te quiero*, se salda con un éxito discreto, tal vez por falta de entusiasmo de Hispavox. En el álbum *Ventanas* aparece una versión de estudio, arreglada por Miguel Ramos, y diferente de la que se utilizó en el filme.

En 2004, tras volver a escuchar *El desamor* después de mucho tiempo, Augusto Algueró comentaba: «Es una canción muy bonita que debió tener más repercusión, pero los éxitos son imprevisibles, vienen cuando menos lo esperas. Uno cree que una composición va a tener éxito y luego... Depende mucho de las circunstancias, de lo que haya en el mercado en ese momento. Siempre hay una competitividad feroz para que una canción triunfe. Por desgracia, el cine español no cuida demasiado la música, la usa; pero, a diferencia de lo que ocurre en Estados Unidos, por ejemplo, nunca se le da relevancia a la banda sonora o a las canciones».

En enero de 1973, con *El desamor* sonando en los cines y *Quizás* en las radios, llega a las tiendas el esperado disco grande. Pocas semanas más tarde, la artista lo presenta en *Estudio abierto*, el programa que conduce José María Íñigo en el segundo canal de TVE, y en *El gran musical*, de la Cadena SER. Aunque para el negocio discográfico sale en temporada baja, las ventas parecen ir bien. En los medios, sin embargo, la acogida es dispar.

«Es lo mejor que ha grabado hasta la fecha, tanto por el contenido como por la interpretación», dice *La Vanguardia*. En *ABC*, José Ramón Pardo aplaude, aunque cree detectar un cierto tufo *serratiano* en los temas:

> Ya no cabe destacar ningún aspecto aislado, pues todo forma parte de un algo muy compacto que tan solo podría definirse como *canción de Mari Trini*. Pero junto a esta agradable sorpresa, tras un silencio creador demasiado largo, nos encontramos con una obra escrita por Mari Trini y Ricard Miralles que nos parece francamente desacertada. Porque estamos convencidos de que sus personalidades musicales, valiosas por separado, no encontrarán un sendero por el que avanzar juntas.

Para *Diario de Barcelona*, en cambio, el flamante disco incide en los mismos errores que los anteriores:

> Quizá pequemos de exigentes, quizá nos ocurra que siempre esperamos más de alguien que ha ido en franco progreso. Pero lo que no podemos evitar es decir que Mari Trini no nos dice demasiadas cosas nuevas en este álbum. Ha enrevesado aún más su metafórico y tremendamente personal lenguaje (la clave

de muchas estrofas solo debe conocerla ella). Y ha encontrado el enriquecimiento de unos arreglos orquestales de Ricardo Miralles. No nos convencen (demasiada orquesta) los realizados por Miguel Ramos. Mantenemos que Mari Trini tiene una voz que ha de ser respaldada con pocos efectos y menos orquesta.

Por esas fechas también se halla en plena promoción Raphael, que ha incluido en su repertorio una versión de *Déjame*. Ambos artistas anuncian sus inminentes presentaciones en el Palacio de la Música de la Gran Vía madrileña. Con su LP ya en el número uno de las listas, Mari Trini triunfa en marzo en el Palau de la Música de Barcelona. Entre el público se encuentra el crítico Albert Mallofré i Milà, que no disimula su entusiasmo al valorar el espectáculo:

> Mari Trini actuó con sobriedad, con gesto medido y parco, y con voz trémula y opaca. Se entregó intensamente, viviendo cada canción en profundidad, de manera introspectiva, tan hacia dentro de sí misma que su vibración expresiva, aun siendo tremendamente vital, resultaba distante. Es difícil impresionar al público en estas condiciones. Mari Trini lo consiguió, gracias, sin duda, al mérito de la autenticidad. Así, Mari Trini ofreció un espectáculo serio, austero, cerebral. Sin concesiones a la amenidad ni a la anécdota. Sus versos son duros y directos, pero la temática de sus canciones resulta un tanto obtusa. Provienen de un mundo interior que Mari Trini vive intensamente, pero es un mundo invernal, en el que siempre está nublado. Y en el que el auditorio tiene escasas posibilidades de penetrar porque es muy compacto y porque Mari Trini, aun sin darse cuenta, corre todos los visillos. Con todas estas peculiaridades —manifestacio-

> nes de su personalidad—, el recital fue muy interesante y a lo largo del mismo se reafirmó Mari Trini en la posesión del cetro español de la canción poética (en la rama femenina). Así lo reconoció el público de manera inequívoca. Y así lo reconoce este cronista después de haber presenciado un recital muy poco común. Y muy digno de ser presenciado.

Durante su estancia en Barcelona, la cantautora concede una larga entrevista a Josep Moya Angeler en la Terraza Martini, en la confluencia de la Gran Vía con paseo de Gracia, para *Diario de Barcelona*, que se publica el 20 de marzo:

> —En estas canciones, en las últimas, te muestras a veces terriblemente intimista y hablas en metáforas a veces casi indescifrables por quien no te conoce. Casi, casi, hablas en clave. ¿Por qué lo haces? ¿Cantas para ti o para el público?
>
> —Canto para el público, desde luego. Me interesa comunicarme y decir lo que he escrito. Y lo hago en mi estilo.
>
> —¿Le explicas al menos al público cuál es la clave de esas frases?
>
> —Bueno, creo que es un poco exagerado decir que hay una clave. Es cierto que hay cosas que para comprenderlas tendría que explicarlas. Sin embargo, el público no necesita generalmente explicaciones, porque lo comprende a través del magnetismo que fluye entre ambos cuando canto.
>
> —Hay quien ha dicho que cantas al campo con un lirismo desfasado. Que vives un tanto alejada del campo, la naturaleza y lo que retratas en tus últimas canciones…
>
> —Vivo en el campo, en las afueras de Madrid y he vivido mucho tiempo en él. Lo conozco en todos sus detalles: desde

las siembras hasta sus mil formas de aprovecharlo. Y lo vivo. Así que puedo hablar muy bien de él, especialmente porque lo siento.

Mari Trini habla siempre con un tono bajo de voz, como reservándola para poder usarla en las mejores condiciones cuando sale a escena. Vigila su voz porque sabe que en las circunstancias en que se encuentra es fácil quemarla. Actuaciones constantes, viajes por carreteras, cambios bruscos de temperatura y clima y cantar en locales cargados de humo, con circunstancias que le rodean a diario. Mari Trini ha trabajado incesantemente este último año, aprovechando el buen momento que estaba atravesando. De ahí tanto cuidado.

—¿No crees que las actuaciones casi diarias te impiden detenerte, mirar y vivir con serenidad cuanto te concierne e incluso componer más descansada y libremente?

—Sí, y además veo que necesito no trabajar tanto. Hasta el punto de que he decidido dejar de cantar después del verano.

Mari Trini lo dice decidida. Son sus ideas maduradas lentamente. Sus ideas que deja escapar como confidencias, en voz baja casi. Es el contrapunto a su estilo recio, a sus versos contundentes, a sus canciones de voz rota. Luego nos habla de escribir más libros de poemas. De descansar, replantearse su carrera profesional, de vivir su vida un poco al margen de la de comediante que va de plaza en plaza. Siempre con los ojos brillando y las manos moviéndose en el aire. Son los gestos que la definen. Sus gestos y sus palabras nos emplazan en un próximo encuentro. Cuando Mari Trini se replantee su situación profesional, cuando inicie el nuevo cambio. Cambios, eso es lo que necesitamos en el panorama musical español.

En los días siguientes, distintas agencias, emisoras y publicaciones se hacen eco de esta conversación. «Se calcula que en el último año la cantante ha ingresado más de doce millones de pesetas solo en actuaciones —informa la agencia Logos—, sin incluir los *royalties* por la venta de sus discos. Cuando se retire, se irá a vivir al campo y replantearse el futuro». El departamento de prensa de Hispavox corre a desmentirlo: «No, no es que se vaya a retirar exactamente, sino que piensa en un descanso para más adelante, para componer a gusto, en paz, sin pensar en las maletas y en los viajes». Su representante también intenta quitar hierro al asunto: «Pues claro que le gustaría descansar una temporada».

—A mí no me llamó nadie —me cuenta por teléfono Josep Moya Angeler desde su casa barcelonesa—. Sabían que todo lo que había escrito era cierto. Mari Trini había estado muy relajada, sintonizamos muy bien, quizá porque vino sola, sin Claudette, y habló con entera libertad.

La protagonista de la historia se aísla en Villa Antonieta y evita cualquier contacto con los periodistas. Por fin aparece en *24 Horas*, el informativo nocturno de TVE, y se esfuerza en despejar cualquier duda. Sus explicaciones, como las que ofrece en el periódico de su tierra, *La Verdad*, siguen pareciendo confusas:

> —Fue una mala interpretación de un periodista en una rueda de prensa. Yo dije, y lo repito, que me retiraré joven. De ahí a afirmar que me retiraría pronto hay un trecho.
>
> —¿Qué entiende Mari Trini por retirarse joven?
>
> —A una edad próxima a los cuarenta años. Después se le empieza a tomar cariño y añoranza a lo que uno ha hecho siempre y se sigue cantando por costumbre.

Cortesía de Gonzalo Pérez-Miravete Mille

Una de las primeras fotografías de Mari Trini, con apenas dos meses, en los brazos de su madre, María Mille. Ella era mi locura y la de su padre, recordará María treinta años después. Para entonces, ambas mujeres se habían distanciado.

Cortesía de Gonzalo Pérez-Miravete Mille

La familia se instala en Madrid a principios de los años cincuenta, pero veraneará en las fincas familiares de Singla, la pedanía de Caravaca de la Cruz, San Juan o Beniel, siempre bajo las atenciones y los mimos de la tía y madrina Mari Trini, con la que la cantante también pasará temporadas en Marsella.

Cortesía de Gonzalo Pérez-Miravete Mille

Las desavenencias conyugales y la quiebra del negocio llevan a Gonzalo Pérez-Miravete a trasladarse a Murcia para gestionar las fincas. Según las costumbres de la época, la pareja no se separa legalmente, pero los cónyuges ponen tierra de por medio. Gonzalo, a quien Mari Trini dedicará varias canciones, fallece en 1969.

Hacia 1955, Mari Trini padece glomerulonefritis, una inflamación de los filtros pequeños de los riñones que la obligará a guardar reposo absoluto durante casi siete años. La enfermedad llegó de pronto, sin que yo me diera cuenta de qué era aquello que me retenía en el lecho. Es como si a una golondrina, de repente, le cortan las alas, explicará.

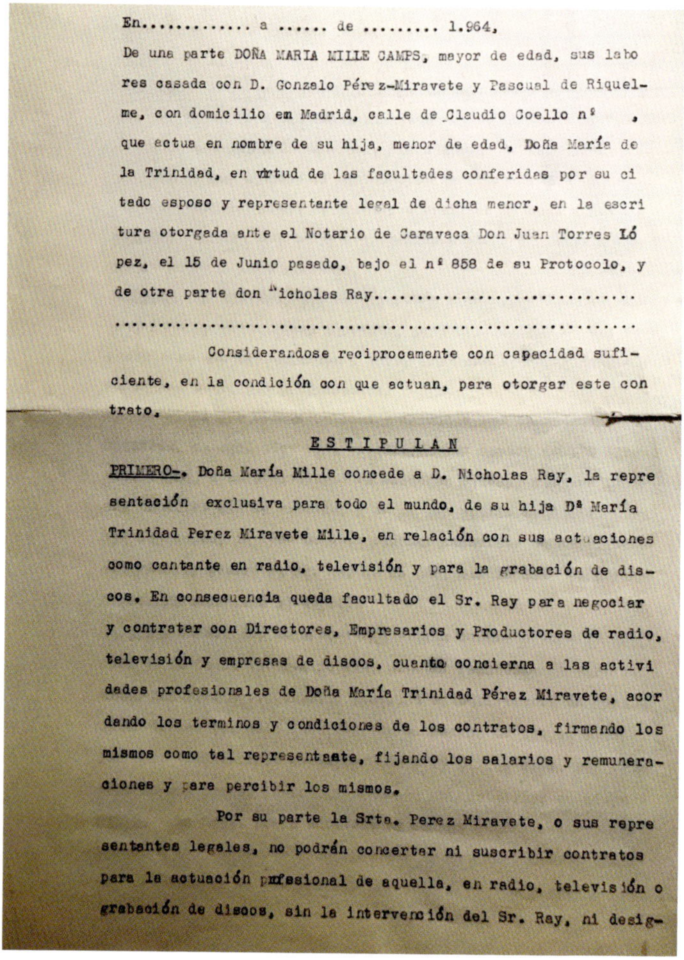

En............. a ...... de 1.964,

De una parte DOÑA MARIA MILLE CAMPS, mayor de edad, sus labo res casada con D. Gonzalo Pérez-Miravete y Pascual de Riquelme, con domicilio em Madrid, calle de Claudio Coello nº , que actua en nombre de su hija, menor de edad, Doña María de la Trinidad, en virtud de las facultades conferidas por su citado esposo y representante legal de dicha menor, en la escritura otorgada ante el Notario de Caravaca Don Juan Torres López, el 15 de Junio pasado, bajo el nº 858 de su Protocolo, y de otra parte don Nicholas Ray.............................
....

Considerandose reciprocamente con capacidad suficiente, en la condición con que actuan, para otorgar este contrato.

ESTIPULAN

PRIMERO-. Doña María Mille concede a D. Nicholas Ray, la representación exclusiva para todo el mundo, de su hija Dª María Trinidad Perez Miravete Mille, en relación con sus actuaciones como cantante en radio, televisión y para la grabación de discos. En consecuencia queda facultado el Sr. Ray para negociar y contratar con Directores, Empresarios y Productores de radio, televisión y empresas de discos, cuanto concierna a las actividades profesionales de Doña María Trinidad Pérez Miravete, acordando los terminos y condiciones de los contratos, firmando los mismos como tal representaate, fijando los salarios y remuneraciones y para percibir los mismos.

Por su parte la Srta. Perez Miravete, o sus representantes legales, no podrán concertar ni suscribir contratos para la actuación prfesional de aquella, en radio, televisión o grabación de discos, sin la intervención del Sr. Ray, ni desig-

Documento procedente del archivo de Gonzalo Pérez-Miravete Mille

Durante la convalecencia, Mari Trini descubre su pasión por la música. Una profesora particular, primero, y el futuro compositor y productor Fernando Arbex, después, le dan clases particulares de guitarra. En 1964, el cineasta Nicholas Ray la escucha durante una fiesta y le ofrece actuar en Nicca's, el club que acaba de abrir en Madrid. Más tarde se convertirá en su representante.

Durante su estancia de más de dos años en París, Mari Trini grabará ocho canciones en los estudios de Pathé-Marconi, algunas compuestas por ella misma, como *Ce n'est pas moi*, que en 1972 se convertirá en un éxito en España e Hispanoamérica con el título de *Yo no soy esa.*

En 1967 firma un contrato con RCA y vuelve a Madrid. En los estudios de la Via Tiburtina de Roma grabará varias canciones de otros autores jóvenes, como Luis Eduardo Aute o Patxi Andión. Mari Trini mantiene un pulso con la discográfica para conservar su nombre, poco comercial a juicio de críticos y ejecutivos, así como para grabar sus propias composiciones.

www.maritrini.net

Sus primeras canciones consiguen hacerse populares, aunque sin alcanzar grandes ventas. Mari Trini se integra en la vida social madrileña. Una noche, en el restaurante Le Bistrot conoce a Claudette Lanza (primera por la derecha en la imagen), una mujer francesa trece años mayor que ella, casada y con un hijo. Nunca volverán a separarse.

Cortesía de Warner Music Spain

Mientras se repone de una intervención quirúrgica que afectará a algunos gestos de su rostro, Mari Trini entabla contacto con el productor Rafael Trabucchelli y el compositor Waldo de los Ríos, impulsores de las carreras de Karina, Raphael, Alberto Cortez o Miguel Ríos. En 1970, Hispavox, la discográfica más importante de España en ese momento, publica *Amores*. Por primera vez en España, un álbum compuesto e interpretado por una mujer alcanza el número uno en las listas de éxitos.

www.maritrini.net

El éxito de *Amores* y *Escúchame* traspasa fronteras. Mari Trini no solo es una de las artistas más contratadas en España, sino que realiza giras por México, Argentina, Chile y Estados Unidos. Apenas si tiene tiempo para componer y la discográfica le apremia a repetir éxitos como *Yo no soy esa* o *Cuando me acaricias*.

www.maritrini.net

En 1970, el también cantautor Ismael presenta a Mari Trini a su amiga, la poeta Gloria Fuertes. La conexión entre ambas mujeres será instantánea. Gloria revisará varias letras de Mari Trini, que citará a la escritora en alguna canción.

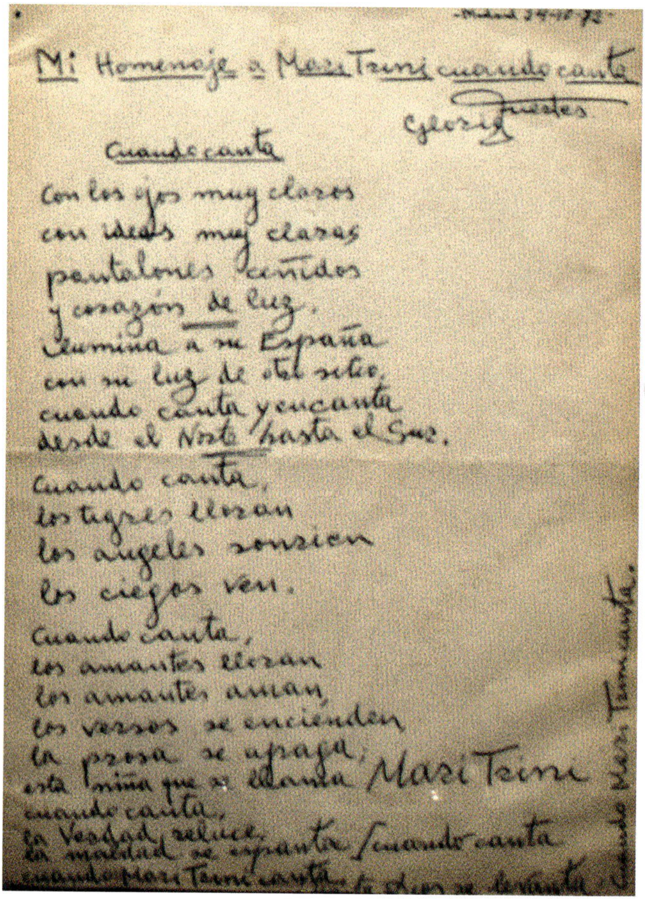

Mi Homenaje a Mari Trini cuando canta

Gloria Fuertes

Cuando canta

Con los ojos muy claros
con ideas muy claras
pantalones ceñidos
y corazón de luz.
Ilumina a su España
con su luz de otro sitio,
cuando canta y encanta
desde el Norte hasta el Sur.
Cuando canta,
los tigres lloran
los ángeles sonríen
los ciegos ven.
Cuando canta,
los amantes lloran
los amantes aman,
los versos se encienden
la prosa se apaga,
esta niña que se llama Mari Trini
cuando canta,
la Verdad reluce,
la maldad se espanta / cuando canta
cuando Mari Trini canta.

Cuando Mari Trini canta.

Pagina manuscrita de un poema que Gloria Fuertes dedica a Mari Trini en 1972.

Juan y Elías Dolcet, cortesía de Warner Music Spain

Mari Trini destina parte del dinero que gana a la compra en 1973 de Villa Antonieta, un caserón situado en El Plantío, en Madrid, al que ya acudían a merendar sus abuelos en los años treinta. Allí vivirá con Claudette cerca de una década y será retratada por grandes fotógrafos para las carpetas y el material promocional de sus discos.

Además de la música, la otra gran pasión de Mari Trini son los coches, la mecánica y la velocidad. En la imagen posa en el circuito del Jarama a los mandos del fórmula 1 del piloto Emerson Fittipaldi.
En el garaje de su casa, siempre habrá varios vehículos.

Aunque a lo largo de la década de los setenta la venta de los discos de Mari Trini se va reduciendo, ni su fama ni su cotización artística parecen resentirse. La cantautora mantiene intacta su popularidad y sigue recorriendo cada año España y América con sus conciertos.

La carretera segó la vida de algunas de las figuras musicales más destacadas de la década de los setenta como Nino Bravo o Cecilia. En la imagen, Mari Trini asiste al entierro de la cantante madrileña en el cementerio de la Almudena.

Archivo de Miguel Fernández

Las largas giras en coche, las muertes en accidente de otros artistas o el suicidio de Waldo de los Ríos, el orquestador que supo dar una dimensión sinfónica a sus canciones y con el que se abraza en la imagen, desatan la angustia y el miedo en Mari Trini. Pensando en Waldo, con el que se reconcilia pocos meses antes de que el músico se quite la vida, y en Cecilia, compondrá dos de las canciones de su álbum *El tiempo y yo* (1977).

Hermanos Eguiguren, cortesía de Warner Music Spain

En 1978, la cantautora decide dar un golpe de timón a su carrera. Abandona al productor Rafael Trabucchelli, artífice de muchos de sus éxitos, y contrata a Maryní Callejo como directora musical. A su equipo se incorpora también el arreglista italiano Danilo Vaona. La primera cuida sus actuaciones, el segundo imprime a sus grabaciones una factura muy actual, cercana a lo que se conoce como Sonido Múnich.

Serapio Carreño, cortesía de Warner Music Spain

Otro de los artífices de su evolución es el fotógrafo Serapio Carreño, que la retratará para el famoso desnudo de la revista *Interviú.* En su nueva etapa, Mari Trini vuelve a sintonizar con las generaciones más jóvenes. Su imagen, además, se moderniza: prescinde de los largos trajes negros, usa pantalones y blusas, y luce un nuevo corte de pelo. *Solo para ti* y *A mi aire* la devuelven a lo más alto de las listas de éxitos.

Cortesía de Warner Music Spain

Desde sus primeros éxitos, Claudette se convierte en la más directa colaboradora de Mari Trini, a la que las revistas presentan como su asistente. Siempre en segundo plano, organiza su agenda, la acompaña en el camerino durante las giras, acude a las sesiones de grabación e, incluso, diseña las portadas de sus álbumes.

En los primeros años de los ochenta, y tras los éxitos obtenidos con *Una estrella en mi jardín* y el concierto en el Teatro Salamanca, así como el impacto que ha suscitado su desnudo en *Interviú*, Mari Trini mantiene su popularidad. Sin embargo, a partir de 1986 las actuaciones caen en picado. Un año después, Hispavox rescinde el contrato sin que ninguna discográfica muestre interés por ficharla. La situación resulta insostenible en los noventa. Un grupo de amigos con Juan Pardo y Antonio D. Olano a la cabeza se movilizan: Hay que hacer algo, dicen, esta mujer está al borde de cometer una locura.

El 2 de mayo de 1997 Mari Trini actúa por última vez en Madrid. La cantante no oculta su desánimo. Nunca hay un único motivo para explicar el olvido, declara en *ABC*. El público ha optado por los macroconciertos, añade sin reprimir la decepción, la música bakalao enlatada y los grandes auditorios. Yo soy la misma, repite a los periodistas.

Cortesía de Toto Olmos

Tras el fracaso de sus dos últimos álbumes, Mari Trini y Claudette se instalan en San Pol de Mar (Barcelona). El fiasco del disco que graba junto a Los Panchos en 2001 la sume en una profunda depresión. Animada por su hermano, se traslada a vivir a Murcia. Allí cantará en público por última vez.

Cortesía de Toto Olmos

Mientras hace frente a distintos problemas de salud, en 2005 la SGAE y la multinacional EMI, propietaria de los fondos de la antigua Hispavox, le tributan un homenaje. Un año después, un grupo de admiradores le muestran su cariño durante una cena en Murcia. Casi olvidada, Mari Trini fallecerá en esa ciudad el 7 de abril de 2009.

Moya Angeler se reafirma en lo que publicó en 1973:

> Mari Trini podrá intentar rectificar o retractarse, pero no atribuir a otros lo que fueron sus palabras concisas y claras, pronunciadas en presencia de terceras personas. Sabemos que no es su intención desacreditarnos, pero no podemos aceptar que sus declaraciones en TVE puedan ser interpretadas como desautorización a cuanto nos dijo y publicamos.

—Me sentó mal que ella, para retractarse, me acusara de haber malinterpretado sus palabras —reflexiona el periodista medio siglo después—. Pudo haberlo explicado de otra manera. Sale y dice: «Hablé así porque estaba desanimada ese día, pero luego lo he pensado mejor», y ya está. Mari Trini era una buena chica, pero muy complicada. Un año después del incidente escribí sobre ella en un libro que publiqué, *Una máquina de hacer pop*. Volví a verla otra vez, pero nunca tuvimos una relación muy estrecha.

La retirada y su mentís no parecen afectar a la demanda de actuaciones. Con un caché que ronda las 150.000 pesetas por gala, es una de las artistas más cotizadas del momento. Para hacernos una idea, ese verano el Dúo Dinámico cobra unas 50.000 pesetas, casi lo mismo que Antonio Machín y un poco más que Cecilia. Esa diferencia repercute, obviamente, en el precio de las entradas. Ahora soy más cara para mucha gente, asume, pero no es por egoísmo. No soy pesetera, de veras. Hay mucha gente conmigo, añade, y todos comen. Nadie vive del aire o del sol.

Como en años anteriores, desde el Domingo de Resurrección no queda un hueco en su agenda, pero el Lunes Santo una noticia conmociona a toda España: Nino Bravo muere en un accidente de circulación cuando se dirigía a Madrid desde Valencia. Nino Bravo era un gran amigo y un extraordinario cantante, declara sobrecogida a los periodistas. Era muy rico humanamente. Yo pasé por Tarancón dos horas antes que él. Me ha hecho pensar mucho. También en el olvido de la gente. Dentro de unos días, de unas semanas, de unos meses, nadie se acordará de Nino Bravo, presagia. Durante varios meses, le angustia esa idea. Tengo miedo a la muerte y al coche, reconoce en una revista. Se muere en las carreteras...

A pesar de esos temores, le espera una larguísima gira veraniega. Antes de ponerse otra vez en ruta debe atender un importante compromiso en Madrid. Durante cuatro fechas, del 3 al 6 de mayo, canta en el Palacio de la Música con aforo completo. En dos de ellas incluso dobla la función. En líneas generales, la crítica aplaude las actuaciones. Por ejemplo, Nativel Preciado cuenta en *ABC*:

> Al principio la orquesta se escuchaba con dificultad. Las canciones tenían un molesto sonido metálico y el público decía que era una pena, pero le aplaudieron lo mismo. Mari Trini fue capaz de superarlo. Y la segunda parte, la de los estrenos, salió impecable. La mayoría de las canciones seguían produciendo ese escalofrío del que hablo, a pesar de que muchas las hemos escuchado cientos de veces. *Escúchame*, *Vals de otoño*, *Déjame*, *Amores*, *Ventanas*, *Vive*, *El desamor*, *Ne me quitte pas*, *Mañana*... así hasta cerca de treinta, porque antes de desaparecer tuvo que cantar otra: *Yo no soy esa.* Sin embargo, creo que estos recitales no son importantes; al menos, nada definitivo. Las canciones de Mari Trini continuarán en las discotecas privadas durante muchos años, y de cuando en cuando nos gustará escuchar uno

> cualquiera de sus discos, del primero al último. Es una de esas cantantes que siempre apetece oír en un estado de ánimo determinado. Ya me lo dijo durante los ensayos:
>
> —La verdad es que no he cambiado tanto desde hace tres o cuatro años.
>
> Y la verdad es que ha cambiado, solo un poco, aunque sería más correcto decir que ha progresado.

En los primeros días de verano, Hispavox cierra un acuerdo con Polydor, el sello que utiliza Deutsche Grammophon Gesellschaft en algunas grabaciones fuera de Alemania, para editar un disco con canciones de Mari Trini interpretadas en lengua francesa. La coordinación del proyecto correrá a cargo del director artístico de la compañía gala, Pierre Sberro-Terrighi, que llega a Madrid a principios de septiembre con los álbumes publicados por la artista y la selección de canciones que ella y Trabucchelli han preparado bajo el brazo. El ejecutivo, de apenas treinta años, acumula una larga experiencia con artistas de gran proyección internacional, como Melina Mercouri o el grupo Aphrodites Child. Encerrado mañana y tarde en el Estudio 2, «el pequeño», Sberro-Terrighi repasa y a veces remezcla los másteres originales antes de que Mari Trini grabe las nuevas versiones que realizan la propia Claudette y Claude Lemesle, un prestigioso letrista francés que a lo largo de su carrera llegará a firmar más de un millar de melodías interpretadas por Gilbert Bécaud, Joe Dassin o Julio Iglesias.

—Todas las mañanas tenía que ir a buscar a Pierre al hotel, desayunábamos juntos y, en taxi, nos dirigíamos a casa de Mari Trini, que por entonces vivía a las afueras de Madrid, en una preciosa casa en El Plantío —recuerda medio siglo después, delante de una taza de café, en Torremolinos, José María Martín de la Plaza, que por entonces trabajaba en el departamento de ventas internacionales de Hispavox—. El resultado final fue fantástico, todos estábamos entusiasmados con el álbum en francés; sobre todo Pierre. Nada más tener las cintas con las mezclas finales, mientras se estaba diseñando la portada, se imprimió un disco de prueba que enviamos a Canadá, Bélgica, Suiza, Alemania, Holanda, México y algún país más.

En el idioma galo, los textos de Mari Trini evolucionan hacia expresiones menos contenidas que las utilizadas en las versiones originales. Si, en castellano, «los amores se van marchando, como las olas del mar», en francés la canción se inicia con un «el amor se vuelve salvaje, como las olas en invierno».

Aunque las ventas y la repercusión de *Ventanas* han sido inferiores a las de los discos precedentes, Hispavox decide publicar en España el álbum en francés, *L'automne*, de cara a la campaña navideña. Según informa *La Vanguardia* en noviembre de 1973:

> Mari Trini nos sorprende con una selección de canciones suyas, ya conocidas, interpretadas ahora en francés. Lógico si se trata de una producción destinada al área francófona, pero nos preguntamos de qué sirve publicar aquí estos registros en francés cuando el cliente puede adquirirlas en español. Y no es un subproducto, ni mucho menos; Mari Trini canta en francés tan bien como en español, si no mejor. Se nota que está habituada.

Además de acusar recibo de las nuevas grabaciones, algunas publicaciones musicales también se hacen eco de las tensiones que han surgido entre Mari Trini y Ricard Miralles. El periodista Albert Mallofré lo resume así:

> Ahora él sabe con exactitud qué es lo que debe hacer como pianista de Mari Trini y ella sabe al dedillo lo que como cantante puede esperar del acompañamiento pianístico de Ricard Miralles, y cómo debe actuar ella con dicho acompañamiento musical. Por fin se han disipado los malentendidos y ambos ya son felices. Como resultado de lo cual, de mutuo acuerdo, han decidido separarse. Ella tendrá otro pianista y él vuelve con Joan Manuel Serrat. Un ejemplo edificante de lo que es la comprensión recíproca entre dos seres humanos.

Con el tiempo, la cantante y el músico recordarán con nostalgia el tiempo que compartieron. Mari Trini siempre incluirá a Miralles en la lista de profesionales que la ayudaron en su carrera, y Ricard, ya en su madurez, se referirá a la cantautora como «muy simpática y muy buena persona».

—Trabajamos mucho en directo —cuenta Miralles—. Ella estaba enamorada de la canción francesa, interpretaba muy bien a Brel. Era muy artista —añade—. Lástima que *Ventanas* pasara sin pena ni gloria. Mari Trini había tenido otros éxitos más importantes antes.

El nuevo director musical del grupo que la acompañará será José Luis Sanesteban, un veterano orquestador que, sin embargo, tampoco acaba de congeniar con Trabucchelli. Con la presión de la caída de ventas, que afecta también a los álbumes de otras estrellas del sello, como Raphael, Karina o Miguel Ríos, el productor necesita repetir el éxito de *Amores*. Por mucho que Mari Trini insista en equiparar el sonido de sus composiciones dentro y fuera del estudio, Trabucchelli, con el apoyo del nuevo director artístico del sello, el periodista Raúl Matas, apuesta por mantener la fórmula que tan buen resultado les ha dado en los trabajos anteriores. No se hable más: aparte de él mismo, que también pone música a dos letras de la intérprete, los arreglos del disco se los repartirán Waldo de los Ríos y Juan Márquez, los músicos de confianza del productor.

¿Quién? sale a la venta a finales de febrero de 1974. En la España que asiste a la descomposición del franquismo, conmocionada todavía por el asesinato dos meses antes del presidente del Gobierno, Luis Carrero Blanco, a manos de ETA e inquieta por las consecuencias que sobre la economía empieza a tener la crisis del petróleo, el nuevo repertorio de la cantautora parece insistir en el sesgo de pesimismo que ya se entreveía en *Ventanas*. La mayoría de los críticos lo constatan en sus comentarios, aunque el peso de la promoción recaiga sobre *Así te perdí*, que Waldo envuelve en un vals de reminiscencias francesas. El tono narrativo de la otra canción que se incluye en el disco pequeño, *Mi tercer amor*, recuerda su primera etapa como compositora. Para *La Vanguardia*, «es *a good try*, como dicen los ingleses, un buen intento. No coronado por el acierto completo, pero intentarlo duramente ya tiene su mérito».

Con apenas veintiséis años, Mari Trini presagia con extraordinaria precisión la última etapa de su vida. En los versos de *¿Quién?* se ve alejada de los escenarios, sola, olvidada, sin nadie que llame a su puerta, sin una mano en la que apoyarse. «¿Quién me va a ayudar, quién, a los escalones bajar, hoy la función terminó, el teatro alguien cerró, quién, quién?», se pregunta con dolor.

La orquestación de Waldo de los Ríos, cuya viuda encontrará tras su muerte una copia mecanografiada del texto entre sus efectos personales, acentúa la intensidad de la interpretación. Otro tanto ocurre con la nueva grabación de *Ne me quitte pas*, en la que la guitarra de Juan Márquez y el tratamiento de la voz consiguen un resultado sorprendente, y con *Hoy te vuelvo a buscar*, la versión en español de *Je reviens te chercher* de Gilbert Bécaud.

La decepción, el cansancio de quien en ese momento está considerada como la cantante más importante de España, queda patente también en *Al fin y al cabo*, donde desliza un guiño cómplice a su amiga Gloria Fuertes, a la que suele pedir que revise sus letras. De qué sirve tanto esfuerzo, parece preguntarse la artista, si todo quedará en nada. Desilusionada, hastiada, solo quisiera mirar hacia el sol y acostarse en la tierra. «Al fin y al cabo, nunca hice nada…», concluye.

A pesar del decidido apoyo promocional de la discográfica, de su publicación en una decena de países, *¿Quién?* no alcanzará el liderazgo en las listas de éxitos, en las que permanecerá apenas una veintena de semanas. El retroceso frente a los álbumes precedentes es considerable. Los resultados de Hispavox también se han resentido. Sin embargo, Mari Trini conserva intacto su atractivo para los miles de personas que ese verano abarrotan sus conciertos. En *12 biografías de cantantes*, un librito que por esas fechas lleva a los quioscos la editorial Maisal, se dice de ella:

> Es pequeña y triste. Tiene cara de haber sufrido, de haber llorado o de estar llorando; tal vez sea solo un lamento y por eso cante, para expresar su dolor. Parece una niña pequeña a la que le viene muy grande el mundo que le rodea. No tiene miedo, pero le asustan las cosas, o a lo mejor no ocurre así, pero ella lo disimula muy mal y entonces parece lo contrario. Se pone a fumar como si tuviera un nervio vivo, puesto allí, colocado den-

tro de ella de forma terminante, y fuma mucho. Tiene una cajetilla arrugada, de la que saca pitillos que están arrugados, y luego busca una cerilla como quien necesita una luz para andar por un camino. Luego bebe café y coñac y mira. Mira muy fijamente. «Las cosas de frente, cara a cara», que dice ella en la letra de una de sus canciones.

Es la artista femenina que cobra el caché más alto, la más contratada en un verano en el que España está pendiente de la flebitis del Caudillo y de una muchacha malagueña a la que acaban de elegir Miss Universo en Manila. Cuando el periodista Tico Medina pregunta a Amparo Muñoz a quién le gustaría parecerse, esta responde sin dudar: «A Mari Trini».

11
Soy solo una artista, no me pidan más

Guía de escucha: *El cartel*, del álbum *Transparencias* (Hispavox, 1975)

«Las mujeres que cantan… ¿cuántas son?», se pregunta en el verano de 1975 José Ramón Pardo en las páginas de *ABC*. El periodista reconoce que no es fácil aventurar una cifra y rehúsa, incluso, consultar al Sindicato Nacional del Espectáculo, que regula y controla el acceso a la profesión. Reducida la nómina «a todas aquellas que se enfrentan al público sin la protección de un grupo, con su propio nombre y su propia voz», la selección final se reduce a unas decenas. «Podríamos haber alargado la lista, pero nos parecen los nombres más interesantes, no solo de este momento, sino de las últimas temporadas», explica. A partir de esas premisas, Pardo designa a diez intérpretes por orden alfabético «para que nadie empiece a pensar en favoritismos»: Ana Belén, Cecilia, Gloria, Karina, Mari Trini, María Dolores Pradera, María del Mar Bonet, María Ostiz, Massiel y Rosa León. Para delimitar sus «defectos y cualidades», establece después seis aspectos fundamentales en la selección: voz, personalidad, expresividad, tablas, repertorio e imagen. Y concluye:

> Si quisiéramos resumir las valoraciones, diríamos que María del Mar Bonet y María Ostiz son las dos mejores voces de la

> canción femenina española actual. Que Massiel es la que demuestra mayor personalidad. Que Mari Trini y María Dolores Pradera son las que nos parecen más expresivas. Que Karina, Massiel, Mari Trini y María Dolores Pradera son las que más «tablas» tienen. Que los mejores repertorios son los de Cecilia, María del Mar Bonet y las inevitables Mari Trini y María Dolores Pradera. Y que las artistas que mejor imagen tienen entre el público son las dos últimas.

La encuesta de José Ramón Pardo proclama que Mari Trini es «la primera cantante del momento». Con las excepciones de María del Mar Bonet y Cecilia, la presencia del resto de las féminas en las listas de éxitos es fugaz. Hasta que Lolita lo consiga con *Amor, amor* en otoño, ninguna intérprete ha llegado al número uno en ese 1975 que la Asamblea General de las Naciones Unidas ha proclamado como Año Internacional de la Mujer.

Entre el 19 de junio y el 2 de julio, representantes de más de ciento treinta países y de multitud de organismos internacionales acuerdan en Ciudad de México un plan de acción para conseguir la plena equiparación de derechos y oportunidades entre hombres y mujeres. Pocas semanas antes, el gobierno español elimina del ordenamiento jurídico las trabas que impone desde hace un siglo la «licencia marital» a las mujeres, obligadas a contar con el permiso del esposo para cuestiones tan cotidianas como comprar, vender o abrir una cuenta corriente.

En la radio y la televisión se escuchan por esas fechas varias canciones que retratan, con una voz femenina, el papel secundario, y hasta humillado, al que deben resignarse miles de esposas en una España que todavía las ve como ciudadanas de segunda, o como las había descrito casi cuatro décadas antes Pilar

Primo de Rivera, la todavía delegada nacional de la Sección Femenina, «verdaderos complementos del hombre». Ante ese panorama, a las protagonistas de esas composiciones no les cabe otra salida vital que el hastío y la resignación.

Con un fondo musical desenfadado que intenta subrayar la ironía de la letra, Mari Trini describe en *No te preocupes, amor* esa sospechosa felicidad de tantos matrimonios obligados a permanecer unidos por la ley y las convenciones sociales. «¿Adónde el deseo, adónde el amor?», se pregunta la narradora, sin obtener respuesta. A miles de parejas españolas no les queda otra salida que esbozar una sonrisa, mantener la farsa y atribuirlo todo a una mala racha.

Unos meses antes, en un disco que graba, junto a otros artistas de Hispavox para recaudar fondos para UNICEF, Mari Trini ya ha denunciado una situación parecida en *La costumbre de querer*. El paso del tiempo enfría las ilusiones de las parejas, convierte la existencia en usanza y tedio: disfrazar el mismo lecho, cuidar la misma casa, dar a los hijos el pecho. Por desgracia, el orden moral y legal vigente en esa España impide salir a quienes se han visto abocados a esa rutina. Por su parte, Massiel se ha sumado, con un texto de Luis Eduardo Aute, a ese grito de las mujeres españolas. Con arreglos de Maryní Callejo, otra pionera, «La Tanqueta de Leganitos», el apodo que se ganó en su infancia por su carácter rebelde, publica *¡Viva!*, a decir de muchos de sus seguidores, uno de los mejores álbumes de su carrera. A la protagonista de la historia no le importa el futuro, de proyectos y fantasmas, ni los besos rituales ni las ternuras cotidianas de su pareja. «Quiero estar viva, ¡viva!», grita, como tantas mujeres del momento.

En el Año Internacional de la Mujer, las historias de Mari Trini y Massiel, sin embargo, pasan casi inadvertidas frente a la contundencia de *Un ramito de violetas*, la canción que consagra definitivamente a Cecilia. Desde el mismo arranque, la cantautora ilustra el ambiente tóxico en el que se desenvuelve la dócil esposa: el marido, malhumorado y seco, disfruta haciéndose pasar por un admirador secreto que, además de escribirle cartas llenas de poesía, le envía, cada 9 de noviembre, un ramito de violetas.

Desde que Cecilia publica su primer álbum, en el otoño de 1971, es frecuente que los periodistas pregunten por ella a Mari Trini. Las respuestas son evasivas al principio. En realidad, ambas mujeres, que tienen casi la misma edad, no se conocen. Las revistas insisten en trazar un cierto paralelismo en sus trayectorias. Las dos han vivido en el extranjero. Mientras Mari Trini graba sus discos iniciales con RCA, Evangelina, Eva (el nombre real de Cecilia), intenta compaginar la carrera de Derecho con la música y forma parte del grupo Expresión, junto a Nacho Sáez de Tejada y Julio Seijas. Su lanzamiento como solista es obra de Tomás Muñoz, el ejecutivo que abandonó Hispavox en 1969, poco antes de la llegada de Mari Trini, para convertirse en director general de la multinacional CBS en España. ¿Influye el rotundo éxito de *Amores* en ese fichaje? ¿Buscaba Muñoz una réplica de Mari Trini? El periodista José Madrid, biógrafo de Cecilia, que compartió amistad y confidencias con el directivo, cree que no.

—Al contrario, me consta que, en los prolegómenos de la firma del contrato con CBS, en esa primera reunión que Tomás Muñoz mantiene con Cecilia en la Torre de Madrid nadie menciona a Mari Trini —explica—. No era un referente para la nueva compañía que pretende disputar a Hispavox el liderazgo de ventas. Por raro que parezca, se fijaban más en Karina que en Mari Trini.

En cualquier caso, Muñoz se inclina por lo seguro y encarga a Juan Carlos Calderón la producción y orquestación del álbum, que incluye diez composiciones propias y una versión de *Dear Prudence*, de The Beatles. El diseño y las ilustraciones de la carpeta serán obra de Daniel Gil y Paco Ontañón, como en *Amores*, aunque, lejos de la imagen ingenua de una muchacha con su guitarra al hombro, apuestan por mostrar a una mujer desenvuelta, que viste pantalones vaqueros y exhibe desafiante un guante de boxeo.

Dama, dama, el primer éxito discográfico de Cecilia, otro retrato iconoclasta de una mujer de la alta sociedad española, compite en el mercado con *Yo no soy esa*, pero en ese momento el liderazgo de Mari Trini es incuestionable, tanto en las ventas como en el caché de las actuaciones. Una cobra alrededor de 150.000 pesetas por actuación y la otra no llega a la mitad.

«No pretendo hacer cambiar a nadie con mis canciones, ni que nadie se vaya a su casa, después de haberme escuchado, pensando en lo que le he dicho. Simplemente trato de exteriorizar mis sentimientos, de comunicarme. No creo que ningún cantante pretenda hacer nada más», asegura Cecilia en sus primeras declaraciones. Y a pesar de que estas reflexiones de la debutante son similares a las de Mari Trini, algunos periodistas tratan de reproducir el enfrentamiento que se ha suscitado en el pasado entre Serrat y Raphael o entre este y Nino Bravo. «Está más que harta de que la comparen con Mari Trini —cuenta un periódico—. Dice que no le gusta Mari Trini porque Mari Trini no le dice nada». La aludida replica en una entrevista del crítico Claudi Montaña en 1973:

—Y de Cecilia, ¿qué opinas?

—¿De quién?

—De una cantante llamada Cecilia. Dicen que está en tu estilo, que te quita el mercado...

—Cecilia tiene mucho camino que recorrer para llegar a donde he llegado yo. Además, hay muchas otras cantantes.

Ambas artistas han librado, en los meses anteriores a ese diálogo-entrevista, una batalla con sus respectivas discográficas por el rumbo de sus carreras. Mari Trini intenta una renovación que Trabucchelli no acaba de ver, mientras que Cecilia consigue que Muñoz acepte algunas de sus propuestas: «Me gustaría poner algo de guitarra. Y que la guitarra la tocase yo. Y un poco de piano. Aunque habría que buscarme un pianista porque yo no toco demasiado bien».

—Sin conocerse personalmente —resume José Madrid—, ambas publican unos discos parecidos, *Cecilia 2* y *Ventanas*. Ambos rezuman, si no tristeza, escepticismo, y cuentan con la colaboración de dos grandes músicos, Pepe Nieto y Ricardo Miralles. Se supone que como ya eran artistas consagradas, podían decidir con quién querían trabajar. Sin embargo, a las dos la industria les impone colaborar con Juan Carlos Calderón o Waldo de los Ríos. En cambio, cuando consiguen zafarse de ese control, cada una busca un acompañante distinto. En el caso de Cecilia, elige a Pepe Nieto porque viene de trabajar con su novio, Luis Gómez Escolar, en Aguaviva. Le parece que todavía puede hacer algo nuevo, abrirse un poco más. Supongo que a Mari Trini le ocurrió lo mismo con Miralles y Sanesteban.

Al fin, las presuntas rivales se ven las caras en un teatro madrileño, que la cadena radiofónica REM ha convertido en un estudio para sus emisiones con público, durante la entrega de unos premios musicales. Las presenta Manuel Román, periodista que siguió a las dos desde sus inicios artísticos.

—Para entonces, Cecilia empezaba a destacar, no era todavía la figura que sería uno o dos años después hasta que murió, pero era conocida por lo menos entre los profesionales —me cuenta Román mientras veranea en el norte—. Mari Trini era la primera cantautora española. Llegué al teatro a media tarde, como a las siete, y antes de que comenzara el acto me encontré con Cecilia, a la que ya conocía porque me la habían presentado en CBS antes de que empezara a grabar, fui de los primeros en entrevistarla. Tenía una cierta amistad con ella, aunque resultaba muy difícil convertirse en su amigo, no porque resultara antipática, sino porque era muy introvertida y tímida. De hecho, estaba sola. Por esa forma de ser, a veces iba así a los sitios. Le pregunté que si podía sentarme a su lado. Entonces me di cuenta de que a la izquierda, en uno de los palcos, estaba Mari Trini acompañada por Claudette.

«Oye, ¿conoces a Mari Trini?», le pregunto.

«Personalmente, no», me responde.

«¿Te importaría que os presentara?».

«Ah, no. Por mí, encantada». «Tú quédate aquí», le dije. Fui al palco y le hice las mismas preguntas. «Yo la admiro mucho», comentó Mari Trini. Como ella era más veterana, pedí a Cecilia que fuéramos al palco. Estas cosas siempre funcionan así. Las dejé hablando y busqué al fotógrafo de *Semana* para que recogiera el momento. El encuentro duró apenas tres minutos.

Antes de despedirse, se hacen una foto juntos. A cada lado del periodista se sitúan las cantantes. Las dos visten chaqueta y pantalón negro. Algún tiempo después vuelven a aparecer en una revista. «No nos llevamos mal», destaca el titular.

El biógrafo de Cecilia matiza, medio siglo después, que la relación entre ellas nunca fue estrecha:

—Nadie me pudo confirmar que fueran amigas.

Sin ocultar la simpatía que se profesan, cada una se esfuerza en remarcar su propio estilo. Antes y ahora, muchos los considerarán opuestos, buscarán matices ideológicos diferenciadores o los calificarán de antiguos o modernos, según el caso.

—Mari Trini cultiva el gran melodrama —insiste José Madrid—, dicho como elogio y no peyorativamente. Al reivindicarla, también recuperamos el melodrama. Mucha gente se ha apuntado después a eso, desde Almodóvar a los que reinventan a Douglas Sirk. En cambio, Cecilia se inclina por el folk americano aplicado al costumbrismo español, que es una mezcla ciertamente explosiva. Luego, a la hora de ponerse frente al público, la Mari Trini desgarrada no es más que una Edith Piaf y Cecilia, una chica tímida que solo puedes comparar con Judy Collins. A las dos casi les cuesta mirar a cámara, aunque Cecilia parece más tímida aún. No creo que haya que enfrentarlas, sino valorarlas como dos aportaciones complementarias en un tiempo concreto, y muy difícil, de la historia de España.

La cantante Luz Casal comparte esa opinión:

—No puedo precisar a quién de las dos escuché primero. Para mí no existe la comparativa. Las dos eran verdaderamente llamativas cuando actuaban por su actitud, su sencillez. Tanto Mari Trini como Cecilia —insiste— me impactaban porque veía a unas mujeres aparentemente fuera de los cánones, digamos, habituales. No disponían especialmente de esas grandes voces que te apabullan con melismas imposibles, ni se mostraban como bellezas al uso. Eran dos mujeres con tipografías, por así decirlo, diferentes, aunque con alguna conexión. Salían a cantar historias, sentimientos y sensaciones que te llegaban, aunque yo por entonces fuera una criatura todavía inexperta en la vida. Sin haber tenido relaciones sentimentales ni nada por el estilo, entendía que había algo de profundo y, por supuesto, de honesto en lo que ellas escribían y después cantaban.

Sole Giménez, por su parte, se hace la siguiente pregunta:

—Bueno, pero ¿eran diferentes? Sí, en la narrativa podía existir alguna diferencia, pero había mucho en común entre ellas: figuras femeninas que tenían muy claro lo que querían reivindicar: igualdad. Igualdad —repite—, en derechos y deberes.

Rozalén asume la influencia de ambas artistas en su evolución como compositora:

—Entre Mari Trini y Cecilia... no sé por qué tenemos que hacerlas competir. Yo me quedo con las dos. Son dos de las grandes que siempre nombro y me gustaría convertirme en algo parecido a ellas. Cada vez que acudo a ellas, me sorprenden más. Escucho algunas de sus canciones y digo: ¿cómo es posible que no la conociese? ¿Cómo es posible que hicieran algo así en ese momento? Tuvo que ser súper, súper rompedor.

Mientras el precio del petróleo se dispara, las protestas se suceden en la calle y el régimen de Franco empieza a tambalearse. Cecilia aplaude a Mari Trini en sus exitosas actuaciones en el Palacio de la Música y esta acude a la presentación de *Un ramito de violetas*, el disco con el que su intérprete se convierte en la artista femenina que más discos vende en 1975.

«¿Qué tanto hay en Cecilia de protesta y de conformismo?», le pregunta poco antes de su muerte el periodista Juan Vives en la Cadena SER. Es habitual que Mari Trini tenga que responder también a ese tipo de cuestiones. «No creo que ni proteste ni que sea conformista —le contesta Eva—. Solamente me gusta hablar de las cosas que me preocupan. Lo único que pretendo con mis canciones es contar unas historias que conozco».

Vestidas de negro, ambas participan ese mismo año en el Musical Mallorca, donde Cecilia se atreve a estrenar *Mi querida España* con la letra que la censura había prohibido y en la que sustituye «mía» por «viva» y «nuestra» por «muerta». «Mi querida España —canta—, esta España nueva, esta España vieja...».

Tras una larga agonía, Franco morirá en noviembre.

12
Entre la lluvia y el viento

Guía de escucha: *Entre la lluvia y el viento*, del álbum *Como el rocío* (Hispavox, 1976)

El viaje parece no tener fin. Recostada en el asiento trasero, con el rostro embozado con un pañuelo para resguardar la voz del viento ardiente que se cuela por la ventanilla, ve pasar pueblos y ciudades de un país en constante cambio. A veces, ella misma se pone al volante del DS, el Tiburón, como llaman en España al vehículo que Citroën ha anunciado que dejará de fabricar ese mismo año, el de la muerte de Franco, el crimen de Los Galindos y la Marcha Verde.

Desde niña le apasionan los coches. De hecho, aprendió a manejarlos mucho antes de obtener el carnet de conducir. Con el primer dinero que ganó se compró un Triumph TR3, un deportivo mítico, capaz de alcanzar los 169 kilómetros por hora. Tiempo después pilotaría en carreras y *rallies* y se haría con otro modelo exclusivo, un Lotus Europa. También le tentaron otros más modestos y de fabricación nacional, como el SEAT 1430.

Ese caluroso verano del 75, en el que se superan los 40 grados en algunos lugares de la Península, suenan con insistencia en la radio *El Bimbó*, *Saca el güisqui, Cheli* y *Bye, bye fraulein.* También *Y te vas*, de José Luis Perales, el cantautor que, junto a Paloma San Basilio, se ha convertido en la gran esperanza de

Rafael Trabucchelli y Raúl Matas para relanzar Hispavox. Empeñados en convertirla en una compañía de referencia para el mercado latinoamericano, han fichado a intérpretes de varios países, como Clemencia Torres o Cholo Aguirre, y tratan de reforzar en esos mercados las carreras de Raphael, Karina o Alberto Cortez. Sin embargo, Waldo de los Ríos, con su adaptación de *Nabucco*, sigue liderando las ventas internacionales y roza el número uno en Alemania, Francia o Canadá.

Las del último álbum de Mari Trini, *¿Quién?*, se han quedado muy por debajo de lo esperado. Tanto, que los propietarios de la marca empiezan a mostrarse dispuestos a atender los deseos de renovación que desde hace dos años viene expresando la artista. ¿Cómo es posible que tenga tantas actuaciones, despierte una corriente de simpatía entre la gente y, sin embargo, haya dejado de ser una gran vendedora de discos?, se preguntan ejecutivos, críticos e, incluso, la propia artista. Quizá lleve razón y haya llegado el momento de cambiar la línea de trabajo, asumen los Vidal Zapater.

Las diferencias entre la instrumentación y los arreglos que la acompañan en el centenar largo de actuaciones que ofrece cada año y el sonido de canciones en los discos se han hecho más acusadas desde que a principios de 1974 asume la dirección de su grupo el veterano José Luis Sanesteban. Desde finales de los cincuenta, el músico comparte escenario con su esposa, la cantante y actriz italiana Serenella, publica varios discos de versiones instrumentales con distintas orquestas y participa en numerosas sesiones de estudio. Si «Waldo acercó a Mari Trini al jazz», como contará mucho tiempo después Teddy Bautista en un libro, Sanesteban intentará arropar a la artista, que ha entrado ya en una fase de madurez, con un grupo compacto. Además, el prestigio internacional de la cantautora está en lo más alto: sus grabaciones se editan en medio mundo. En Italia, la actriz y cantante Marina Pagano incluye *Il mio terzio amore* (*Mi tercer amor*) en un álbum con el que pretende homenajear a compositores de la talla de Jacques Prévert.

La ruptura con Trabucchelli se consuma entre el verano y el otoño de 1974, con la edición del segundo de sus álbumes en francés. En esta ocasión, el productor galo Pierre Sberro-Terrighi decide que la grabación se realice íntegramente en el Studio Des Dames, en el distrito 17 de París, entre los Campos Elíseos y Montmartre, que cuenta con una imponente mesa de sonido de 32 canales. Allí acuden a registrar sus canciones Dalida, Juliette Gréco, Barbara o Paul Mauriat. De los arreglos se encarga el pianista Alain Goraguer, quien, además de colaborar con Boris Vian, Serge Gainsbourg, Jean Ferrat, Serge Reggiani y Nana Mouskouri, ha firmado la banda sonora de *La Planète Sauvage*. La adaptación de los textos a la lengua gala volverá a confiarse a Claude Lemesle.

Descartados los mayores éxitos de su carrera, que ya se habían incluido en *L'automne*, Mari Trini combina lo más popular de su repertorio, como *Ayer*, *Mañana*, *Yo confieso*, *Ne me quitte pas* o *En una noche callada*, con composiciones recientes, *Mi tercer amor*, *¿Quién?*, *Así te perdí* y *Por si alguna vez*, elegida para el sencillo con una nueva letra, y otra inédita, *La bouteille à la mort*, que nunca llegará grabar en castellano.

El sonido del álbum, mucho más elegante que el que Hispavox imprime a sus grabaciones, sorprende a los críticos, aunque la circulación comercial en España es muy restringida: se imprimen pocos ejemplares y solo en soporte vinilo. Cuatro años más tarde será una de las primeras referencias de una serie económica del sello. No volverá a reeditarse, pero sale a la venta en Canadá, Países Bajos, Alemania, Japón, México y Argentina, además, claro está, de Francia. La promoción se completa con una gira por teatros franceses y canadienses. En el programa de la televisión gala *Ring parade* coincide con Dalida, que la felicita por su interpretación de *Ne me quitte pas*. «Mucha gente ha intentado cantarla, pero no ha podido. Tu interpretación es maravillosa», le dice.

Al regresar, Mari Trini comienza a preparar la grabación su sexto álbum y tiene claro que ha llegado el momento de despegarse por completo del que hasta entonces ha sido su productor: Cuando empezamos, habíamos conseguido una fusión total. No dábamos un paso sin consultar el uno con el otro. Pero luego nos fuimos distanciando, explicará la artista. Él no sabía lo que quería y yo lo tenía muy claro. Quería actualizar los arreglos, aproximarme a un tipo de acompañamiento que ya venía de Estados Unidos. Una canción es como una piedra en bruto que necesita ser pulida. Creo que en mis discos anteriores había grandes canciones, pero no bien presentadas.

Trabucchelli cede con deportividad su puesto a Antoni Parera Fons, que desde principios de los setenta forma parte del equipo de producción de Hispavox. El compositor mallorquín, galardonado en 2016 con el Premio Nacional de Música por el Ministerio de Cultura, está al frente, además, de la Serie Estel con la que el sello pretende «exaltar y difundir, en lengua original, los valores musicales del arte catalán, así como los artistas más importantes y las inquietudes estéticas de la Cataluña moderna».

—Desde varios años antes trabajaba en el estudio —recuerda Parera Fons desde su casa en Mallorca—, veía cómo se manejaban las cosas. Para qué nos vamos a engañar: aprendía. El director general de Hispavox se reunió conmigo en Barcelona y me propuso hacerme cargo de la producción del nuevo disco de Mari Trini. Naturalmente, dije que sí, que me interesaba muchísimo. Claro, estaba ante una de las grandes divas del momento. Para mí era la oferta que suponía una oportunidad de introducirme en la producción por la puerta grande. En aquella época, Mari Trini era mucha Mari Trini.

El productor y el arreglista no se conocen personalmente.

—Sabía de él —apostilla Parera—, pero nunca habíamos trabajado juntos. Era una persona muy entusiasta, con un talante abierto, aunque a veces mostraba un punto así... ingenuo. Era siempre muy responsable, muy buen profesional. También tenía un carácter un poco infantil, sin rincones ni recovecos. El trato fue bueno, nos veíamos casi a diario porque desde que se empieza a preparar un disco hasta que va a acetatos media casi una autopista. Es un trabajo muy intenso. Nos tratamos muchísimo y coincidíamos en casi todo.

Mari Trini y Sanesteban componen buena parte de las canciones del disco en largas sesiones de trabajo en la Casa de Piedra: *Soy farsante, soy poeta*, *No te preocupes, amor*, *El cartel*, *Mi casa, mi guitarra*, *Una rosa, un crisantemo* y *Los amantes callados*. Otros tres temas están firmados solo por ella: *Pero nadie sabe*, *El recluta* (una marcha con una letra irónica sobre el servicio militar, obligatorio entonces, que despierta las suspicacias de la censura) y *Querida enemiga* (un estremecedor cara a cara con la muerte). Aunque en los primeros versos, la narradora parece aceptar con naturalidad la inminencia del desenlace, no tarda en rebelarse. «¿Y a saber por qué a mí me tocó enterrar mi vida, mi primavera, como un ladrón?», pregunta desafiante.

Según cuenta la compositora, ese miedo al encuentro con la parca, por el que tanto le preguntan en esa época los periodistas, le persigue desde la larga convalecencia que pasó en su juventud: Otra cosa que aprendí durante la enfermedad es a vivir intensamente. A no dormir, a soñar. O sea, a tener pesadillas, si quieres, pero no a dormir como un tronco. Quiero ser consciente de que vivo. Le tengo mucho miedo a la muerte, explica. En la segunda parte de la canción, la pesadilla se hace mucho más intensa. Con la maleta a medio cerrar, la narradora percibe la presencia cercana de su amante y siente la fuerza necesaria para rebelarse. «Olvida tu cita —le pide a la muerte—. Solo por una vez, préstame mi vida». Desde el accidente sufrido dos años antes por Nino Bravo, le obsesiona la idea de perder la vida en la carretera. Más que al hecho de la muerte en sí, a la cantante le angustia la etapa inmediatamente anterior, la agonía, descrita con un espeluznante realismo en *La Mamma*, de Charles Aznavour.

Desde que empezó a grabar con Hispavox, el repertorio de los discos de Mari Trini se ha nutrido de creaciones propias o de autores galos, con alguna excepción, como *Canción vieja* o *Amanecí entre tus brazos*. En el nuevo álbum no cantará en francés, pero sí quiere incluir *Cuéntame una tontería*, una de las composiciones que Luis Eduardo Aute ha presentado en *Rito*, el álbum con el que dos años antes ha reanudado su carrera.

La orquestación, el dramatismo en la interpretación y la duración, algo más larga que la original, refuerzan el relato en primera persona del «parto inverso» que construye Luis Eduardo. El moribundo —o, en este caso, la moribunda— pide a quienes la rodean que sigan hablando, que le den un vaso de agua fría o abran la ventana. En definitiva, que la retengan en esta vida frente a una muerte que, con prisa, ha empezado a rondarla.

La grabación se realiza a lo largo de casi un mes en los estudios de Torrelaguna. Por decisión del productor, el ingeniero de sonido no será esta vez Mike Llewellyn-Jones, sino uno de sus ayudantes, Ángel Barco. Los otros dos integrantes del trío que ha creado el Sonido Torrelaguna, De los Ríos y Trabucchelli, procuran no interferir en el trabajo, aunque siguen su marcha con atención.

—En realidad, había una buena relación con Rafael —me aclara Parera Fons—. Nunca me dijo haz esto así, pero tampoco ponía trabas a resolver cualquier duda ni surgió ningún tipo de recelo entre nosotros. Al contrario, conmigo siempre era muy abierto. Mari Trini y él se conocían muy bien. Rafael me contaba cosas, me daba información muy útil. Hay gente que es muy, muy celosa, que se atrinchera en su territorio, pero con Trabucchelli no ocurrió eso. Yo, por mi parte, procuraba tratarlo con mucho respeto. A fin de cuentas, era un genio y estaba ahí, trabajando a mi lado como uno más. Luego, años después, nos volvimos a encontrar y hablamos de todo con bastante franqueza, había pasado mucho tiempo y podíamos ser más objetivos.

Por fin, el disco sale a la calle en los primeros días de mayo de 1975, con un diseño de portada que, como el contenido, pretende ser una diapositiva, una transparencia, del presente. Creo que en cada canción, en cada palabra, va una descripción de todo lo que veo, que a la vez se transparenta cuando se lee, cuando se oye, anuncia la cantautora.

—El título lo trajo la propia Mari Trini —afirma el productor—. Pusimos sobre la mesa otros, pero *Transparencias* ganó por goleada. En ese momento se esforzaba por ser muy... transparente. Quería que a su alrededor todo tuviera un estilo muy auténtico, ser ella misma, y yo hice todo lo que pude para que fuera así. No estábamos cerrados a nada, íbamos probando hasta que encontrábamos lo que nos gustaba. Empezamos de cero, incluso con la posición de la voz. El muro de sonido, al que tan aficionados eran Trabucchelli y Waldo, podía ser un buen recurso, pero Mari Trini no lo necesitaba. Quizá por eso muchos dijeron que el disco sonaba distinto.

Vestida con un traje largo de color negro y algún cambio en el peinado, Mari Trini estrena el que parece ser el tema estrella, *No te preocupes, amor*, durante una de las sesiones del Musical Mallorca '75, un evento que pretende competir con el MIDEM, la gran feria del mercado discográfico que cada año se celebra en Cannes. Ese mismo mes aparece en *¡Señoras y señores!*, el programa estelar de los sábados por la noche en TVE.

Pese al empuje promocional, *Transparencias* desconcierta a la crítica. Todos coinciden en valorar la calidad del trabajo, aunque echan en falta el magnetismo de *Amores* o el tirón comercial de *Escúchame*. José Ramón Pardo escribe:

> Caminar hacia atrás no es siempre retroceder. Y esta aparente incongruencia se nos ocurre al estudiar no ya el último álbum de Mari Trini, sino el proceso de su obra artística. Tras unos titubeos iniciales, con el álbum *Amores* Mari Trini descubrió una línea propia, más cargada de sensibilidad que de profundidad musical. Mari Trini ha vuelto a ser ella, ha caminado hacia atrás y por eso ha adelantado. *Transparencias* está lleno de buenas canciones. Sin baches, sin fisuras, con poesía cotidiana y sencilla. Tal como es la Mari Trini que el público consagró y que ahora reencuentra con alegría.

Pese a esos elogios, las emisoras se resisten a radiar con asiduidad el sencillo promocional porque la duración de cada una de sus dos caras excede de los cuatro minutos, demasiado larga para el tono ligero y pegadizo que impone el verano.

—Quizá eso no pareció importante —observa Parera Fons—. Nos sentimos muy libres a la hora de dar forma al disco. No pensamos en si una canción duraba mucho o poco o si el estribillo era comercial. Lo único que nos preocupaba era conseguir un trabajo de calidad. Si nos equivocábamos, mala suerte, pero lo importante era que pudiéramos tener aire, libertad, un margen ancho para hacer lo que creíamos que era bueno.

Algunos comentaristas detectan, además, un cierto cansancio en la artista, que atribuyen a las muchas galas y la presión de la industria. «Mari Trini parece bastante más decepcionada de la vida que en sus primeros años de triunfo», observa *ABC*. Entrevista a entrevista, la autora se esfuerza en rebatir las reticencias de los periodistas, e insiste en que es su mejor disco, el más maduro de su carrera. Es como cuando un escritor publica una novela al año, explica. Lo mismo. Cuando sacas un LP al año parece que se concluye una etapa y tratas de ofrecer los resultados al público. *Transparencias* es un intento de expresión que procura ir más allá de la palabra, y de la música, que es matemática. Va tocando las claves y las fibras nerviosas del ser humano para provocar emociones. No tiene nada de protesta, ni de político, ni nada de eso, concluye.

La referencia a la política no es ni mucho menos gratuita. Esa España que Mari Trini recorre en un Citroën Tiburón no está, sin embargo, para neutralidades. Mientras completa la larga gira que la ha convertido, un verano más, en la artista femenina más cotizada de la temporada, el país sigue con preocupación los consejos de guerra que juzgan en Burgos, Barcelona y Madrid a varios activistas del Frente Revolucionario Antifascista y Patriota (FRAP), y de ETA político-militar. Las sentencias condenan a muerte a cinco de los encausados. El primer ministro sueco, Olof Palme, el papa Pablo IV o el propio hermano del dictador, Nicolás Franco, entre otros, así como numerosas instituciones, personajes y organismos de todo el mundo, claman para evitar las ejecuciones, que finalmente se consuman al amanecer del 27 de septiembre de 1975.

En respuesta al descrédito internacional que acarrean los fusilamientos, miles de personas se manifiestan el 1 de octubre en la plaza de Oriente de Madrid para mostrar su apoyo y lealtad al Caudillo, que en su alocución atribuye las protestas en medio mundo a «una conspiración masónica izquierdista en la clase política en contubernio con la subversión comunista-terrorista en lo social». Cuando, apenas siete semanas después, Franco muera, el viento de la libertad soplará con fuerza sobre las estructuras de un régimen en avanzado estado de descomposición.

La coyuntura económica, el descontento social y el deseo de una buena parte de la clase media de parecerse a esos millones de turistas que llegan cada año a España favorecen los cambios. Para el ciudadano de a pie, la situación política ha dejado de ser un tabú, algo de lo que, desde el 36, solo se podía hablar en voz baja y con personas de confianza. Ahora es un asunto de conversación cotidiana. En la prensa, la radio y la televisión, los periodistas ya no dan rodeos y recaban abiertamente la opinión de los famosos. Mari Trini no será una excepción, como vemos en una entrevista que le realizan en *La Verdad*:

—¿Cómo definirías a Franco?

—No puedo ni debo hablar mal de Franco. Sería injusto. Pasará a la historia como lo que fue: un genio.

—¿Qué nos dices de nuestro Rey?

—De momento, que es guapo y que creo que quiere mucho a España.

La lucha por la libertad se da paralela a la de la igualdad. Los estertores de la dictadura oscurecen de alguna manera en España el Año Internacional de la Mujer. En su transcurso, se celebran en España decenas de actividades para analizar el papel de las mujeres, liberadas ya del control de la Sección Femenina de Pilar Primo de Rivera, en una sociedad que apuesta por la modernidad. Entre esas acciones, la RCA lanza un vinilo conmemorativo de la declaración de la ONU en el que, entre otras, aparecen Mercedes Sosa, Violeta Parra, Edith Piaf, Nina Simone, Libertad Lamarque y la propia Mari Trini. Tal como señala un texto sin firma en la contraportada del disco:

> Amparados en su signo favorable, reivindicaciones, reclamaciones, derechos escatimados, desigualdades, discriminaciones, saltan a la palestra en un afán de superación, en un intento de derribar barreras cada vez más anacrónicas. Y recobran actualidad las palabras de Ortega: lo que llamamos mujer no es un producto de la naturaleza, sino una invención de la historia. Pero no debemos consentir que lo jurídico y lo administrativo velen el feminismo esencial. Permitir que los árboles no nos dejen ver el bosque es tan ingenuo y nefasto como llenarse los ojos de bosque y olvidar el tronco, rama y pájaro. Ha escrito Pemán que no se puede llegar al Código del Trabajo o a una Ley

> de funcionarios públicos sin cursar esa triple asignatura que se llama Fiammeta, Laura y Beatriz. Boccaccio, Dante y Petrarca nos valgan. Construyamos, sí, una torre maciza, mas no renunciemos a los cimientos líricos que la hagan airosa. Que la practicidad no mate la cortesía.

Las opiniones que expresa Mari Trini en las entrevistas parecen asumir esas reticencias. Por ejemplo, dice en *ABC*:

> En este país, si eres de derechas, eres de derechas, y si eres de izquierdas, hay que callarse, porque no está bien visto. Por eso pretendo ser apolítica. Además, hay mucha gente que, para hacerse publicidad, manifiestan unas ideas contrarias a las que rigen en el país. Pero es una pose. Yo soy antipolítica y contraria al movimiento de liberación de la mujer, al movimiento feminista y todas esas tonterías. Sé que voy a recibir muchas cartas insultándome. Un banco de la mujer, un año de la mujer, qué tonterías. Todo esto no hay que decirlo, sino ejercerlo. La mujer, de momento, lo que tiene que quitarse de la cabeza es que ha nacido solo para tener hijos.

Quizá porque repite que sus canciones son ahora una transparencia de la actualidad, a Mari Trini los periodistas dejan de preguntarle por sus novios, su posible retirada o los inminentes compromisos profesionales, para centrarse en cuestiones más candentes. Ella, en sus respuestas, alimenta la polémica:

> —¿Estás a favor o en contra del aborto?
>
> —En contra, porque me parece absurdo con la cantidad de métodos anticonceptivos que hay, que todavía haya chicas que

tengan que abortar, y no las culpo a ellas, que, al fin y al cabo, son las víctimas, sino a la sociedad, que no ha sabido educarlas.

—¿Te parece necesaria la prostitución o, por el contrario, debe ser erradicada?

—Si todos los seres humanos tuviéramos educación, cultura y medios para subsistir, la prostitución no tendría razón de ser. [...]

—¿Admites el divorcio o apoyas la indisolubilidad del matrimonio?

—Si dice el refrán que el que tiene boca se equivoca, también es posible equivocarse de cuerpo entero. Y por lo que respecta a los hijos, puedo decir que si han sido educados como es debido siempre sufrirán menos con una separación matrimonial que con el infierno de las disputas de sus padres en casa.

—¿Perdonarías el adulterio?

—Sí, claro. Y más ahora, que hasta los cantantes italianos lo justifican en las canciones. Bromas aparte, creo que en caso de que haya infidelidad debe ser con el consentimiento de las dos partes y que ambos cónyuges puedan ejercerla.

—¿Equipararías jurídicamente a las madres solteras con las casadas?

—Desde luego, y no solo eso, sino que les daría más protección para que pudiesen sacar a sus hijos adelante.

—¿Cómo reaccionarías ante el embarazo de una hija soltera y menor de edad?

—Me sentiría culpable de no haberle dado toda la información sobre las consecuencias que se derivan del acto sexual, y en caso de que el hijo fuera deseado, le daría toda mi ayuda.

[...]

—¿Abolirías la censura?

—La censura y, sobre todo, la autocensura, que es más peligrosa.

—¿Prohibirías la pornografía?

—La pornografía se prohíbe a sí misma a poco que la dejen, porque la gente se aburre enseguida de ella.

[...]

—¿Qué importancia le concedes a la virginidad?

—A mi entender, la virginidad se lleva en el alma.

En febrero de 1976, Mari Trini actúa en la decimosexta edición del Festival Internacional de la Canción de Viña del Mar, en Chile. A principios de esa década, el certamen había reflejado las convulsiones que padecía el país: partidarios y detractores del presidente Allende, como Quilapayún o Los Huasi, se enfrentan arriba y abajo del escenario. Tras el golpe de Estado encabezado por el general Augusto Pinochet el 11 de septiembre de 1973, las veladas en la Quinta Vergara muestran el lado más amable del gobierno militar. Cantantes famosos venidos de todo el mundo, como Roberto Carlos, Julio Iglesias o José José, hacen las delicias de miles de seguidores en un auditorio presidido por el temido dictador.

Según recogen las imágenes de la época, Mari Trini tiene algunas dificultades para hacerse oír. Ataviada de oscuro, maneja como puede dos pesados micrófonos pegados entre sí con cinta aislante mientras interpreta *Ayer*, *Yo no soy esa* o *Escúchame*. Un sector del público parece seguir con indiferencia la actuación. El griterío de fondo es creciente. Nerviosa, pide respeto, sin éxito. En un momento dado se acerca a Pinochet, que, junto a su esposa, Lucía Hiriart, y varios ministros, la escucha desde la primera fila, y le lanza una rosa blanca.

—Estuvimos a punto de quedarnos allí... —le contará años después Claudette al periodista Toto Olmos.

—¿En Chile?

—Sí, cuando Mari le tiró una rosa blanca a Pinochet.

—¿Le tiró? ¿No se la dio?

—Se la tiró de muy mal gesto. Eso nos costó más de un disgusto. No nos dejaron salir del hotel, ni a nosotras ni a los músicos. Incluso a la mánager que teníamos allí para toda Sudamérica le suspendieron dos conciertos. Yo pensé que no salíamos de allí... Cuando llegamos a Chile, en el aeropuerto nos habían advertido de que no se podía hablar del régimen, que había que llevar cuidado en todo. Yo cuando vi que Mari en el concierto se acercaba a él y le tiraba la flor, no lo podía creer.

—Pero la prensa publicó que Mari Trini se la entregó en un gesto como de cortesía...

—¿Y qué iban a decir? Tuvieron que explicarlo así, pero la verdad es que Mari hizo un mal gesto. Luego, la noticia, tal y como obligaron a contarla allí, saltó de un país a otro y se formó la que se formó.

Por mucho que Mari Trini sostenga que lo hizo por simple cortesía y sin ninguna connotación política, el gesto no tarda en llegar a las páginas de varias publicaciones españolas y provoca una lluvia de críticas y recriminaciones. Incluso se cancelan algunas de las actuaciones en la gira que lleva a cabo en esos momentos por distintos países americanos.

La bronca se prolonga algunas semanas después con un altercado en Jerez de la Frontera en el que se ve implicada. La Agencia Cifra y otros diarios aseguran que el incidente se inició cuando

> la cantante afeó a algunos espectadores que abandonaran sus localidades. Tuvo unos comentarios inadecuados para Sara Montiel y Manuel Orantes, además de un remedo del idioma catalán. Según parece, no había más de trescientas personas en el recinto de los Festivales, que el día anterior había registrado un lleno total con la actuación del grupo Jarcha. El escaso público ha reprochado a Mari Trini su actitud durante la actuación.

Tanto desde la oficina del representante de la artista como desde Hispavox se esfuerzan en desmentir la noticia. Mari Trini está desolada y rebate el relato de los hechos en una revista:

> La información es falsa de pe a pa. La propia agencia me ha llamado para conocer mi versión. Durante toda la actuación, el público —bastante numeroso, por cierto— se comportó inmensamente bien y aplaudió en pie la última canción. Hasta la una estuve recibiendo visitas en el camerino. En ningún momento insulté al idioma catalán como tampoco a mis amigos Sara Montiel y Manuel Orantes. En diez años de profesión, cuando he nombrado a un compañero ha sido para bien. A Sara la cité con cariño para presentar la canción *Ayer.* Dije: «Aún puedo decir "ayer" porque todavía no soy Sara Montiel». Es decir, ella ya ha vivido cosas que yo no he podido vivir...

La polémica resulta especialmente incómoda porque coincide con la aparición, en mayo de 1976, del nuevo álbum, *Como el rocío*. Aunque las ventas del precedente han sido bajas, la discográfica le concede un nuevo voto de confianza para que mantenga la colaboración con los mismos productor y arreglista.

—Los dueños de Hispavox, los hermanos Vidal Zapater, eran muy, muy discretos, muy prudentes, no se metían en nada —insiste Antoni Parera Fons—. Dejaban hacer y, de vez en cuando, se pasaban por el estudio y te preguntaban: «¿Qué tal?, ¿cómo va eso?, ¿estás contento?». «Sí, sí, sí, estupendo», les respondía yo. «Pues muy bien, fantástico», decían. Era una manera de trabajar excelente. No había ninguna tensión ni te sentías presionado por nada.

Como en años anteriores, sobre la mesa escasea el material. Tras el periplo veraniego por España, las actuaciones en Francia y otros países y la gira por América de los dos primeros meses del año, la artista apenas ha tenido tiempo para componer. Ella misma, junto a Claudette, se encarga de elegir el repertorio.

—Mari Trini me consultaba siempre porque era cariñosa y delicada conmigo —recuerda con nostalgia Parera Fons—. Me llamaba «Ojitos». Había, en general, muy buen ambiente, pero las decisiones las tomaban ellas.

El tiempo se echa encima, y tanto Parera Fons como Sanesteban creen que el conjunto que han reunido puede resultar coherente. Además de los imprescindibles temas de corte amoroso, como el bolero *Por ti, por ti* o *Rapsodia para un sueño*, Mari Trini exprime su acidez para dar respuesta a las críticas que han recibido algunas de sus declaraciones. La letra de *Entre la lluvia y el viento*, dedicada al otorrino Felipe Álvarez, que desde hace tiempo le trata una molesta otitis, es una declaración de rebeldía en una época en la que lo panfletario parece haber ganado la batalla. «Qué fácil es dejarse arrastrar en lugar de luchar por la libertad», se queja en el estribillo.

Sin apartarse de esa línea, despliega su ironía y mordacidad para criticar en *Cuán peligroso es* a una sociedad marcada por la hipocresía y las expresiones huecas, como «hueco actor», «trampa ideal», «amor precoz», «dicha mortal», «beber perdón», «dócil callar», «tejer», «crear»... Mis letras, dice, denuncian cosas que ocurren al ser humano, a la gente, problemas de la juventud, de la sociedad, de comunicación, insiste, y no tienen por qué ser políticas. Siempre he intentado ser muy sincera y directa, y cuando no me dejan, utilizo la metáfora para decir lo que quiero.

Dos de las composiciones de *Como el rocío* tienen una evidente base autobiográfica. En *Mi infancia* describe la dureza de sus años primeros años de vida. A pesar de lo mucho que se repite este episodio en las entrevistas, la promoción parece soslayar la composición. En *Olía a rocío* homenajea a sus raíces. «Mari Trini, ¿eres profeta en tu tierra?», le preguntan en *La Verdad*. «En mi Murcia, la gente sencilla, la del campo, sí que me considera. La prensa y la radio, no más que a cualquier otra cantante», responde.

Para completar el álbum, elige una traducción al español de *Je suis malade*, del francés Serge Lama. Mari Trini apenas introduce cambios en el texto que tres años antes había escrito la letrista habitual del cantante, Alice Dona. *Estoy enferma* sería también un éxito en las voces de Dalida o Lara Fabian. Una de las joyas de *Como el rocío* será, sin embargo, la interpretación de *La chanson des vieux amants*, de Jacques Brel, que en ese momento vive en las islas Marquesas, asediado por el cáncer de pulmón que acabará con su vida apenas dos años después.

La promoción se inicia, como en el anterior, en la Mostra del Disco, la sección no competitiva del Musical Mallorca '76. Hispavox organiza una audición del álbum en directo. Entre el público, vestido con una cazadora y un pantalón vaquero, se encuentra Waldo de los Ríos, que aplaude con entusiasmo las interpretaciones de aquella muchacha a la que él ayudó a triunfar. En un momento de la actuación, Mari Trini saluda desde el escenario al orquestador y le pide que la acompañe al piano, como en los viejos tiempos. De los Ríos no se hace de rogar, se sienta ante el teclado y de memoria empieza a improvisar *Cuando me acaricias*. Al término de la interpretación, el músico y la cantautora se funden en un abrazo. Las diferencias que hubo entre ellos han quedado atrás. Alguien ha recogido en fotos todas las escenas. Meses después, tras el suicidio de Waldo, las encontrarán entre sus papeles.

Pese al impacto del Musical Mallorca, la artista aparecerá poco en TVE ese verano. Solo José María Íñigo la llama para actuar en un programa en el que coincide con Patxi Andión. A *Palmarés*, el otro espacio de la televisión que sirve de escaparate al mercado discográfico, declina acudir. En la pequeña pantalla, los grandes espectáculos quedan reservados en ese momento para Raphael, Julio Iglesias o una actriz y cantante llegada de Italia llamada Raffaella Carrà.

Las dificultades para la promoción, la sensación de que su imagen pública está dejando de resultar atractiva para el público, pesan sobre su ánimo cuando la entrevista Manuel Román en *Semana*. Todavía sigue siendo la intérprete femenina más contratada para galas y festejos veraniegos. En la conversación con el periodista, recuerda que desde hace casi una década no ha dejado de dar vueltas por España, al principio en pequeños turismos, bajo el calor sofocante de julio o agosto y con el miedo constante a sufrir un accidente.

Esa temporada, a bordo de un Renault 12 ranchera de color amarillo «y con el techo negro», la gira resulta más cómoda. «Lo que me disgusta cuando me siento al volante no incumbe al coche sino a las carreteras», declara en la sección dedicada al motor de *ABC*.

El 2 de agosto, Cecilia pierde la vida en la carretera, cuando regresaba a Madrid tras una actuación en Vigo. El automóvil en el que viaja la artista junto a tres de sus músicos se empotra contra un carro en el paraje conocido como la colina de Tres Montes, en la provincia de Zamora. La falta de iluminación del vehículo agrícola y el exceso de velocidad del turismo parecen ser las causas del siniestro. Dos días antes, Eva había invitado a su hermana menor a un refresco y le había regalado su bicicleta. La muerte de la cantautora, de veintisiete años, provoca una honda consternación en todo el país. La noticia del suceso abre los telediarios y las portadas de las principales publicaciones. El entierro en el cementerio de la Almudena, en Madrid, reúne a más de un millar de personas. Al pie de la sepultura, Mari Trini y Massiel lloran desconsoladamente.

Diez años después de aquel mes de agosto, Mari Trini seguirá recordando a su amiga. La muerte de Cecilia es algo que todavía no he superado, confiesa al término de una gala veraniega en el Parque de Atracciones. Antes dormía en el coche. Ahora ya no puedo dormir, con lo cual a veces estoy dieciocho horas sin pegar ojo. Pasado el tiempo, a la cantautora ya no le importa admitir que hubo una cierta rivalidad entre ambas: Lo pasábamos muy bien en aquella época, Cecilia y yo nos queríamos mucho. Estoy segura de que ahora se habría desligado de esa influencia que venía de Tomás Muñoz y de todo ese aparato que conocemos del lanzamiento y la promoción, prosigue. Ella tenía una personalidad propia. Realmente es una puñeta que se marche la gente que no tiene que hacerlo y otros en cambio sigan por aquí.

El crítico Alfonso Eduardo Pérez Orozco escribe en su obituario:

> Aquí se nos ha quedado, cuando de ella nos quedaba mucho por esperar: ha sabido analizar más profundamente que Mari Trini el mundo de unas señoras casadas de nuestro tiempo y ha encantado a los chavales de hoy mucho más seriamente que Karina y se ha salido de su rincón querido de María del Mar Bonet para buscar nuevos horizontes. Eva Sobredo, Cecilia, iba a conseguir algo y ahora estaba, por fin, segura.

Por desgracia, la de Cecilia no será la única carrera musical que quedará truncada por un accidente de tráfico durante 1976. Si la autora de *Un ramito de violetas* viajaba en un 124 y Mari Trini en un R-12, parte del grupo Los Ángeles lo hace en un coche similar, un SEAT 1430. Tras un concierto en Cataluña, a la altura de Motilla del Palancar, en Cuenca, un turismo invade el carril contrario y choca con el que ocupan Poncho González y José Luis Avellaneda. Ambos mueren en el acto.

Como ocurriera con Nino Bravo, el mundo de la música y la ciudad de Granada se vuelcan en la organización de un gran concierto que, además de rendir homenaje a los fallecidos, proporcione una cierta ayuda económica a las familias. El 28 de octubre, un plantel de artistas se da cita en la plaza de toros de la ciudad. Aunque está anunciada, en el momento de su actuación, el presentador del acto avisa de que Mari Trini no ha podido acudir porque convalece de una operación de oído. La intervención, llevada a cabo por el doctor Felipe Álvarez en la clínica COVESA, dura aproximadamente hora y media. La paciente «venía sufriendo desde hacía mucho tiempo una dolencia de tímpano —informa el recién nacido *Diario 16*—, de características dolorosas y progresivas, que podía haber derivado en una sordera total en su oído izquierdo». Los periodistas se cuelan en la habitación, la 501, antes incluso de que finalice la operación. Ante la ola de rumores que corren sobre su estado de salud, la artista atiende la llamada que le hace, en directo, Tico Medina durante el programa de sobremesa de TVE. Estoy bien, pronto volveré a cantar, asegura. Para escapar de los fotógrafos, Claudette la saca de la clínica envuelta en una manta.

Ya en casa, se encuentra con la sorpresa de que Hispavox ha editado, sin consultarle, un álbum con sus grandes éxitos. De las doce canciones incluidas, once proceden de los discos producidos por Rafael Trabucchelli. La intérprete no oculta públicamente su malestar. Ese tipo de colecciones ofrecen, a su juicio, una imagen de fin de carrera. En cierta forma, su relación con la compañía está a punto de cerrar una etapa. Le queda un último disco y un año para que expire el contrato. Algunas revistas musicales insinúan que, empujada por el descontento y el deseo de evolución, ha iniciado negociaciones con la multinacional Ariola, a la que pertenecen Serrat, Camilo Sesto, Juan Pardo o Rosa León, entre otros.

Mientras en las Cortes se debate la Ley de la Reforma Política que, impulsada por Adolfo Suárez, desmantelará la dictadura franquista, en Hispavox se abre otro proceso de transformación. Tras la negativa de José Manuel Vidal Zapater a seguir al frente de la compañía que había fundado con su hermano dos décadas antes, el consejo de administración pone la dirección general en manos de José Luis Gil, que, pese a su juventud, acumula éxitos y experiencia en el negocio discográfico. Gil ha vivido los dos últimos años en Italia, donde ha ejercido de representante de

Raffaella Carrà y de productor del primer LP de Miguel Bosé. Su intención es modernizar, por dentro y por fuera, una discográfica en la que los empleados siguen vistiendo a diario la bata, el uniforme o el traje.

Apenas dos meses después de la presentación del nuevo ejecutivo de la compañía, el 28 de marzo de 1977, el suicidio de Waldo de los Ríos provoca una honda conmoción fuera y dentro de la empresa. Allí todo el mundo sabía desde hacía dos años que el músico padecía una depresión. Había adelgazado, no disimulaba la tristeza y parecía haber perdido la fe en lo que hacía. En voz baja también se decía que trasnochaba, que bebía más de la cuenta y que se quejaba de la soledad en la que vivía.

—Ellos se llevaban bien, se respetaban y se admiraban —me contará por teléfono una tarde, cuarenta y dos años después, Claudette—. A veces tenían sus diferencias también, claro está, pero es lo normal entre dos personas que trabajan juntas. Sí, le teníamos cariño a Waldo.

Las tempranas muertes de Cecilia y De los Ríos, la operación de oído y el frenazo que la convalecencia impone tras seis años de trabajo frenético cambian el día a día en el caserón de El Plantío. Por primera vez en mucho tiempo, la artista puede componer con tranquilidad. Todo su entorno se esfuerza en que nada pueda apartarla de su trabajo, incluida Eulalia, la asistenta, quien concede una entrevista a la revista *Pronto*:

> —¿Cómo es la señorita?
>
> —Más o menos como dicen sus canciones. Es una persona que piensa, que tiene esperanzas y ganas de continuar triunfando.
>
> —¿Cómo es sentimentalmente?

—Tiene buenos sentimientos por las personas que conviven con ella, le encantan los niños, es alegre y le gusta la gente alegre también.

—¿Hay muchas fiestas aquí en su casa?

—Pues no.

—¿Cómo se divierte, entonces?

—Escribiendo, leyendo, escuchando música.

—Entonces, ¿no sale por las noches?

Antes de contestar, Eulalia hace una pausa permitiéndose un tiempo para pensar su respuesta.

—No. No sale. Suele estar en casa.

—¿Siempre está aquí?

—No, ¡qué va! Ella trabaja y sale de gira por muchas partes de España y el extranjero. Hoy, por ejemplo, acaba de llegar de Francia y está descansando.

—Cuando está en casa, ¿qué sueles hacer tú?

—¿En qué sentido?

—Me refiero a las atenciones y a todo eso.

—En relación con la casa, me ocupo del aseo, de su ropa, de atenderla, de alegrarla cuando está triste...

—Entonces, ¿se cuentan las intimidades?

—Bueno, no para tanto. No nos contamos nuestras cosas íntimas.

—¿Tiene novio Mari Trini?

—Eso del novio no lo sé con seguridad. Nunca se lo he preguntado y ella no me ha dicho nada. Aquí vienen muchos chicos y fans y yo me limito a abrir la puerta; lo otro, pues claro, no lo sé.

—¿Duerme acompañada de algún muñeco?

—No. Ella duerme solita, sin compañía alguna.

—Cuando está en casa, ¿qué hace?

—Descansar, ver televisión, que le gusta mucho, se hace ella misma la comida. Como tiene muchos amigos, también está con ellos.

—¿Cómo se porta contigo?

—Pues como una amiga más. Ahora bien, nos respetamos mutuamente.

Mari Trini sabe que el fracaso de los dos últimos álbumes la obligará a aceptar, de alguna manera, las condiciones que imponga Gil. Tampoco parece el mejor momento para negociar con otros sellos.

Con la idea de la muerte rondándole, escribe *El verbo amar*, sugestionada por la imagen del sepelio de Cecilia. De su memoria no se han borrado ni el sonido de la tierra al caer sobre el ataúd en el que yace su amiga, ni la multitud que contempla ese instante. No, cuando muera, no quiere un entierro convencional; prefiere que sus restos descansen para siempre en las profundidades marinas. Esa es la coda perfecta para cualquier vida, viene a decir la letra. Como Alberti o Machado, Mari Trini escribe la mar.

Del voluntario adiós de Waldo le queda una imagen que los amigos más íntimos del músico argentino comentan esos días: muchas tardes de ese invierno, De los Ríos buscaba consuelo a su soledad sentándose en un banco de la Gran Vía para ver pasar la gente. La escena planea sobre el texto de *Una tarde gris en Madrid*, a la que, significativamente, acopla un ritmo de tango y el eco de un bandoneón. Es esa hora en la que cierran los comercios, explica la autora en la radio, y los dependientes y las secretarias y la gente abarrotan las paradas de autobús, todos muy apretados bajo la marquesina para evitar que la lluvia los moje. Un momento muy oportuno para ponerse a llorar sin llamar la atención de nadie, canta. Quizá como hizo Waldo mientras los demás, en su dulce soledad, iban y venían.

Ambas canciones las interpretará por primera vez en el especial de casi media hora que le dedica TVE bajo la dirección de Fernando Méndez-Leite.

—Cada director podía elegir al cantante que le interesaba —me cuenta el cineasta durante una de las sesiones del Festival de Cine de Málaga—. Pilar Miró, por ejemplo, se quedó con Ana Belén y Víctor Manuel. Yo propuse a Mari Trini porque me gustaba mucho. Ella aportó dos temas inéditos. Algunas escenas las grabamos en su casa. No lo he vuelto a ver, pero fue un trabajo bonito del que guardo un buen recuerdo.

En la reunión que mantiene con José Luis Gil en marzo de 1977 acuerdan que el productor del próximo disco sea, otra vez, Rafael Trabucchelli. José Luis Sanesteban realizará los arreglos de siete de las diez canciones que, en su mayoría, están compuestas por la propia Mari Trini. Gil incorpora a Danilo Vaona, un músico llegado de Italia que ha trabajado con Mina, Raffaella Carrà y Miguel Bosé, para orquestar *Y qué importa* y *Compañeros de mi vida*, que Mari Trini dedica no sin poca ironía a todos esos «destructores asociados» que la critican y hablan mal de ella a sus espaldas. Trabucchelli volverá a poner música a una letra de la artista en *Acércate*, de marcado carácter amoroso. Todos están de acuerdo, además, en que necesitan un estribillo pegadizo para lanzar como disco pequeño, capaz de competir con la música veraniega. Eligen *Te quiero con locura*, una traducción de *Je t'aime à la folie*, de Serge Lama.

El título del álbum, *El tiempo y yo*, tampoco genera mucho debate. Durante el invierno, Mari Trini ha estado leyendo al escritor libanés Yibrán Jalil Yibrán, en especial su obra más famosa, *El profeta*, que había sido publicada en 1923. Algunas ideas de este autor se acercan a lo expresado por la artista en entrevistas y declaraciones que luego tendrá que matizar. «Me alejo de los acontecimientos políticos y las luchas de poder —escribe Yibrán—, pues toda la tierra es mi patria y todos los hombres son mis compatriotas». Del diseño de la portada se hace cargo Tony Luz, que utiliza imágenes de una sesión en Villa Antonieta con un fotógrafo joven, Antonio Molina. En Hispavox, conscientes de que el álbum va retrasado si pretenden lanzarlo para la campaña de verano, se trabaja con prisa.

Mientras tanto, España asiste con una mezcla de vértigo y esperanza a su primer proceso electoral democrático. La idea de que Franco y su dictadura pertenecen ya a un pasado muy lejano ha sido asumida con facilidad por una sociedad que no tiene reparos en admitir la pluralidad. Los artistas del momento no dudan en manifestar su compromiso, aunque, como observa *ABC*, haya un grupo numeroso que prefiere no definirse políticamente: «Los que están perfectamente integrados en el sistema, en el *establishment*, son más. Ejemplos de esta integración pueden ser Manolo Escobar, Camilo Sesto, Sergio y Estíbaliz, Micky, Mari Trini, Salomé y tantos otros cuyo arte está por encima de la política».

El debate sobre la futura organización del país lo impregna todo en esa primavera ilusionada del 77. Mari Trini reconoce su evolución ideológica y no duda en mostrar sus preferencias, como declara a *Diario de Barcelona*: «Como artista, no soy política. Como persona, estoy de acuerdo con el PSOE». Incluso llega a cantar, cobrando, eso sí, en dos mítines de este partido. Matiza también su posición ante la causa de la igualdad: «Estoy con el movimiento feminista, pero no soy extremista, no estoy ni con Esther Vilar ni con Lidia Falcón». Sobre los homosexuales y las lesbianas, que el 26 de junio de ese año organizan su primera manifestación en las Ramblas de Barcelona, cree que deben integrarse en la sociedad, «porque cada una es muy libre de hacer lo que quiera, con quien quiera y cuando quiera. Quizá sea más una cuestión de romper con los moldes establecidos que reformarlos», concluye.

El mismo día de julio que Adolfo Suárez, quien ha ganado las elecciones generales al frente de la Unión de Centro Democrático, anuncia los nombres de los catorce ministros que conforman su gobierno, se pone a la venta *El tiempo y yo*. También ese día, martes, Mari Trini reaparece en el programa *Esta noche... fiesta*, que conduce José María Íñigo desde la mítica sala de fiestas Florida Park, para presentar su nuevo repertorio. Vestida con un traje largo de color negro, a mitad de actuación la cantautora estrena un tema en el que manifiesta su punto de vista sobre el momento que se está viviendo en España. La libertad, dice, no te la regalan, no es un patrimonio, ni hereditaria ni, mucho menos, puede contagiarse. Es, recuerda, el sacrificio que ha pagado un pueblo acostumbrado a ser libre hacia dentro. Por tanto, no la ensuciemos ni la exhibamos. En definitiva, cuidémosla.

A Mari Trini no le asusta el futuro. Como explica al público que acude a escucharla en su presentación en Barcelona en los primeros días del verano de 1977, el título de su nuevo álbum sintetiza su idea de que el tiempo ha pasado muy rápido. Tanto en el campo ideológico como en el íntimo, asegura.

Aun a riesgo de que la tachen de pedante, entre los créditos del disco ha dejado una cita de Yibrán que resume su estado de ánimo ahora que acaba de cumplir treinta años: «Y dejad que el día de hoy abrace al pasado con nostalgia y al futuro con esperanzada ansiedad».

13
El tiempo que nos aleja

Guía de escucha: *Palabras*, del álbum *Solo para ti* (Hispavox, 1978)

Aunque la pianista Maryní Callejo, al referirse a esa etapa de su carrera, utiliza varias veces la palabra «color», cuando empezó a trabajar con Mari Trini, la cantante prefería los tonos oscuros y los trajes largos. No me gusta salir al escenario con pantalones, responde en 1975 a la enésima pregunta de los periodistas sobre su vestimenta. Es que no me veo así, pese a que en los primeros momentos de su trayectoria había asegurado que le gustaban. Prefiero la falda larga, es como una camilla: lo tapa todo. Aunque lo sea, no me siento muy joven. Pienso que podría tener cuarenta o cincuenta, lo que no deja de ser una ventaja.

Durante años se ha aferrado al negro como símbolo de sobriedad, de elegancia, considera el psicólogo Borja Rodríguez. Pero sobre todo de discreción. Es su manera de pasar desapercibida, de puntillas, dejando que sus canciones hablen por ella y la sitúen en el mapa. La discreción de la que no quiere ser vista, continúa Rodríguez, que parece que sigue recluida en una cama. Y la fuerza de unas canciones que dejan ver mucho de ese mundo interior y de su capacidad de observación y de poner palabras a los sentimientos. La contrariedad absoluta del negro frente a la desnudez en sus canciones. Y, a la vez, sus ganas de que la conozcan, de rodearse de gente, de ser y sentirse cercana desde la humildad más absoluta. Mari Trini pretende ser una estrella discreta.

Pese a las reticencias de Claudette, la transformación de su imagen es uno de los compromisos que la cantautora asume al renovar, el 5 de octubre de 1977, el contrato con Hispavox. Como contrapartida, la discográfica acepta que se convierta en la productora de sus discos, una prerrogativa que la industria concede pocas veces a sus artistas, como Juan Pardo o Camilo Sesto. En ese momento, ni Serrat, ni Aute, ni Cortez ni Julio Iglesias lo han logrado, y mucho menos una intérprete femenina. La única mujer que en España ha conseguido romper ese techo de cristal es Maryní Callejo, aunque su nombre haya sido omitido en los créditos muchas veces.

En Hispavox, el gesto se interpreta como una audacia más del nuevo director general dentro de los cambios que está introduciendo para sacar a la empresa de la crisis. En los pocos meses que lleva en el cargo, ha decidido prescindir de figuras tan ligadas a la marca como Karina o María Ostiz, ha acotado el poder omnímodo de Rafael Trabucchelli y ha buscado sinergias con otros sellos para mejorar la promoción de algunos discos. «A aquella reunión, Mari Trini vino acompañada de su asistente personal, Claudette, que se encargaba de aconsejarla y de la organización de sus compromisos profesionales. No estaba muy contenta porque en los últimos años ni las ventas ni la promoción habían sido como ella creía que se merecía. Pero al mismo tiempo yo pensaba que sus últimos trabajos no habían tenido la contundencia de *Amores*, su primera obra. La admiraba y desde ese punto le pude transmitir mi confianza en poder mejorar muchas cosas de sus futuros trabajos; habían pasado siete años desde el primer disco con Hispavox y las cosas en el mundo de la música habían avanzado. Ella también tenía que adaptarse a los nuevos tiempos», me escribe José Luis Gil en un correo electrónico.

Pese a la buena disposición del director general, los resultados no son ni mucho menos los esperados. La producción de *El tiempo y yo* se demora más de lo debido y el álbum sale muy tarde, después de las elecciones que se han celebrado el 15 de junio. Para entonces, la mayoría de las emisoras del país ya han empezado la búsqueda de la canción del verano. Julio, agosto y septiembre son malos meses de ventas, y aunque *Te quiero con locura* parece pegadiza, no tiene la fuerza de *Son tus perjúmenes, mujer*, *Fiesta* o *Mi cafetal*. En otoño se intenta relanzar la promoción con una fuerte campaña de anuncios televisivos dentro del recopilatorio *Los Super 30*, que editan conjuntamente, por primera vez, tres compañías: Hispavox, CBS y Zafiro.

El fracasado intento por devolver a Mari Trini a la primera línea del panorama agudiza las diferencias con Trabucchelli, pero también la distancia del arreglista José Luis Sanesteban, que ha visto reducida su participación en la composición del repertorio y en los ingresos por actuaciones, menos numerosas que en años anteriores. Completada la temporada veraniega, el grupo de acompañamiento se disuelve a principios de octubre.

Firmada la renovación, en noviembre de 1977, la cantautora se plantea disfrutar de unas vacaciones, por primera vez en mucho tiempo, y acepta el ofrecimiento de su amiga la fotógrafa Joana Biarnés para pasar unas semanas en Ibiza. Además de descansar, en la isla quiere componer, retomar la idea del libro que le ronda desde hace años y, como ella misma explica, pensar, pescar, sentarse en una roca, echar el anzuelo y esperar. Sin embargo, el plan debe interrumpirse porque, de cara a Navidad, Hispavox ha publicado un segundo sencillo con *Acércate* y *La libertad*. Como el álbum salió en verano y Mari Trini no pudo cantar en *El gran musical*, uno de los programas estrella de la SER que sale al aire los domingos por la mañana desde la discoteca Consulado de Madrid, la cadena está dispuesta a que el minirrecital se emita a finales de noviembre, pocos días después de que se haya pasado por televisión el documental de Fernando Méndez-Leite. Además, Gil quiere escuchar alguna maqueta de las canciones que ha empezado a componer en la isla.

En la búsqueda precipitada de un nuevo grupo se cruza el nombre de Maryní Callejo, que en ese momento acompaña a Massiel, a la que ha producido uno de sus mejores álbumes, *Alienación*. A pesar de que solo han podido saludarse en unas cuantas ocasiones desde que se conocieron en San Sebastián en 1970, Callejo, amiga también de Fernando Arbex y Juan Pardo, ha estado cercana siempre a la órbita en la que se ha desenvuelto Mari Trini.

—Teníamos muchos conocidos comunes —detalla la pianista desde su retiro en Málaga—, pero nunca nos habíamos visto hasta que coincidimos en un cóctel que organizó el director de Radio San Sebastián, Félix Gamarra. Aunque ella, en ese momento, era famosísima, se mostró muy cariñosa, estupenda. La acompañaba Miguel Ramos. Al despedirnos se me ocurrió decirle: «Oye, estoy convencida de que algún día vamos a trabajar juntas». Y ella respondió: «Ah, pues yo también». Y Miguel: «Sí, sí, sí, estupendo, cuando yo me vaya, te quedas tú, Maryní». Bueno, esas tonterías que se dicen, pero, oye, pues así fue.

Hija de un alto empleado de la SER, con solo siete u ocho años la compositora sustituyó en una emisión cara al público al pianista titular, un muchacho llamado Rafael Trabucchelli. Su nombre ha estado ligado, además, a la trayectoria de grandes figuras de la música española, como Los Brincos, Marisol, Nino Bravo o Fórmula V. También mantuvo una buena amistad con el desaparecido Waldo de los Ríos, quien aseguró en RNE, él, tan poco dado a los elogios: «Maryní tiene una inteligencia fuera de lo normal, por eso, cuando pasan dos o tres meses y no sé nada de ella, ya me empiezo a extrañar. ¿Qué estará haciendo?, ¿en qué andará?».

Al cabo de siete años, la cantante recurre a la pianista casi a la desesperada: el tiempo apremia y no quiere convocar a Sanesteban porque la despedida entre los dos ha sido un tanto fría; tampoco le apetece pedir ayuda a Trabucchelli o a la discográfica, y otros profesionales de su confianza a los que llama están en esas fechas de gira por América.

—Massiel había dado a luz en junio y no había podido hacer galas ese verano. Yo en esa época trabajaba con Alain Milhaud en su editorial. De repente, una tarde, me avisa la secretaria: «Hay una llamada de Mari Trini, que tiene muchísimo interés en hablar con Maryní». Yo digo: «Uy, pero si hace dos mil años que no hablamos, desde que nos vimos en San Sebastián». «Pues está al teléfono». Alain hizo un gesto raro, como diciendo: ¿y esto qué es? Total, que me puse y Mari me contó que tenía que presentar unas maquetas para Hispavox, que Sanesteban la había dejado colgada, que se le había llevado los arreglos, los músicos, las partituras, en fin, todo esto, y que no tenía quien se lo hiciera. La vi tan angustiada que acepté hacer las maquetas. «Es que hay que presentarlas pasado mañana». «Pero, mujer... Bueno, bueno, pues oye, lo intentaremos». Fui a su casa de El Plantío. El trabajo salió muy bien. Cuando lo entregó, nos fuimos a comer y allí me explica que está preocupada porque tiene la presentación en *El gran musical* y que quiere que vuelva a echarle una mano.

De nuevo Callejo acepta el encargo sin más, organiza en un par de días el grupo y se adapta sin dificultad al estilo de la artista, a la que le llueven las felicitaciones tras la actuación.

—Le cambié el acompañamiento por completo, metí percusión sinfónica, latina, una preciosidad —continúa Maryní—. Tanto a Salaverri como a Revert y a toda la gente que llevaba el programa les encantó, no hacían más que repetir que teníamos que seguir trabajando juntas. «Esto sí es un sonido diferente, es lo que necesitaba Mari», y tal. Para dejar las cosas claras, le aclaré a ella que había hecho esa colaboración contando con el beneplácito de Massiel, a la que no iba a dejar colgada. Mari Trini insistía e insistía, así que terminé hablando con Massiel. «Bueno», me dijo, «vete con ella y la ayudas lo que puedas, pero cuando yo vuelva a trabajar otra vez, te vuelves conmigo». Me quedé con Mari nueve años.

Desde ese primer contacto, Mari Trini descubre además que la pianista es la colaboradora que necesita para la etapa que se abre en su carrera. Al tiempo que revisa las nuevas composiciones, prepara el repertorio de la gira que coincidirá con la salida del álbum, *Solo para ti*. La intérprete, autora y productora regresa de Ibiza con siete canciones en una casete y las ideas muy claras.

—Ella componía, armaba en lo que podía sus canciones y luego había que darles una forma —explica Callejo—. En fin, era lo habitual, así trabajan normalmente los cantautores que tienen un gran talento, pero necesitan que un profesional ordenara todo. Le decía: mira, esto no, esto sí, aquí vamos a poner no sé qué. ¿Te parece bien? Sí, sí, sí, sí. Oye, esto mejor lo quitas y esto lo pones. Nunca tuvimos el más mínimo problema. Trabajábamos en su casa de El Plantío, ella me acogía con todo su cariño, me dieron una habitación allí. Durante varios días intentaba sacar adelante el trabajo todo lo más rápido que podía. Luego volvía a mi casa y con mi piano lo terminaba.

Aunque de la mayor parte de los arreglos se encargará Danilo Vaona, Maryní garantizará la continuidad entre el sonido del disco y el de las actuaciones. «Más que un paso en su renovación —prosigue Gil en su email—, *Solo para ti* es también la primera demostración del cambio en el tratamiento de los artistas en la nueva etapa de Hispavox: incorporamos a Danilo y a Maryní, muy conocedora de las posibilidades de la cantautora y su cómplice musical. Cada uno de ellos aporta unos colores diferentes en el tratamiento musical de cada tema, todo bajo la responsabilidad de Mari Trini como productora artística».

Por primera vez, además, la grabación se realiza en un estudio distinto al de la calle Torrelaguna, en Sonoland, con otro ingeniero de sonido, el prestigioso José Antonio Álvarez-Alija, y solo cuatro músicos de acompañamiento. Durante las sesiones, que se extienden a lo largo del mes de abril de 1978, algunas asociaciones de músicos muestran su preocupación por la presencia de Vaona en el proyecto. Incluso acuden a pedir explicaciones. Hay mucho paro en el sector, se consideran mal pagados y no están dispuestos a aceptar que las compañías contraten a profesionales de otros países. «No hay intrusismo ni competencia extranjera de ninguna clase», les aclara Maryní en la puerta. «Hispavox es una empresa española, Mari Trini se encarga de la producción y yo misma he hecho los arreglos. Aquí hay poco por lo que protestar». No obstante, para evitar problemas, la pianista asume la dirección del trabajo en el estudio.

La cantante y sus músicos se entienden a la perfección. Trabajan sin horario, de la mañana a la noche. Cenan y almuerzan juntos. Mari Trini es, después de Miguel Bosé en Italia, la primera artista española que confía en Danilo. Admira su meticulosidad. Con apenas veinte años compuso *Vorrei averti nonostante tutto* para Mina y ha cosechado éxitos con Sandro Giacobbe, como *El jardín prohibido* o *Señora mía*, o Gianni Nazzaro. En alguna edición del Festival de San Remo ha dirigido la orquesta, pero, hasta ese momento, el cenit de su carrera lo ha alcanzado junto a la Carrà.

—Raffaella siempre quería evolucionar, nunca se conformaba con lo que había hecho —apunta el músico—. Era una artista en constante renovación. Congeniamos. En 1976 hicimos juntos *A far l'amore comincia tú*, en castellano se tituló *En el amor todo es empezar*, y *Forte, forte, forte*, que se vendieron muchísimo en una veintena de países. Ahí fue cuando Tomás Muñoz, el presidente de CBS-España, y José Luis Gil, entonces mánager de la Carrà, me encargaron los arreglos del primer LP de Miguel Bosé, *Linda*. A los pocos meses estaba en Madrid. Gil había pensado en mí para dar un cambio profundo a Hispavox. No solo quería cambiar el sonido y la imagen de sus estrellas, también la forma de trabajar. Hasta ese momento, Rafael Trabucchelli hacía y deshacía a su antojo. Gil quería modernizar esa forma de organizar la producción, diversificar un poco todo. Por eso me ofreció uno de esos contratos que no se pueden rechazar, y vine a España. El primer gran encargo que me hicieron fue *Solo para ti*.

En este álbum Vaona introduce, además, una técnica de grabación muy novedosa, el denominado «Sonido Múnich», similar a la que están empleando en Alemania Giorgio Moroder, Frank Farian o Rolf Soja, que conjuga instrumentos eléctricos y ritmos actuales con el estilo ya consagrado de Mari Trini. El resultado es espectacular en *Palabras*, que acabará siendo otra de las composiciones favoritas de la artista.

Mientras en el país se debate una nueva Constitución, en medio de una profunda crisis económica y bajo la amenaza permanente de terroristas y golpistas, la cantautora, como hizo el poeta Blas de Otero algunos años antes, pide la paz y la palabra. Cualquier palabra, de amor, de honor, las que se clavan en la mente y en el corazón..., todas son útiles para mirar al futuro con un cierto optimismo. He querido decir en esa canción que todavía no se ha agotado todo, que la juventud, especialmente, cuenta con elementos para ver el futuro con esperanza, pese a que muchos términos tengan su significado alterado, explica la artista en un momento tenso de la vida española.

Los elementos autobiográficos de *Estoy pensando en ti* o *Mi destino es llegar tarde*, los amorosos de *¿Por qué?* y *Buena suerte, cariño*, se combinan con la denuncia social: *Sr. Juez* es un alegato contra el adulterio, por el que todavía se castiga a la mujer en España, y *Una casa en el aire* reivindica, como ya ocurriera en *Cuando me acaricias*, el derecho de los amantes, sin especificar el sexo, a vivir el presente con intensidad, aunque eso los convierta en unos locos a los ojos de los demás.

En pleno éxito de una versión disco de *La vie en rose* a cargo de Grace Jones, la de Murcia se atreve, con el concurso de Maryní, a actualizar otro clásico de la Piaf, *Non, je ne regrette rien*, reforzando su final apoteósico. Además, vuelve a escoger —por última vez— una composición de Serge Lama, *Star*. Pese a que en las entrevistas se muestra optimista, a la hora de cantar Mari Trini sigue mostrando una cierta preocupación por cómo será su vejez, ya retirada, ya olvidada. Si *¿Quién?* tenía un carácter premonitorio, *Star* retrata con amargura la soledad del artista que, para mantenerse en lo más alto, ha de acostumbrarse a renunciar a lo auténtico, a dormir poco, a exhibir una falsa felicidad, a someterse al juicio constante de los demás. Sentirá también la traición de los falsos amigos, la adulación y, por supuesto, la soledad y el miedo ante esas multitudes que la aclaman. Si te obstinas en ser una estrella, viene a explicar, asume que nunca serás feliz ni tampoco conseguirás que el hombre de tus sueños te ame. Él se quedará de piedra, concluye, ante un amor que otros esperan porque él, ese ser inalcanzable, es la auténtica estrella, la verdadera *star*.

Aunque la retirará pronto del repertorio de sus presentaciones en directo, Mari Trini se identifica con esa *Star*, a la que los periodistas preguntan sin cesar por la fecha de su retirada, por la tristeza que la envuelve, por esos amores que no exhibe:

> Dentro de la música, o del teatro o del cine, los artistas estamos encasillados. Entonces, Mari Trini es la pupas, la que está enferma, la que nunca está bien, la que ha cogido un virus en Ecuador, eso dijeron, la que le duele una pierna. Unas tristezas y unas amarguras horrorosas. ¿Por qué? Pues se ve que las personas que me promocionan necesitan que yo sea triste, pero soy lo más jocoso del mundo. Se dice de todo. Hay una serie de cócteles y de fiestas donde se hacen entrevistas, donde la gente aparece con dos kilos de maquillaje y donde se montan unos *shows* increíbles. Yo no voy porque pienso que no tengo nada que decir: no he tenido ningún hijo, ni legal ni ilegal, si tengo mis amigos me lo callo porque eso al público no le debe interesar, no me busco novios postizos, no me drogo, sinceramente; no me emborracho por las noches... Y hay que

buscar algo, si no se puede permitir que un artista esté en el candelero.

Esos periodistas y el público que la siguen asisten, en la primavera de 1978, a la metamorfosis de la artista, que por primera vez en años recupera los pantalones, vaqueros o de vestir, y las camisas blancas. La razón de todos esos cambios, que se extienden también al peinado, es evidente: No me puedo acercar a la juventud vestida de cura, explica. Quizá servía para la de antes, que tenía como un sarampión existencialista que nos había llegado con retraso de Francia. En otras ocasiones dirá que con aquel vestuario trataba también de expresar su rechazo al enclaustramiento en el que vivía España, porque desde que ella empezó, ha cultivado la protesta, aunque no la política.

Sea como fuere, de esa guisa aparece en *Dos por dos*, el novedoso programa que presentan Mercedes Milá e Isabel Tenaille en TVE. También en la puesta de largo del álbum en un pequeño concierto en el Teatro de la Comedia el 24 de mayo. Esa presentación, en la que interpreta únicamente las nuevas canciones, provoca, además, un enfrentamiento entre la discográfica y *Los 40 Principales* —o, lo que es lo mismo, entre José Luis Gil y Rafael Revert— a cuenta del gasto del sello en publicidad en la emisora. Revert, según explica el periodista Juan de Dios Rodríguez en su blog *Nunca estuve en N.Y.*, sugirió a los suyos que no acudieran al recital. Pese a esas tensiones, *Solo para ti* asciende cómodamente al puesto número 2 de la lista de los *Superventas* de la SER.

A los elogios por el acabado sonoro, la interpretación y la renovada imagen de Mari Trini se unen los dirigidos al diseño gráfico de la carpeta, que incluye, por primera vez en la historia de Hispavox, cambios en la galleta —el centro impreso en papel— del disco: el fondo azul con el logo plateado da paso a una foto de la artista sujetando en sus manos una paloma. Es un motivo buscado intencionadamente, asegura. Con la paloma no solo simbolizo el ansia de libertad, sino también la esperanza de comunicación entre las personas y especialmente, quiero destacarlo, la pureza de planteamientos que veo en la juventud actual. Esta pureza se corresponde con la que yo he querido para mi LP en todos sus elementos porque he rechazado en todo momento efectismos, gratuidades o cuanto fuese o pudiese parecer falso.

Casi medio siglo después, José Luis Gil sigue considerando que uno de los atractivos de aquel álbum, que de alguna manera respaldaba el nuevo rumbo de la empresa que dirigía, era su portada: «Sus autores, los hermanos Eguiguren, eran unos artesanos de la imagen. Ya habíamos utilizado otras fotos suyas en portadas con Nacha Guevara. Sí, visto con la perspectiva del tiempo, toda la producción del disco fue un gran trabajo. Seguí muy de cerca la idea, la grabación y todo el desarrollo posterior».

La línea de trabajo iniciada con *Solo para ti* se aplica al resto de los artistas de la compañía. Apenas un año después, esa estrategia consolidará la carrera de José Luis Perales con *Tiempo de otoño* y descubrirá a nuevas figuras como Pedro Marín o Bertín Osborne. A pesar de su contrato de exclusividad con Hispavox, Danilo Vaona se convierte en un cotizado arreglista capaz de llevar al número uno a Víctor Manuel, Ana Belén o Miguel Bosé. El empuje renovador alcanza incluso al propio edificio de la calle Torrelaguna. El impresionante Estudio 1 pasa a ser un gigantesco almacén, hay una nueva área de grabación, más pequeña pero dotada de medios más actuales, y se pone en venta la imprenta.

Mari Trini asiste a todos esos cambios desde la distancia. La última renovación del contrato le va a permitir espaciar la entrega de nuevos trabajos. También concentra el periodo de actuaciones. En definitiva, se deja ver poco, no hace vida social. Pasa la mayor parte del tiempo en Ibiza. Acaba de comprar una casa cerca de Sant Antoni de Portmany, lee, pasea, descansa. En todo el año 79 aparece solo dos o tres veces en televisión. En una de ellas, una gala a beneficio de UNICEF en Mallorca, que reúne a lo más granado de la música en español, vuelve a sorprender con un cambio de aspecto. El rojo de la camisa y el violeta de la chaqueta y el pantalón sustituyen a los tonos claros del año pasado, pero la gran novedad está en el peinado, obra del popular peluquero Rupert. El cabello lacio, de un rubio tirando a dorado, ha sido sometido por el moldeador a esa línea afro tan de moda que también sigue Barbra Streisand, entre otras.

El rojo marca el color de *A mi aire*, el disco que graba en el otoño de 1979, a caballo entre Hispavox y el General Recording Sound Studio de Milán, donde Danilo Vaona, que además de los arreglos asume la coproducción, cuenta con numerosos colaboradores. De hecho, todos los músicos que se citan en los créditos son italianos y no hay ninguna referencia a Maryní, aunque su presencia será habitual desde entonces en todas las actuaciones de Mari Trini en televisión.

—Siempre me peleaba con los directivos de los programas porque querían poner figurantes —recuerda la pianista—, decían que era muy caro convocar a músicos profesionales. «Pues os fastidiáis», respondía yo, «pero mis niños, que también son los de Mari, van al programa y les pagáis lo que ellos cobran». Al final me salía con la mía y vamos, en casi todas las actuaciones de Mari Trini en televisión durante aquellos años aparecieron los grupos que la acompañaban en sus giras. En los vídeos se ve, además, que los vestíamos como príncipes. O sea, eran los más guapos, los más monos, y vamos, el conjunto con ella al frente llamaba la atención.

Las canciones que empiezan a sonar con fuerza en las emisoras españolas en los primeros días de 1980 no tienen nada que ver con las que hicieron famosa a la cantautora diez años atrás. A sus treinta y dos años, ya no es ni mucho menos la que se acobarda ante una borrasca. Ni romántica ni tierna, sino rebelde en *Soy un caso perdido*, donde coquetea claramente con el rock, o irónica en *El desertor*, a la que Vaona, autor de la música sin que se le llegue a acreditar en la carpeta, envuelve en sintetizadores, guitarras, batería y bajo eléctricos, pero sin perder de vista la célebre composición de Boris Vian.

—Sin ser una de sus creaciones más famosas —observa la periodista Valeria Vegas—, estoy convencida de que *Soy un caso perdido* es una de las mejores. Como se suele decir, un temazo desde el arranque: «Yo no tengo remedio, soy un caso perdido, desde que nací». Es una forma de presentarse completamente atípica, marcando distancia y diferencia con el resto de la gente. El remate del estribillo tampoco tiene desperdicio: «Yo soy así y soy feliz, amigo, por favor…». O sea, que cada cual viva a su manera como mejor le venga. El planteamiento es completamente original para lo que en esa época se cantaba, y se adelanta en casi seis años a *A quién le importa*, de Alaska y Dinarama.

Tras quince años de carrera, Mari Trini ha soñado firmar todas las composiciones del álbum. Ya no hay por qué rellenar con versiones o con interpretaciones en francés un disco. Con ocho, basta. «Nos importaba más la calidad que la cantidad —insiste José Luis Gil en su email—. En algunos casos, los temas se vuelven obras más sinfónicas de mayor duración, lo importante no era cuántos se incluían, sino la duración total de cada cara del disco. No queríamos incluir canciones solo para rellenar tiempo, esos patrones ya estaban anticuados».

La temática de esta nueva entrega pierde lirismo y gira más hacia lo que la cantautora ve que a lo que siente. El futuro plantea no pocas incertidumbres: la Guerra Fría que enfrenta a soviéticos y estadounidenses mantiene en jaque a la humanidad, una enfermedad desconocida comienza a afectar a gais y drogadictos, el terrorismo siembra el terror en una España que acaba de estrenar Constitución. «Tras un inicio esperanzador —anuncia el titular del diario *El País*—, 1979 se perfila nuevamente como año de crisis». La economía se debilita, cierran empresas, las protestas se suceden en la calle. Sin embargo, Mari Trini llama a no dejarse llevar por el temor y a mantener la esperanza en *El cielo no está*: el futuro, como el horizonte, es infinito, viene a decir. Arrancaos la venda de los ojos, fijad la vista en ese punto donde el cielo y el mar se confunden, recuperad la libertad de pensar. «¡Al diablo con el miedo que nos obliga a callar!», proclama.

Superadas sus reticencias iniciales hacia el feminismo, desde la llegada de la democracia Mari Trini ha incluido en cada álbum una historia relacionada con la vida cotidiana de una mujer. En *Y ahora qué* se había puesto en la piel de una esposa atada de por vida a un hombre con el que se casó solo por su dinero y blasones. *Sr. Juez* daba voz a una adúltera. Ahora, *La primera vez* describe con ironía la pérdida de la virginidad, mientras que la protagonista de *Despiértame* descubre que su pareja mantiene una relación con otro hombre. En esa misma línea argumental, construye una ambigua historia de amor a tres en *Ayúdala*, que se convertirá en una de las grandes creaciones de su carrera. El empleo del laísmo no parece ni mucho menos casual: «Ayúdala, no la lleves la contraria…». Además de servir de banda sonora a la telenovela venezolana *Elizabeth*, será un gran éxito en varios países hispanoamericanos, como Perú, Chile, Guatemala y especialmente en Argentina, a pesar de los reparos de la censura impuesta por la Junta Cívico Militar.

—Es una de sus canciones más valientes —sostiene el periodista Pedro Ángel Sánchez—. Estamos en 1980. Ella es la narradora de la historia. Con lo que eso supone, la cuenta en primera persona, como hará poco después Rocío Jurado en *Ese hombre* o en *Señora*, y deja que quien la escucha lleve el mensaje por los derroteros que quiera. Una historia de adulterio, de sororidad entre mujeres, un triángulo lesbiano, qué importa. Tú lo puedes llevar al terreno que quieras. Quizá ahí está el secreto de por qué Mari Trini llegó a un público tan amplio. Por eso también con el tiempo se convertirá en un referente LGTBI, a lo mejor sin ella saberlo.

A mi aire se cierra con *Qué más me da*, un desgarro interior en el que su voz alcanza nuevos y sorprendentes matices. Todo dolor es relativo, grita, la vida puede esperar.

Rodeada de mariposas y colores llamativos, la carpeta del disco utiliza un retrato de la cantante realizado por el artista Fernando de los Hoyos. En el dosier de promoción, las fotos muestran una evolución en su imagen iniciada por la cantante dos años antes.

—La llevamos a Rupert, el peluquero, que primero le dio un cierto aire afro —recuerda el productor Miguel Ángel Arenas,

Capi, que en esa época trabaja en Hispavox—, y después apostó por un peinado más natural, más corto, sin rizos, bastante moderno, en suma, como cualquier mujer de treinta y pocos años.

Las instantáneas las firma Serapio Carreño, quien se convertirá desde ese momento en su fotógrafo hasta casi el final de su carrera. Tras una etapa dedicado al fotoperiodismo, Carreño había retratado para una revista, poco antes de ese encuentro, a Enrique y Ana, el dúo que a principios de los ochenta logra vender millones de copias de discos de canciones infantiles. Aunque la compañía imponía que ambos intérpretes aparecieran siempre juntos en cualquier imagen, el fotógrafo logra convencer al encargado de las relaciones con la prensa de Hispavox, Mario Larrode.

—Al final, Mario se jugó el pellejo —relata Carreño en su casa de Denia—. Hicimos la sesión en un jardín, en un ambiente muy cálido. Las fotos eran preciosas.

Impresionado por el resultado, José Luis Gil le encarga una nueva colección con Raphael, a la que seguirán Alaska, Alberto Cortez, Paloma San Basilio y el resto de los artistas del sello.

Con Mari Trini la compenetración es perfecta desde el primer encuentro. A las fotos que apoyarán el lanzamiento de *Ayúdala* en Argentina, seguirán otras en estudio para la promoción de *Grandes éxitos, volumen 1*, que ve la luz poco antes de la Navidad de 1980. Como en el caso de *Lo mejor de...*, publicado cuatro años antes, a la intérprete no le acaban de gustar ese tipo de antologías. Apuesta por volver a grabar esas canciones con otros arreglos. Para convencer a los ejecutivos de la discográfica, entra en el estudio y pone la voz a una nueva instrumentación de *Un hombre marchó*, a la que Danilo da un aire distinto. La grabación parece no gustar a nadie y reposará en el archivo hasta 1993. En la selección del 80, que CBS publicará en el mercado estadounidense y en otros países, los títulos elegidos resumen la trayectoria de la cantautora en esa casa: desde *Amores* hasta *Soy un caso perdido*, desde *Ayúdala* hasta *Déjame*.

Las ventas de *Solo para ti* y *A mi aire*, que ha llegado al número 4 de los *Superventas*, han reconciliado a la creadora con su discográfica, ahora en plena expansión. Si durante más de treinta años, un casco de armadura sobre un fondo azul marino ha sido el logo de la empresa, ahora las siete tonalidades del arcoíris colorean el rótulo con el nombre de una marca que presenta orgullosa a las nuevas tribus de la música nacional, ya sean Radio Futura o Nacha Pop, lo más granado de las sevillanas, los ídolos de los adolescentes y personajes singulares como Bibi Andersen, Nacha Guevara o Los Payasos de la Tele. Las grabaciones de Hispavox, «la compañía internacional de España», según reza su publicidad, se venden otra vez en medio mundo.

En las primeras semanas de 1981, Mari Trini trabaja en un nuevo proyecto del que ha hablado en algunas entrevistas. Quiere grabar un álbum con composiciones de amigos; Alberto Cortez, Luis Eduardo Aute, Joan Baptista Humet y Patxi Andión no tardan en hacerle llegar sus aportaciones. Mientras preparan en Sonoland las maquetas que presentarán a Gil, el 23 de febrero, a media tarde, alguien les transmite una noticia aterradora: el teniente coronel Tejero Molina ha asaltado el Congreso de los Diputados mientras se debatía la investidura del nuevo presidente del Gobierno, Leopoldo Calvo-Sotelo.

—Paramos la grabación y nos pusimos a escuchar la radio —me cuenta Maryní Callejo—. Durante un buen rato no supimos qué hacer. En realidad, el trabajo acabó poco después porque ni a Gil ni a su equipo les convencía demasiado la idea. El repertorio tampoco era muy potente, no estaba llamado a ser un número uno. No digo que no hubieran escrito las canciones con todo su cariño, pero yo creo que ninguno de ellos se puso en la verdadera piel de Mari. Al final, ni ella llegó a ponerles voz.

Las visitas de la cantautora a su editora se han ido espaciando. Pasa casi todo el tiempo que tiene libre en Ibiza, ha dejado de fumar, le da vueltas a vender la casa de El Plantío y alojarse en un hotel cuando tenga que viajar a Madrid. La antigua masía ha sido sometida a una intensa restauración que no la despojará, sin embargo, del encanto de la arquitectura popular de la isla. En la mudanza y la instalación colaboran amigos y familiares. La propia Maryní y un amigo arquitecto pasan unos días allí colgando lámparas y apliques. La pianista ya forma parte del círculo más íntimo de Mari Trini y Claudette. Por la tarde y la noche trabajan; por la mañana hacen excursiones, van de compras o toman el sol en la piscina. Franck Sanz, el hijo de Claudette, que está completando sus estudios en Francia, las visita con frecuencia.

—La casa era alucinante, en medio del monte —explica Gonzalo Pérez-Miravete Mille—. La masía estaba en una finca de diez hectáreas, relativamente cerca de Ibiza. Mi mujer y yo pasamos dos semanas allí con ellas después de casarnos. Fue una época deliciosa. Podías llegar a sitios donde no se accedía a pie con un paisaje y unas vistas maravillosas, como los amigos con los que se relacionaba. Recuerdo a Joana Biarnés y Jean Michel, su marido, y al matrimonio filipino que cuidaba de todo. Te despertabas y los encontrabas haciendo taichí o kung-fu. Todo era muy bonito. A mi hermana había que dejarla dormir hasta mediodía. Le gustaba mucho la noche, algo lógico, por otra parte, si se tienen en cuenta sus horarios. Terminaba un concierto en un sitio a las tantas y muchas veces seguían de viaje a otro sitio.

La artista, que tiene la intención de invertir en un negocio de restauración, planta tomates en el huerto de su casa en la que ha decidido, además, construir una piscina.

—Estaba empeñada en que aprendiera a nadar —recuerda divertida Maryní—. En mis años de jovencita, aunque fuera mal, yo nadaba, pero tuve dos sustos muy grandes con el agua y le cogí un miedo... Entonces ella me regaló unos manguitos americanos para que intentara nadar en la piscina. Me los ponía y era Esther Williams en *Escuela de sirenas*.

A esa casa llegan también, en mayo de 1981, Danilo Vaona y su esposa. Después de varias semanas, las nuevas composiciones están listas. Como ocurriera con Trabucchelli o Sanesteban, Mari Trini ha encontrado ideas y apoyo en Maryní. De esa colaboración surgen *Mírame* y la delicada *Amor que estás en la tierra*. En principio sopesa que esta canción dé título a todo el álbum, aunque al final se inclina por *Oraciones de amor.* Las otras seis piezas las firma exclusivamente Mari Trini.

Al llegar a Madrid con el material, el director de Arte y Repertorio de Hispavox, Miguel Blasco, pone alguna objeción. Asume el trasfondo sentimental sobre el que gira el álbum, pero muestra sus reticencias ante algunas composiciones, en especial *Llueve, duele y llueve*, con la que la autora quiere rendir homenaje a su madrina Mari Trini, fallecida poco antes. El pulso se tensa por momentos, según contará ella, aunque al final el ejecutivo cede y la grabación se desarrolla otra vez entre Milán y Madrid con un corto elenco de profesionales italianos.

—En mi trabajo, yo he sido muy particular y cabezota —insiste Maryní—. Como yo estuviera convencida de algo, eso iba a misa. Todas las canciones de *Oraciones de amor* eran maravillosas. «Mírame», tararea, «mírame...». Y *Llueve, duele y llueve* también. Así que, si Blasco dijo no, ya ves que luego fue sí. ¡Mari y yo éramos dos cabezonas!

En los créditos, significativamente, se atribuye a Vaona la instrumentación y la dirección, no los arreglos, en gran medida diseñados por Maryní, que en los créditos aparece únicamente como asesora musical. La relación entre esta y Danilo, dicen ambos, es siempre cordial y de compañerismo. Ninguno escatima elogios al trabajo del otro.

Para la carpeta y el material de promoción, Serapio Carreño elige los tonos blancos, verdes y azulados de Ibiza, donde lleva a cabo varias sesiones de trabajo. La cantante posa sobre una roca, en el tejado de la casa, junto a la chimenea, en la orilla.

—Ella se había metido en mi cámara y yo en su expresión —resume Serapio, emocionado, al recordar aquellos días—. Desde el primer momento nos quisimos mucho. La gente decía que era muy reservada, pero en realidad no la conocían.

«Me deprimo con facilidad, por causa de un enfado casi siempre, aunque procuro controlarme. Quiero a los demás; para que te quieran, tienes que querer, y me gusta tener amigos», admite la cantautora por entonces en una entrevista.

A pesar de sus esfuerzos por mantenerse al margen de las críticas, encaja mal algunas de las opiniones que suscita *Oraciones de amor*. El poeta José Miguel Ullán, que había mostrado su entusiasmo con *A mi aire* en *El País*, dice ahora en *ABC* que la artista se repite tanto como en aquella vieja cancioncilla: «Un elefante, dos elefantes, tres elefantes». Tampoco José Ramón Pardo acaba de ver con claridad el álbum: «Un paso más en la búsqueda desconcertada que Mari Trini emprendió tres años atrás». *Mírame*, elegida para el disco pequeño, se mueve con dificultad por las listas y solo llega al número 24 en los *Superventas*. En la campaña de Hispavox, reforzada con la salida de un afortunado recopilatorio de éxitos del año que se anuncia en televisión, el de la cantautora rivaliza con dos productos tan potentes como *Tiempos difíciles*, de Massiel, y *Juntos*, de Paloma San Basilio.

Rápidamente, se apuesta primero por *Te amaré, te amo y te querré* y, más tarde, por *El águila y el gorrión* para mantener la promoción, pero las ventas del álbum siguen siendo flojas. Aun así, en la primavera de 1982, la discográfica presume de haber logrado vender más de 50.000 copias en un encarte publicitario en *El gran musical*, lo que le hace acreedor del disco de oro.

En Hispavox se ha desatado una guerra de nervios. Quedan pocos meses para que expire el contrato de distribución de las grabaciones de Warner Bros en España, y aunque el equipo de Gil ha conseguido, en líneas generales, recuperar los resultados, buena parte de los beneficios obtenidos proceden de la multinacional que, además, estudia abrir una filial en Madrid. Durante varios meses, ambas empresas exploran la posibilidad de que la americana se haga con la española, como ha ocurrido en otros países. Gil y los suyos pisan el acelerador de cara a la temporada veraniega que podría coincidir con la fase crucial de las negociaciones. Tienen varias bazas seguras: *Bailando*, de Alaska y los Pegamoides, que suena con fuerza, incluso, más allá de las fronteras nacionales; *Qué dolor*, de Raffaella Carrà; *Bravo por la música*, de Juan Pardo, y quizá una selección de las canciones de Mari Trini de la primera etapa, pero arregladas por Danilo. Tras la prueba con *Un hombre marchó*, descartan definitivamente el proyecto.

La artista sigue viviendo en Ibiza, pero acude a Madrid a grabar algunos programas de televisión para animar, precisamente, la contratación de galas estivales, muy condicionada ese año por la celebración del Campeonato Mundial de Fútbol en distintas ciudades españolas. Los grandes espectáculos, con Miguel Ríos y su gira *Rock & Ríos*, los grupos emergentes como Mecano y la visita de figuras internacionales como The Rolling Stones representan una dura competencia para artistas que llevan años saliendo a la carretera durante julio y agosto. Como calcula la propia Mari Trini, en este tiempo he dado más de tres veces la vuelta completa a España.

Además de *300 millones*, el espacio que produce TVE para distintos canales hispanoamericanos, la cantante ha sido requerida por el veterano Miguel de los Santos para su nuevo formato, *De ahora en adelante*, en el que un artista consagrado da la alternativa a otro debutante. El chileno Fernando Ubiergo no es precisamente un principiante: cuatro años antes ganó el Festival de Viña del Mar con *El tiempo en las bastillas*. Desde hace algunos meses se ha instalado en Madrid, donde ha firmado un contrato con Hispavox que prepara su presentación en septiembre durante el Festival de Benidorm. En principio acuerdan cantar a dúo *Te amaré, te amo y te querré*.

—Y la otra, ¿cuál será? —pregunta De los Santos—. Te recuerdo que debe ser inédita.

La cantautora mira a Maryní.

—Bueno, hay una canción por ahí que quizá...

—Mari, no tenemos nada nuevo montado —parece decirle con la mirada Maryní.

—Sí, yo creo que la podemos traer mañana a la grabación —anuncia la cantante, para sorpresa de la pianista.

Tras el ensayo con Ubiergo, se encierran a trabajar en la casa de Mari Trini, que le da vueltas a una idea que se le ocurrió días antes mientras volvía de cenar con Juan Pardo, el periodista y escritor Antonio D. Olano y otros amigos. Con la mirada puesta en el cielo, tuvo la sensación de que una estrella caía a la tierra.

—Nos pusimos a trabajar toda la tarde y parte de la noche —me cuenta Maryní—. Aunque era de acostarse tarde, a Mari Trini le venció el sueño y se fue a dormir con la letra a medio terminar.

De madrugada, la pianista da por terminada la composición. A las nueve de la mañana despiertan a Mari Trini, que, sin dejar de protestar, termina el texto. Entonces avisan a De los Santos: el tema a estrenar se titulará *Una estrella en mi jardín*.

La emisión, el 22 de mayo de 1982, tiene un éxito hasta cierto punto inesperado: hay periodistas que llaman a Hispavox para preguntar cuándo se pone a la venta el disco, las tiendas se llenan de peticiones de admiradores, a todo el mundo parece gustarle la historia y la interpretación desgarrada del estribillo.

Con ese estímulo, cantante y orquestadora siguen avanzando en la temática del nuevo repertorio, a medio camino entre la sentimentalidad de *Oraciones de amor* y el empuje innovador de *A mi aire*. Callejo pone música a una dura crítica a las mujeres que son obligadas a prostituirse en *Robar amor*. La ironía y la sátira reaparecen en *A ese hombre* y en *A bailar, a seguir*. La tristeza, el desencanto, se apoderan de una mujer madura en *Hablando sola*, y el vértigo ante un mundo dislocado centra *Ay, señor*. Completa la nómina *Tú y tu Dios*, donde lo amoroso y lo espiritual se cruzan en una sentida y ambigua historia de amor. De nuevo, sobre la mesa hay ocho composiciones, sin otros rellenos ni versiones.

Mientras siguen los partidos del Mundial, Danilo apoyando a la selección de su país y Maryní a la nacional, comienzan a crear el nuevo álbum. La intérprete quiere dar un giro al sonido, es consciente de las objeciones que cosechó *Oraciones de amor*, de lo mucho que le pesa escuchar que tiende a repetirse. Pide a Vaona que incorpore a un ingeniero italiano, el que más confianza le inspire, para que el resultado final sea rabiosamente moderno y original.

En los primeros días de julio, a punto de entrar en el estudio, el profesional que el coproductor ha fichado se desdice de su compromiso y anuncia que no puede asumir el encargo. No queda mucho tiempo. El disgusto de Mari Trini, en especial con Danilo, es formidable. En otoño habrá elecciones generales y en Hispavox temen que, como ocurrió en el 77, la campaña pueda condicionar la promoción y las ventas. Finalmente, un técnico de la casa, José María Díez Monzón, se hace cargo de las grabaciones. La cuerda se grabará en los Estudios Kirios; el resto y las mezclas, en Torrelaguna. Durante todo el proceso, la artista y su arreglador mantienen una relación correcta.

Al diseñar la carpeta, el veterano Tony Luz le imprime una atmósfera onírica envuelta en un azul cósmico. El rostro de Mari Trini se confunde con el firmamento. Para el interior y la contraportada, Carreño vuelve a retratarla en Ibiza, de blanco, sobre la hierba.

Cuando *Una estrella en mi jardín* se estrena en TVE, pasadas las 23.00 horas del 28 de octubre de 1982, el Ministerio del Interior acaba de confirmar que la participación en las elecciones generales celebradas ese día ha superado el 74 %. La televisión pública está emitiendo un largo programa titulado *La noche de todos*, que combina actuaciones de estrellas como Miguel

Bosé, Mocedades o Ana Belén con la información sobre el escrutinio y entrevistas a líderes sociales y políticos. Momentos antes de que José María Íñigo presente a Mari Trini se avanza que los primeros datos del escrutinio auguran el triunfo del PSOE. El traje de la cantante combina el gris con el blanco. Danilo Vaona sigue la actuación desde su casa. Ignora que jamás volverá a cruzar una palabra con esa mujer menuda con la que ha trabajado durante cuatro años. Tres horas más tarde, cuando Alberto Cortez está a punto de salir al escenario, el periodista Tom Martín Benítez pide paso con insistencia: «Conexión, Torrespaña, conexión». Desde un hotel de Madrid, Felipe González anuncia: «De acuerdo con los datos que se han dado a conocer, está claro que el Partido Socialista Obrero Español ha obtenido el respaldo mayoritario del pueblo español…».

A partir de ese momento, el futuro tiene otro color.

14
Donde te escondes tú

Guía de escucha: *Una estrella en mi jardín*, del álbum del mismo título (Hispavox, 1982)

No soy una estrella, solo una mujer que canta. Mari Trini rechaza que la melodía que en ese momento suena con insistencia en la radio esté inspirada en algún aspecto de su vida, como los periodistas se esfuerzan en averiguar. Pero ellos no son los únicos. Detrás de esa letra, otras mujeres españolas creen ver un mensaje directo a una situación de la que no se atreven a hablar con nadie.

—Nosotras tendíamos a dar la vuelta rápidamente a cualquier verso —escucho contar a la editora y activista Mili Hernández mientras camina hacia su librería, Berkana, la primera especializada en publicaciones LGTBIQ+ que abrió en España—. Nos movíamos así: esto que veo, oigo o leo me puede servir o no, pero yo le busco una clave. Habla de amor, pienso, de ese amor que yo no puedo conseguir porque desconozco dónde está. Así fui construyendo en mi imaginación una existencia paralela. En ese imaginario, Mari Trini era una pieza fundamental, porque todas sus canciones, sus letras, podía adaptarlas perfectamente a las experiencias amorosas que yo soñaba tener. Todo lo que no encajaba en lo que habitualmente hacían mis amigas, mi grupo, mi pandilla, me llevaba a enamorarme platónicamente de ella o de Amaya Uranga, de Mocedades. Lo que yo mantuve con Mari Trini fue un amor platónico y sustitutivo, por decirlo así, de lo que no podía tener en mi vida real.

Desde sus primeras apariciones en los medios de comunicación, hay una serie de preguntas que resultan inevitables: «¿Tienes novio?», «¿Cuántas veces te has enamorado?», «¿Cuántos amores ha habido en tu vida?», «¿Cuántos hijos quieres tener?». La entrevistada siempre responde con evasivas del tipo: «El amor no solo es enamorarse de un hombre, es llevar ese amor en ti» o «Prefiero la soledad compartida». En su primera etapa habla, no sin evidente incomodidad, de un supuesto romance con Patxi Andión. En el colmo del amarillismo, se llega a publicar, incluso, que la desviación de su labio procede, no de una parálisis, sino de un beso tan apasionado del cantautor que acabó en mordisco. Otras veces se insinúa que *Mi tercer amor* es, en realidad, el relato de un romance con Miguel Ríos, cuando no la retratan besándose con José Luis Perales al pie de la escalerilla del avión que la llevará de gira por América.

—Entiendo perfectamente que acabara hasta el moño de tanto acoso, que se protegiera, por decirlo así, con mil y una historias —agrega Mili Hernández—. Ese ocultamiento constante, y del que, como admiradora, soy testigo, me hace tomar conciencia de que, uf, gestionar eso que yo siento es algo difícil. No lo dice, nunca lo dirá, pero quizá es lesbiana, intuyo. Lo vive, pero no puede expresarlo públicamente. Y además está su estética, esa estética tan… —la editora parece no encontrar el adjetivo—. Estaba segura de que con esas fotos ella nos enviaba un mensaje. Ahora lo veo todavía más claro. En mi caso no sabía ponerle nombre, pero en esa búsqueda de mi identidad, siempre me sentí acompañada por la música de Mari Trini. Incluso en algún momento me obsesioné. «¿Cómo podría llegar a Mari Trini y hablar con ella?», me preguntaba mientras iba descubriendo lo que me pasaba: que amaba a las mujeres. Mari Trini tenía canciones que admitían cualquier lectura. En aquel momento las mujeres, bueno, no voy a hablar en nombre de todas... Yo —matiza— era una mujer que estaba buscando su identidad, que estaba anhelando poder amar con libertad, así que les ponía un sujeto femenino a todas sus historias.

—¿Te gustaba alguna canción en especial? —insisto.

—Todas —responde Mili—, pero, sin duda, la que más escuché cuando fui más madura, más consciente de todo, fue *Una estrella en mi jardín*. Quizá es en la que habla de todo de una forma más explícita. No cuenta que el lucero, ni el planeta, ni el meteorito... es la estrella, el jardín, es decir, contiene unas imágenes evocativas muy claramente. O sea —concluye—, es una mujer cantando a una mujer.

Desde un análisis estrictamente literario, el profesor Gerardo Rodríguez Salas, especialista en estudios sobre género, comparte alguno de los códigos que cree descubrir Mili Hernández en la letra de la canción. «Mari Trini hace uso de una imaginería muy concreta, como también de motivos de secretismo y abyección tradicionalmente empleados por el colectivo LGTBIQ+ —me escribe Rodríguez Salas—. Por ejemplo, esa alusión que se repite, "donde te escondes tú", sugiere el armario como una categoría central en la identidad y cultura homosexual, como lo teorizaba Eve Sedgwick en los noventa, para marcar el binario secreto/revelación o el ámbito privado/público. Cuando la composición aparece, casi una década antes, en España el armario es un elemento inseparable de la identidad LGTBIQ+. El secretismo impregna la canción de Mari Trini. También la imagen del reconocimiento mutuo, silencioso: "Ahora ya sé donde te escondes tú [...] en donde habitas tú"».

La ola de optimismo, de confianza democrática que sigue a la victoria socialista en las elecciones de 1982, hace creer a muchos y muchas que la homosexualidad está a punto de dejar de ser un tema tabú. Derogadas las leyes franquistas que los discriminaban y perseguían, gais, lesbianas y transexuales salen a la calle en distintas ciudades españolas. La batalla, sin embargo, no está ni mucho menos ganada. En los meses previos a que se publique *Una estrella en mi jardín* y el PSOE llegue al poder, la policía lleva a cabo varias redadas en Barcelona para, como explica el histórico activista Jordi Petit, «frenar a la comunidad LGTBI e intimidar a los locales de encuentro, que no cesaban de multiplicarse. Quizá para dar una imagen del país "limpia y moral" ante la previsible llegada masiva de aficionados al fútbol con motivo del Mundial '82».

Para entonces ya se ha fundado en Madrid el Colectivo de Feministas Lesbianas que anticipan las primeras Jornadas Estatales sobre lesbianismo de 1987. Entre sus objetivos está el de luchar contra la invisibilidad, otra forma de lesbofobia, que como señala Beatriz Gimeno, presidenta de la Federación Española de Lesbianas, Gais, Transexuales y Bisexuales entre 2003 y 2007, se ejerce sobre todo en personas que pueden ser modelos positivos de conducta.

—Incluso los medios aplican una especie de falso respeto con el argumento «no vamos a mencionar que es lesbiana porque la respetamos», como si ser lesbiana no fuera respetable —explica Gimeno—. Esa es otra de las caras de la homofobia liberal. A mí también me ha ocurrido —añade—. Para hacer activismo siempre digo en las entrevistas que soy lesbiana. Ni en los periódicos más serios llega a publicarse esa afirmación. Cuando protesto, me dicen que no viene al caso decir lo que soy o que lo hacen por respetarme. Visto con la distancia que da el tiempo, Mari Trini nunca llegó a romper esa barrera, ese doble techo de cristal: ser invisible por mujer y por lesbiana —concluye.

Al inicio de los ochenta, por ejemplo, las revistas presentan a la artista del brazo de un caballero «alto, simpático y bronceado, que puede ser el señor ideal para que Mari Trini se inspire y escriba sus más bellas canciones de amor». En esa misma época, la intelectual y activista estadounidense Adrienne Rich denuncia, en su ensayo *Heterosexualidad obligatoria y existencia lesbiana* (1980), la invisibilidad de las mujeres homosexuales en el imaginario sociocultural:

> Aquí me interesan también otras dos cuestiones: primera, cómo y por qué la elección de mujeres por mujeres como camaradas de pasión, compañeras de vida o de trabajo, amantes, comunidad, ha sido aplastada, invalidada, obligada a ocultarse y a disfrazarse; y, segunda, la virtual o total desatención hacia la existencia lesbiana en una amplia gama de escritos, incluida la investigación feminista. Es evidente que las dos cosas están relacionadas. Creo que buena parte de la teoría y crítica feministas están encalladas en este banco de arena.

A mitad de esa década rueda un acaramelado vídeo con Juan Pardo para la promoción de *Dos locos*, que interpretan a dúo. En los círculos periodísticos y musicales se comenta, incluso con cierto escándalo, la forma que tiene de saludar a su viejo amigo Juan cada vez que se encuentran: con una palmada en la bragueta. También lo hace con otros compañeros de confianza, como Alberto Cortez.

En una entrevista para el programa *Aplauso* de 1978, en la que muestra, casi habitación por habitación, su casa de El Plantío, incluido su dormitorio, que tiene una gran cama de matrimonio, la cantante declara:

> —Yo no tengo intimidad, vivo en una profesión en la que mi vida es pública y casi siempre estoy en contacto con gente. No, no tengo intimidad. Es algo que me entristece bastante. Me gustaría tener una vida íntima mucho más intensa, menos dilatada o apretada de la que tengo ahora. No llega a ser una frustración, porque soy consciente de las exigencias de mi trabajo.
>
> —¿Qué experiencias has tenido con los hombres?
>
> —¿Qué tipo de experiencias? ¿A qué hombres te refieres? No he entendido la pregunta. Explícate.
>
> *(El periodista balbucea)*
>
> —Quiero decir... físicamente, psíquicamente.
>
> —El hombre es un ser adorable, que yo quiero mucho. He tenido muchas experiencias con todo tipo de hombres porque yo vivo rodeada de hombres, pero si a lo que vamos es esa cosa que se lleva tanto hoy de te has acostado o no, creo que es algo que solo me pertenece a mí y a los televidentes no les interesa nada.
>
> —Pues te voy a hacer otra pregunta impertinente: ¿por qué no te has casado?
>
> —Y yo te voy a contestar de la misma manera: por la misma razón que no me he muerto todavía.

Voluntaria o inconscientemente, pero sin querer entrar nunca en explicaciones, Mari Trini deja, durante toda su carrera, multitud de claves e imágenes que no tardan en ser descifradas por hombres y mujeres que se ven obligados a ocultar su condición sexual, como la casa que sirve de refugio al amor prohibido de *Cuando me acaricias*, *Los amantes callados* o *Una casa del aire*; el jardín, ese espacio tan ligado desde antiguo a imágenes homoeróticas, en *Si no te vas con la tarde*, o simplemente el ocultamiento de *Seré silenciosa*. Sin embargo, no es hasta 1980, en *Despiértame*, cuando habla abiertamente de dos hombres obligados a llevar una doble vida: uno de ellos ignora que en la casa donde se reúne con su amante vive una mujer.

Por extraño que parezca, hasta ese momento no había muchas canciones con argumento homosexual en la música española. En 1971, la censura había obligado a Raphael a volver a grabar, con una letra distinta a la inicialmente compuesta por Manuel Alejandro, *Los amantes* y *Nada*, pero dio su visto bueno sin rechistar tres años después a *María y Amaranta* en el primer álbum de Cánovas, Adolfo, Rodrigo y Guzmán. La letra de Rodrigo García, que como guitarrista acompañará a Mari Trini en alguna ocasión, no deja lugar a dudas: antes de fundirse en una fascinación irresistible, ambas mujeres se sumergen en una liturgia de caricias casi celestiales.

A medida que la democracia empieza a marcar la convivencia entre los españoles, el homoerotismo se abre paso también en la cultura de masas. A pocos meses del estreno de *Despiértame*, en el verano de 1979, con la Constitución recién aprobada, la democracia instalada en los ayuntamientos y los rusos a punto de apoderarse de Afganistán, la historia de Javier y Miguel se convirtió, en la voz de Leonardo Dantés, en una canción, una de las primeras en hablar abiertamente en España de una relación amorosa entre hombres.

En 1980, Víctor Manuel compite con Mari Trini en la lista de los discos más vendidos con *Quién puso más*, otro argumento de amor entre hombres que afrontan la separación tras años de convivencia. Es el ciclo del amor marica en su camino imparable hacia la normalización, que, como explicará décadas más tarde el psicólogo Gabriel J. Martín en su ensayo *Quiérete mucho, maricón*, sigue su curso con naturalidad: agotado el enamoramiento, después de treinta años de convivencia llega la ruptura; ahora son solo dos hombres solos.

En aquellos primeros ochenta, tan esperanzadores para la inmensa mayoría de la sociedad española, el cine le saca una clara ventaja a la música en el camino hacia la visibilización. Aunque no fue el único, gran parte de ese mérito normalizador recae en Pedro Almodóvar y su provocadora estética, capaz incluso de piropear en la pantalla al heredero al trono iraní, del que no pocos gais españoles de la época se declaran enamorados, o de cantar *Voy a ser mamá* sobre el escenario. A mediados de la década, Alaska y Dinarama pondrán voz y música a ese huracán libertador con *A quién le importa*. Curiosamente, es la frase que casi siempre termina utilizando Mari Trini cada vez que el entrevistador se adentra con sus preguntas en su intimidad.

—¿Por qué no hablan con naturalidad de eso? Al principio me mosqueaba —recuerda ahora Mili Hernández—. ¿Por qué no lo dice? ¿Por qué? Tardé años en encontrar una respuesta. Después de vivir en Estados Unidos, volví empoderada como mujer lesbiana, ya tenía muy claro que al esconderte repudias tu condición, que no estás contenta ni conforme o sientes miedo. O sea, la vulnerabilidad que temes cuando estás en el armario.

La visibilidad era la gran batalla, el gran triunfo de las personas LGTBIQ+. Sin embargo, hoy asumo perfectamente que haya mujeres que no quieran salir del armario y digo, además, sin rodeos, que Mari Trini fue muy valiente en aquella época.

«¿Por qué no has tenido hijos?», le plantea en 2001 Pedro Ruiz en TVE. «Por lo mismo que tú», contesta casi pisando al entrevistador, y añade: «¿Por lo que te conté?». Ruiz prolonga el juego: «Por lo que tú sabes». La cantante zanja la cuestión: «Si tú y yo lo sabemos, ¿para qué se van a enterar estos señores?». El público ríe.

—Quizá supo hacer una buena gestión de esa parte enigmática, del *esa que tú te imaginas*, de ese juego en torno a su persona y a las interpretaciones —apunta Pedro Ángel Sánchez—. Ese misterio que tenía su persona y que mostraba en las entrevistas también lo traspasaba a sus canciones. Todo eso conducía, además, a una búsqueda de libertad. ¿A qué se refiere, si no, cuando en un verso dice «pero no quiebres sus alas hoy teñidas de esperanza»? Está claro: a una búsqueda constante de la libertad.

Aun así, la también periodista Alicia de la Cruz Casielles, directora del documental que TVE dedica a la cantante en 2024, se rebela ante el trato que se dio a Mari Trini en muchas entrevistas a lo largo de su carrera:

—A veces he sentido vergüenza ajena e, incluso, indignación. «¿Eres enamoradiza?», «Nunca se te ve con un hombre», «¿Por qué no has tenido hijos?», «Si te tuvieras que enamorar, ¿qué perfil tendría el hombre?», «Si me tuvieras que dar un beso, ¿cómo lo harías?», «¿Cuándo perdiste la virginidad?»... O sea, unas preguntas que no guardaban relación con su música o sus canciones, ni con sus preocupaciones. Las ves hoy y te quedas diciendo: madre mía, qué duro. Y ella, además, contestaba bien, siempre con una sonrisa. Qué difícil, ¿no? Qué duro que no se haya levantado, que no haya dicho: ¡basta, hasta aquí hemos llegado!

Nunca se debe revelar la sexualidad de nadie, advierte la escritora Inés Martín Rodrigo en su ensayo *Una homosexualidad propia*, ni forzarle a que dé el paso de hablar públicamente de ella, un paso que, por lo demás, seguramente haya dado hace tiempo en su entorno más cercano. O no. En todo caso, es cosa suya, no es decisión de ningún movimiento.

Pregunto a Mili, a Beatriz y a varias personas del círculo personal de la artista si para ella las evasivas, las historias más o menos inventadas, las supuestas confesiones, eran simples cortinas de humo, pero no una forma de ocultamiento.

—Quizá la sociedad de aquel tiempo no supo o no quiso verlo —responde Gimeno—. La homofobia funciona de manera distinta según el género. En los hombres consiste en decir que todo el mundo es gay; en las mujeres, en taparlo cueste lo que cueste. Creo que muchas veces, aunque una lesbiana quiera salir del armario, los medios de comunicación la dejan dentro. Siempre ocurre más con las mujeres que con los hombres.

Francisco Zurián, profesor y coordinador del Máster en Estudios LGBTIQ+ en la Universidad Complutense, añade:

—Era absolutamente una persona libre, yo creo que le tocaba el pie todo. Si hubiera querido ser más explícita, lo habría sido, pero tengo la impresión de que ni ella ni su entorno lo necesitaban. Eran felices y ya está. Lo que no hacía es llevar una doble vida, como nos parece a quienes hemos seguido sus canciones y leíamos las entrevistas. Con su sola presencia en el escenario, se sabía.

Para Rodríguez Salas:

—Al componer, Mari Trini participa de los motivos del secretismo habitualmente empleados por escritoras como Rich o críticas como Wittig o Sedgwick. Da visibilidad, desde la sutileza y el secretismo, a un deseo lésbico cargado de lirismo. Por ejemplo, en *Una estrella en mi jardín*, las dos protagonistas de la canción se tornan ángeles caídos a los ojos de la sociedad heteronormativa: «Cayó de repente desde el azul del mundo y el corazón se me encogió». La canción va haciéndonos ver con otros ojos —me descubre Gerardo—. La serpiente sugerida, la prohibición de comer el fruto, los ángeles caídos no son más que un intento de silenciar deseos alternativos. No hace falta saber ni entender. Se trata de sentir, de permitir que fluya este deseo. La caída se convierte en un vuelo en el momento en que estas dos identidades se aceptan y se funden. La estrella secreta y silenciosa que cayó «desde el azul del mundo» regresa a su propio cielo con el impulso del amor compartido.

Mili Hernández apunta lo siguiente:

—Todas esas canciones están escritas desde la óptica lésbica, por mucho que haya gente que diga que la homosexualidad en tantos literatos o literatas, cantantes, bueno, en los artistas en general, no afecta a su obra. No, ella no se ocultaba, y lo notábamos. Es verdad también que los movimientos LGTBIQ+ no tenían tanta fuerza entonces, pero yo creo que Mari Trini hizo una gran contribución a la normalización. No daba explicaciones, iba siempre con otras mujeres y luego... su estética, su estilo, por ejemplo, en esos años de *Una estrella en mi jardín*, su apariencia era absolutamente andrógina. Mari Trini no ocultaba nada, aunque nadie quisiera verlo, tuviera que inventar historias y usara millones de veces el género masculino. Simplemente, no lo verbalizó, como ha hecho después María del Monte. No tuvo, quizá, la oportunidad.

En su libro, Martín Rodrigo hace esta reflexión:

> Me pregunto cuántas mujeres habrán tenido que reprimir su verdadera sexualidad o la habrán vivido a escondidas; cuántas habrán renunciado a ella por su familia, porque se debían a su marido y a sus hijos, porque era la única realidad que conocían, la única permitida. Y la respuesta es que muchas, muchísimas, una completa genealogía de mujeres que tendrían que haber podido amar en libertad, pero no tuvieron la opción de hacerlo.

Beatriz Gimeno, que admite que descubrió la obra de la cantautora después de su muerte en 2009, cree, además, que Mari Trini quizá llegó un poco pronto a todo.

—En otro sitio —señala— se habría convertido en un icono, igual que ocurrió con otras mujeres de esa época, como la deportista Martina Navratilova. Eran americanas, claro. Todavía cuesta más ser lesbiana que gay —asegura—, muchísimo más. Podría citar el caso de otra cantante de esta época, todo el mundo sabe que es lesbiana, se ha dicho ya por activa y por pasiva. Incluso los periodistas protestan por la manera desagradable que se comporta con ellos. Ahora mismo, ¿qué pasa por decirlo? Nada, incluso podría tener más éxito, ser un referente, y, sin embargo, pues no. Muchas lesbianas todavía siguen pensando que asumir públicamente lo que son dañará su carrera profesional. También hemos visto a algunos gais que han tardado mucho en decirlo. Sin embargo, el problema del armario es que siempre tiene las puertas de cristal. O sea, que cuando Pablo Alborán o Ricky Martin se atreven a contarlo, por Dios bendito, lo sabe ya todo el planeta.

15
Los engaños siempre vienen vestidos de ternura

Guía de escucha: *Quién me venderá*, del álbum del mismo título (Hispavox, 1986)

«¿De qué estás harta, Mari Trini?», le pregunta una tarde del verano de 1984 la periodista Pilar Eyre en su nueva casa de La Moraleja. «De la pena —responde la artista sin pensarlo un segundo—, del morbo, de que la gente me tenga lástima y diga "pobrecita, ella"». Casi cuarenta años después, Eyre recuerda que estaba convencida de que la cantante se sentía acomplejada por su aspecto físico.

—Pero era guapa —aclara rápidamente—, y yo la encontré muy mona de cara. Tenía unos ojos preciosos y una personalidad magnética.

Sin embargo, después de escuchar llamarla fea, o bajita, o poca cosa, en la radio, las revistas y la televisión, mucha gente en España piensa que Mari Trini es una mujer fea. «Lo reconozco: yo tengo algo de culpa —le dice a Pilar—, porque no sé, antes me sentía mal con mi físico. Frente a tanta cantante, tanta artista que presumía de tía buena, yo quería oponer mi sensibilidad, mi inteligencia. Pero ahora, qué caramba, he madurado como mujer, me siento a gusto en mi propia piel, me encuentro hasta guapa, apetecible, deseable».

Frente a la cámara de César Lucas, el veterano fotógrafo que en 1976 ha mostrado el cuerpo desnudo de Pepa Flores en las páginas de *Interviú*, la cantautora proclama que está muy bien hecha. «Tengo pechos —presume—, labios, soy sensual». La entrevistadora le da la razón: «Tiene un rostro florentino —escribe—, vivo, ansioso, cuando se enfada, los ojos se le rompen en mil espejos aguamarinas».

Sus seguidores parecen compartir hoy esa descripción.

—Fea no sé si era, no me parecía —apunta Beatriz Gimeno—. Había algo que le hacía identificable, aunque se maquillara, y luego tenía un gesto extraño por la parálisis. Comprendo, no obstante, que desde el punto de vista masculino de la época pudiera parecer fea, sí.

Para Francisco Zurián, era una mujer de lo más normal y zanja cualquier posibilidad de debate:

—A mí siempre me pareció guapa, ¿eh? Siempre la vi superinteresante.

Si cumplidos los treinta y cinco, la presunta fealdad de Mari Trini es discutible, la otra aureola que desde el principio ha envuelto su imagen pública, la de la soledad y la tristeza, resulta más difícil de desmentir. Precisamente, esa forma de ser, retraída y distante, impulsa a Pilar Eyre a batallar con los responsables de *Interviú* para que le permitieran entrevistarla. Mientras abre una carpeta y busca uno de los recortes que su madre guardaba en aquella época, la periodista recuerda con detalle el escenario del encuentro: el caserón rodeado de césped, el sofá Recamier, el criado filipino, silencioso y elegante, el Jaguar y el Mercedes en el garaje. Claudette no está en casa.

—No, no daba entrevistas y se notaba —insiste sin dejar de mover papeles—. Cuando los personajes están más resabiados, eluden contestar a ciertas cosas. Ella, en cambio, se abrió mucho, con cierta ingenuidad incluso. Me acuerdo de la casa, muy bonita, algo oscura, eso sí, con un cierto aire gótico y unos cochazos impresionantes en el garaje. Vamos, que vivía a todo plan, pero también se veía que estaba muy sola. ¿Sabes? Fui a entrevistarla y no quería que te fueras nunca. Lo típico. Hay quienes venden una historia, te buscan, están deseando que publiques algo sobre ellos, pero Mari Trini se resistió un montón a que le hiciera la entrevista. Tuve que llamar cincuenta veces, me daba largas. Eso sí, en plan educado, porque en esa época tampoco era como ahora. «Pero yo qué voy a contar», decía, «no tengo nada que decir». Cuando al final quedamos y fui a su casa, la verdad es que se abrió un montón. Por eso notaba que estaba sola, que no quería que te fueras. «Ay, pues vamos a merendar ahora», «Pues por qué no te quedas a cenar...», «¿Estarás en Madrid mucho tiempo?», «Ay, pues podíamos vernos mañana, ¿qué te parece?». No en plan de ligoteo, ni mucho menos. Simplemente, conectamos bien y yo notaba que no tenía muchas amistades, que estaba un poco sola.

Por esas mismas fechas, al término de uno de los ciento y pico conciertos que ofrece ese verano, la cantautora expone a un redactor de *La Verdad* su temor a aparecer en esas nuevas publicaciones que se mueven a golpe de exclusiva:

> Le tengo verdadero miedo a la prensa amarilla, no tienen ningún reparo en meterse en la vida privada de las personas y esto es verdaderamente terrible. Es muy triste que, por ser cantante, tengas que estar siempre vigilada por esta gente, que no tienen ningún tipo de respeto hacia la persona.

Sin embargo, es consciente de que, cada cierto tiempo, necesita asomarse a las páginas de estas publicaciones o aceptar alguna entrevista ligera en la televisión. Por primera vez desde su primer contrato con Hispavox, ha pedido un anticipo a cuenta de *royalties*. Con la última renovación, en el otoño de 1982, en plena promoción de *Una estrella en mi jardín* le han pagado 12 millones de pesetas, a pesar de que la compañía atraviesa un momento delicado. Las negociaciones, más o menos informales, que José Luis Gil mantiene con Warner Bros para la venta de la histórica empresa española se rompen abruptamente. La multinacional decide finalmente abrir una filial en Madrid y, desde el 1 de enero de 1983, retira todos los permisos de distribución a Hispavox, que fía su supervivencia a la representación de pequeñas compañías y a su potente catálogo de artistas locales. El equipo directivo se ve obligado a ajustar el gasto de cada producción, desde la contratación de músicos o la inversión en promoción y publicidad, hasta la calidad de las carpetas de los discos.

Cansado, Gil anuncia en septiembre que abandona su cargo «para desarrollar proyectos en otras áreas, como la cinematográfica, la televisiva e, incluso, la musical, desde un punto de vista más artístico». En la carta que envía a algunos medios de comunicación añade: «No tengo intención de vincularme a ninguna compañía discográfica establecida o por establecer».

A falta de grandes éxitos internacionales que vender en España, Hispavox trata de sacar el mayor rendimiento posible a sus activos. Ese verano ha apostado por Massiel y *Corazón de hierro*, Raphael y *Enamorado de la vida* y grupos de la Movida como Alaska y los Pegamoides, con *Perlas ensangrentadas*, o Radio Futura, *Dance usted.* De cara a la campaña navideña, edita una serie de discos dobles, *Grandes canciones de...* El dedicado a Mari Trini repasa, casi con carácter cronológico, su trayectoria desde *Amores*.

Apenas cinco meses después, en mayo del 84, la cantautora estrena un nuevo álbum con un repertorio exclusivamente de autores mexicanos: Armando Manzanero, José Alfredo Jiménez, Cuco Sánchez, Álvaro Carrillo, María Grever y Agustín Lara. Es el primero de una nueva etapa, ya sin Gil ni Danilo Vaona en la compañía, con un sonido menos italianizante y bajo la dirección de Maryní Callejo, que también aparece en los créditos como coproductora. El arreglo y la interpretación de *Contigo aprendí* y *No* impresionan a Manzanero, que envía una cariñosa carta de felicitación a la pianista.

Por la vida de Mari Trini se ha desatado por esas fechas una tormenta que condicionará su trabajo, sus amistades e, incluso, llegará a comprometer su patrimonio. Para evitar que algunas de sus personas más cercanas tengan que hacer frente a responsabilidades derivadas de un descalabro económico, la artista asume como propia una importante deuda a la que hace frente con sus ahorros primero, parte de sus ingresos después, y sus propiedades más adelante, en España y otros países. Con mucho dolor, debe desprenderse de la casa de Ibiza.

En septiembre toma una decisión que desconcierta a la mayoría de los que la conocen. Desde principios de la Transición ha recibido propuestas para aparecer más o menos ligera de ropa en algún reportaje fotográfico. Ha llegado el momento de perder el miedo, se dice. Si su desnudo interesa, posará, pero lo hará en las páginas de *Interviú*, la revista que, desde su aparición en 1976, ha llevado a sus portadas a medio centenar de mujeres famosas dentro y fuera de España. La publicación, el buque insignia del Grupo Zeta, fundado por Antonio Asensio, además ofrece cada semana a sus lectores impactantes reportajes, audaces entrevistas y las opiniones de un selecto grupo de columnistas. En el mejor momento de sus cuatro décadas de existencia, se tirarán más de un millón de ejemplares de algunos de sus 2.176 números. De la negociación con la revista se encarga Serapio Carreño, que no tarda en alcanzar un acuerdo económico con los editores.

—Con ser importante —me advierte sin evitar emocionarse—, la cifra que se paga está muy por debajo de la que cobran otras estrellas de menor peso artístico que la cantante. También en esto nos entendimos sin grandes dificultades. Decían que era muy reservada o arisca, pero en realidad se equivocaban. No la conocían. Quizá eso fue lo que la llevó a proponerme el reportaje, porque la idea se le ocurrió a ella. «La gente se cree que soy una monja», dijo, «¿por qué no hacemos algo bonito para sacarlos del error? Quiero desnudarme y, si puede ser, en *Interviú*, mejor». Nos fuimos a Lanzarote y localizamos un sitio que no parecía muy cómodo para que alguien practicara el nudismo, pero con todas las facilidades que nos dio el cabildo sacamos el trabajo adelante. Todo fue natural, sin Photoshop ni nada de eso. Tiramos muchas diapositivas y elegimos las mejores. Estaba muy guapa.

Jugando con unos pañuelos, sin llegar a mostrar nunca el pubis, la modelo mira a cámara y exhibe serena, como reza el titular de portada, su desnudez sin luto.

—Al recuperar ahora las fotos interiores y la portada, en la que aparece semidesnuda tras una camisa blanca abierta —observa el productor y guionista Pablo Aguinaga, creador de la popular serie sobre Locomía—, Mari Trini consigue callar las bocas que llevaban años tachándola de mujer gris y poco sensual. Ella, que valora su físico, se empodera y lanza un mensaje. Quizá no sea tan despampanante como otras chicas que han pasado por portada, parece decir, pero soy una mujer inteligente, sexy y con las ideas muy claras. ¡Y no soy la única! En definitiva —concluye Aguinaga—, con esa mirada felina y ese escote tan sincero, Mari Trini se folla la mente calenturienta de media España mientras da una lección de valentía, libertad y diversidad.

Desde la hemeroteca, los titulares destacados en la portada de ese número del semanario, el 443, que llega a los quioscos el 7 de noviembre de 1984, constituye una instantánea precisa de la actualidad de aquel momento: Rafi Escobedo, presunto asesino de sus suegros, relata en un manuscrito los entresijos del caso; Miguel Bosé confiesa haber sido drogadicto; acusan a las monjas Reparadoras de Bargas, en Toledo, de obligar a jóvenes del pueblo a utilizar el cilicio y, por primera y única vez, se exhibe el corazón de una niña-mono.

La polémica desatada por el desnudo se cruza con la salida de otro álbum, *Diario de una mujer*, un trabajo que la cantautora prepara a conciencia durante meses. Ha leído todo lo que ha caído en sus manos relacionado con la condición femenina y ha escuchado a numerosas mujeres anónimas contar sus historias. De resultas de todo eso, graba ocho canciones de una temática que, como se apresura a advertir, no pretende ser feminista.

Coincidiendo con el segundo aniversario del gobierno de Felipe González, la sociedad española asiste al debate sobre la despenalización de algunos supuestos de aborto. Es otro gran paso, tras la Constitución y el divorcio, hacia el reconocimiento de los derechos de las mujeres. En una de las canciones de su disco, *Como debe ser*, la artista recuerda que el camino hacia la plena igualdad aún es largo. Es muy evidente, señala la letra, que las estructuras no han cambiado: las niñas todavía visten de rosa, las novias de blanco, las madres llevan las de perder en los divorcios y el aborto, penalizado, pone a miles de mujeres cada año al borde de la muerte. En la España de 1984, ser mujer sigue siendo una asignatura difícil. En otra de sus creaciones, *3 veces ¡olé!*, Mari Trini saluda a esas nuevas generaciones de féminas que reclaman su sitio en un país que se esfuerza por modernizarse y entrar en Europa: las que pueden elegir compañero sin cortapisas, las que trabajan y llevan ternura a casa. La voz de *Diario de una mujer*, la composición que da título al álbum, es también la de todas las mujeres resilientes de la historia, que han sido capaces de decir en voz alta «no soy feliz» y han salido a luchar, a romper cualquier tipo de cadenas, para recuperar su libertad. Y, por supuesto, en esa galería de retratos no falta el costumbrista de las parejas atenazadas por el tiempo y la rutina. Algunas de las canciones del disco, dice Mari Trini en la prensa, podría dedicárselas a la exmujer de Miguel Boyer, el vicepresidente económico de Felipe González que ha iniciado una relación con Isabel Preysler. Con música de Maryní Callejo, *Quince años después* describe, desde el dolor de la pérdida, la despedida de una pareja que ha permanecido unida por los convencionalismos.

Diario de una mujer se presenta en tres conciertos en el Teatro Monumental de Madrid que graba TVE y que, un año después, aparecerán en dos discos. En el patio de butacas se sientan numerosos amigos, como Pedro Ruiz o Raúl Sénder, y compañeros de profesión, como Víctor Manuel. Tanto el álbum de estudio como los dos en directo obtienen excelentes críticas. El momento profesional de la artista, que asegura sentirse en una etapa de fuerte rebeldía interior, parece bueno. Posar desnuda ha aumentado mi cotización, declara a una revista, he sido siempre una persona que ha ido a contracorriente.

Aunque las ventas de *Diario de una mujer* parecen superar a las de los álbumes anteriores, los resultados de Hispavox siguen a la baja. En los últimos meses de 1984, con discreción, los Vidal Zapater han reiniciado los contactos para vender la compañía a EMI Music. Por fin, el 15 de mayo de 1985 se hace público el acuerdo. Según contará después José Luis Gil en un libro, la cantidad que se rumorea que ha desembolsado la multinacional británica es sensiblemente menor que la ofrecida en su momento por Warner. EMI trasladará su sede a la calle Torrelaguna y estarán bajo la presidencia de Rafael Gil, aunque ambas empresas, al menos en un primer momento, tendrán un funcionamiento independiente y conservarán su propia identidad comercial. La industria discográfica española culmina así un proceso de concentración que, en cierta forma, marcará el futuro del negocio musical en el país. Las multinacionales EMI, CBS, Warner, Polygram y BMG-Ariola, que acaba de hacerse con RCA-Columbia, se reparten un sector en el que, además de las pequeñas compañías independientes, únicamente sobreviven dos sellos históricos, Zafiro y la antigua Movieplay, denominada ahora Fonomusic.

La nueva dirección de Hispavox firma otro contrato a Mari Trini, con un generoso anticipo de 32 millones de pesetas, pero pierde a una de sus grandes estrellas, José Luis Perales, que se marcha a CBS, donde acabará también Raphael. Pasados unos meses de transición, la discográfica presenta, en mayo de 1986, una oferta más potente con sus nuevas apuestas, entre las que se encuentran La Década Prodigiosa, Olé Olé o Loquillo y los Trogloditas. Junto a las novedades de Massiel, Alberto Cortez o Paloma San Basilio, Mari Trini publica *Quién me venderá*, un álbum que, como había ocurrido con *Diario de una mujer*, anuncia desde su portada otra metamorfosis en la artista. Si en 1984, en plena tormenta por el posado desnuda, la cantautora, con el permiso de Magritte en *Le fils de l'homme,* se coloca un bombín con un broche en la copa, ahora luce un peinado muy del momento, corto y con mechas, en el sugerente primer plano que ha captado la cámara de Carreño. Ambas cubiertas las ha diseñado Claudette.

—No me gustaba la portada de *Diario de una mujer* —sentencia Maryní—. No soy una persona a la que le guste discutir, pero creo que por esa portada llegué a pelearme con Claudette. «Pero ¿adónde vas a meter a la niña con ese sombrero?», le dije. «No», respondía ella, «fíjate qué guapa está». «Guapa está porque lo es», insistía yo, «pero de ahí a que la disfraces...». Al final ganó Claudette. En *Quién me venderá*, que también la diseñó ella, en cambio, no objeté nada.

La gestación del nuevo repertorio no ha sido fácil. En su afán por conectar con el habla y las expresiones del momento, Mari Trini escribe letras que se alejan bastante de su estilo, como en *El gran follón*.

Pese a las reticencias de Maryní, que vuelve a coproducir el álbum, Mari Trini insiste en que debe adaptarse a una nueva generación de seguidores, en un país, socio de la Comunidad Económica Europea, que en marzo ha aceptado, en referéndum, incorporarse a la OTAN, y ha recibido el encargo de organizar unos Juegos Olímpicos y una Exposición Universal en 1992. Desde ese año de 1986, en el que Felipe González revalida su mayoría en las Cortes, todos los españoles tienen garantizada por ley la cobertura sanitaria. No faltan, sin embargo, las preocupaciones, como la escalada del tráfico y consumo de drogas, que solo en ese año causa más de 180 muertes, la falta de un tratamiento para el sida o la elevada tasa de paro, muy superior a la europea.

A ese nuevo y, a la vez, viejo país, Mari Trini cree que debe contarle historias más ligeras en un lenguaje diferente, como hacen muchos de los grupos e intérpretes del momento. *Hazme un favor*, que dedica a Franck, el hijo de Claudette, es otro ejemplo de ese intento de actualización argumental y expresiva con altas dosis de ironía. La mujer, más empoderada que nunca, sigue estando en el centro de la narración. Anda, sé bueno, se le escucha cantar, no me arregles la televisión porque cada vez que lo intentas se ve peor, ni la tarta esa que me engorda, voy a poner a 200 tu coche, que es tu gran amor, y, por supuesto, las manos «quietitas». Por fortuna, en el álbum quedan ecos del lirismo que conmovió a los padres de esta generación a la que ahora Mari Trini se esfuerza en llegar. *Si tú no estás, si no estás tú*, con música de Maryní, o *A cara o cruz* recuperan una sensibilidad de la que en ese momento los seguidores de la cantautora echan de menos.

Gracias al anticipo, a la venta de la casa de Ibiza y de otras propiedades, al reportaje en *Interviú* y al centenar de conciertos que ofrece en el verano del 85, los problemas económicos han quedado atrás, pero le dejan un sentimiento de decepción que acusa en las letras de varias canciones. No se puede defraudar a una persona a la que tanto se quiere, canta en *El recuerdo de una isla* sobre una melodía con aires mediterráneos. A pesar de los intentos de Maryní de quitar dramatismo al mensaje con un toque funk inspirado en Al Jarreau, *Quién me venderá* avisa de que los engaños siempre vienen vestiditos de ternura.

—No, no me gustaba que ahondara en todo eso. A fin de cuentas, ella sufría y gracias a Dios ya había salido de todo aquello, que no estaba mal, y tal y cual. Yo, por no discutir, dije bueno, pero no estuve totalmente de acuerdo con ese texto. Mari tenía mucha fluidez para las letras, hacía maravillas. Se le ocurrían frases increíblemente preciosas, pero creo que algunas de las del álbum de 1986 no estaban a la altura de una compositora tan grande como ella.

16
Maldita sea, ¡échame un cabo!

Guía de escucha: *¿Debido a qué?*, del álbum *En tu piel* (Hispavox, 1987)

«¿Qué queda en la Mari Trini de 1985 de la muchacha que cantaba en los años sesenta y setenta *Ne me quitte pas* queriendo demostrar que existía una canción de dignidad estética y hondura humana?», se pregunta el crítico Antonio Gómez en las páginas de *El País*, y él mismo se responde: «Apenas otra cosa que la repetición de aquel tema de Jacques Brel para cerrar un programa de canciones, continuado después con varios bises, como símbolo de lo que pudo haber sido y no fue». Para Gómez, la autora de *Yo no soy esa* forma parte, junto a Massiel, María Ostiz o Patxi Andión, de una generación de cantantes que han caído «en la rueda devastadora de una industria que fabrica productos con fecha de caducidad». Los únicos que parecen escapar a esa categoría de «cantores consumidos», que el periodista, citando un verso de Quintín Cabrera, les aplica, son Joan Manuel Serrat y Luis Eduardo Aute. En ese verano, el de la firma del tratado con la CEE, la dimisión de Boyer y la aprobación de la ley que despenaliza el aborto en algunos supuestos, los discos de ambos aún se mantienen entre los más vendidos.

«¿Estás en el mejor momento de tu carrera?», le pregunta el humorista y presentador José Luis Moreno durante un programa de televisión. «Estoy... —Mari Trini hace un pequeño silencio—. Estoy en el mejor momento de mi vida, que creo que es más importante todavía».

Doce meses después y como si quisieran desmentirlo, los cuatro artistas señalados por Gómez se esfuerzan en promocionar sus nuevos álbumes. Después de casi una década de silencio discográfico, la Ostiz publica *Mujer*, Patxi tardará en volver a pisar un estudio con *El balcón abierto*, Massiel cierra su etapa en Hispavox con *Desde dentro* y *Quién me venderá* marcará el final de la fructífera colaboración entre Mari Trini y Maryní Callejo. Ninguno de ellos sobresaldrá en los recuentos de las compañías. A esas alturas de la década, la Movida da también muestras de agotamiento. Los gustos y el negocio discográfico han cambiado. Los grupos y los intérpretes pop y rock acaparan las preferencias de las nuevas generaciones. Apenas parece quedar sitio para aquellos cantautores que acompañaron con sus voces la llegada de la libertad a España. Aparte de Aute y Serrat, en 1986 solo triunfan Víctor Manuel, Joaquín Sabina, Carlos Cano, Marina Rossell y, en menor medida, Rosa León y José Antonio Labordeta. A los melódicos —Camilo Sesto, Raphael o Julio Iglesias— no les va mucho mejor.

Todos estos cambios repercuten en las contrataciones de actuaciones veraniegas, uno de los pulmones que sostienen la actividad musical en España. Los ayuntamientos y otras instituciones, que patrocinan gran parte de las galas y los conciertos, se esfuerzan por atender las preferencias de sus ciudadanos y futuros votantes. En Castellón, por ejemplo, una de las madrinas de las Fiestas de la Magdalena de 1985 no oculta su disconformidad con los cantantes contratados durante los festejos. Adela, que no ha cumplido los veinte, estudia para administrativa y es lectora confesa de Dostoievski, cambiaría a Mari Trini por Miguel Bosé en la Gala de la Reina. «Es que no son tan modernos», le dice al periodista al referirse a Serrat, Víctor Manuel y Ana Belén. En lo que a gustos musicales se refiere, la brecha entre la nueva generación y la precedente parece consumarse.

—Todo eso también tiene mucho que ver con el país —explica Pablo Sycet—. El cambio de régimen había propiciado una inconsciente renovación de gustos, y eso, en cierta medida, condujo al ocaso a toda aquella legión de estupendos compositores. En realidad, lo más adecuado sería decir que se produce una ósmosis entre una generación y otra. En todo caso, fue una ruptura no reclamada del todo por ellos, los jóvenes, pero sí santificada por la prensa y la industria, que estaban a la espera de algo con lo que renovar. En ese sentido, el cambio resultó radical porque dio pie a todo tipo de chanzas con lo que había quedado atrás y esa modernidad rampante que llegaba. A gente como Nacho Canut, Olvido, Ana Torroja y otros artistas del momento siempre les debió gustar Mari Trini, pero bueno, como entonces se vendían las etiquetas de la nueva ola, la Movida y su prima hermana, tuvieron que pasar por encima de todo. La calidad de *Amores* o *Yo no soy esa* está por encima de cualquier tipo de comentarios y modas y, más adelante, cuando llegue el momento, la reivindicarán sin ningún reparo.

Esa «posmodernidad» de la que hablan los intelectuales en multitud de tribunas se deja sentir no solo en la música, sino también en el cine, la televisión, la moda y en otros muchos aspectos de la vida cotidiana. Emocionalmente, la sociedad española parece apostar por el borrón y cuenta nueva.

—La Movida se carga todo lo que era la canción ligera —añade Carlos Galán, creador y propietario del sello discográfico

Subterfuge—, asesta un golpe a los cantantes melódicos de toda la vida, los Roberto Carlos, los Camilos. Empiezan a cambiar la industria, la radio, la televisión y todo lo anterior se etiqueta de «trasnochado». Considerar antigua a Mari Trini, cuando apenas tenía cuarenta años, fue uno de esos prejuicios absurdos de una mal entendida modernidad a los que muchas veces te arrastra tu condición de adolescente. Aunque éramos conscientes de estar asistiendo a la ruptura entre las nuevas tribus y el mundo precedente, el de los cantautores, en realidad a la gente de la Movida le gustaba Mari Trini y la admiraban. ¿Quién no ha estado en algún tipo de evento donde sonaba *Yo no soy esa* o *Una estrella en mi jardín* y todo el mundo la cantaba porque se la sabía? Son canciones que, de una manera u otra, habíamos consumido y asimilado.

Apenas unos meses después, en mayo de 1986, coincidiendo con la promoción de *Quién me venderá* la cantautora acompaña a la Vuelta Ciclista a España. El recital que ofrece al término de cada etapa le permite conocer lugares que, pese a los muchos años de carretera, todavía son desconocidos para la artista. Le sorprende que los niños escuchen *Una estrella en mi jardín* como si fuera un cuento y que en los pueblos los adolescentes no tengan inconveniente en salir a bailar al escenario con una mujer que está a punto de cumplir los cuarenta y que se conserva en buena forma física gracias a que a diario practica gimnasia y halterofilia. Una imagen esta que no se corresponde con la descripción de dramática que muchas revistas siguen dando de ella, y que no tiene reparos en replicar, como en estas declaraciones a una emisora de radio:

> Soy seria, que es diferente. Tomarse las cosas a cachondeo es no tener carácter, y yo creo que soy eso... una mujer con carácter.

> Me emociono con frecuencia porque también soy sensible, a pesar de tener ya dos siglos de edad, son doscientos años exactos. Como soy menudita, fea y todo eso, para la gente joven puedo parecer no ya un niño, pero sí una muchacha de trece, ¿verdad?

A pesar de haber llenado sus letras con vocablos del momento y renovar su aspecto y los arreglos de sus canciones, Mari Trini descubre ese verano que parte de la crítica, la industria y el público empiezan a considerarla caducada. La generación de cantautores surgida en los sesenta y setenta, inventada en buena medida como réplica madrileña y comercial a la *Nova Cançó* catalana, según advertía Gómez en su artículo en *El País*, se ha quedado reducida en 1986 a unos compositores y cantantes que repiten fórmulas estereotipadas.

«¿Te das cuenta de que te has quedado sola como cantautora?», le preguntan. «Hay más compositoras, algunas incluso más jóvenes —aclara—. Ahí está Marina Rossell, por ejemplo. En un contexto social completamente distinto al de sus inicios, quizá sea la artista más veterana en activo. Desde hace tres o cuatro años hay una gran confusión, en parte por toda la gente nueva que ha llegado, esos grupos como *Semen up*, *Semen arriba*, *Semen abajo*, *Complex*, *Vitamina b 12*. Qué lío, ¿no? —bromea—. El acceso al cantautor es ahora mucho más difícil».

Aunque la nueva Hispavox controlada por EMI haya apostado decididamente por promocionar su álbum dentro y fuera de España, hay un indicador que certifica el cambio de gustos: ese verano, según cuenta ella misma, solo realizará veinticinco o treinta galas, la cuarta parte que el año anterior, y por un caché que ya no está entre los más elevados del mercado. «No, ya veis que no soy la Pantoja», ironiza con los periodistas.

—De la noche a la mañana nos encontramos con que no había trabajo —certifica Maryní Callejo—. En el verano del 85 no dábamos abasto a atender contratos. Incluso los músicos nos pedían que no aceptáramos más galas, que querían descansar. Aunque ajustamos el caché, un año después, por razones que nunca entendí, no nos llamaba nadie. Incluso hubo que disolver el grupo de acompañamiento, que llevaba ya cuatro o cinco temporadas con nosotras, porque no se le podía mantener el sueldo.

Mari Trini da su visión al respecto en una entrevista:

> Si esto hubiera ocurrido en el mercado americano, con quince discos vendiéndose a la vez, sería más que multimillonaria. Aquí, en cambio, hay que seguir trabajando para vivir. Y no me quejo, no. En este país, aguantar tanto tiempo en una situación en primera línea, sin que te derriben, es más que un triunfo. Pero bueno..., veo amanecer y escribo. Y, sobre todo, me tumbo al sol y pienso. En definitiva, vivo plenamente.

Casi cuarenta años después, Ramoncín, que por esas mismas fechas ha publicado uno de sus álbumes más ambiciosos, *La vida en el filo*, percibe ese aroma a desengaño que Mari Trini desliza en muchas entrevistas:

—Ella podía sentirse relegada, pero nosotros, los que veníamos detrás, no la veíamos así, ni mucho menos. Nos gustaba, era una de las grandes. Hacía mucho tiempo ya que el gusto musical estaba secuestrado. Todo tenía que ver con un tipo de radio, de fórmulas de programación, hasta con la promoción discográfica, donde se primaba lo que presuntamente estaba de moda. La falta de difusión es la mejor manera de cerrarle la boca a un cantante o a cualquier artista. Por desgracia, las cosas no fueron a mejor luego.

Me gustaría tener mucha competencia porque se crea movimiento, asegura la cantautora. Ahora es correr un poco delante de la liebre, como los galgos, y no solo es bastante duro, a veces también triste.

Ya no habla de retirarse, como en los setenta, sino de buscar nuevos mercados. Quiere hacer una gira por teatros de Latinoamérica, relanzar su carrera en Francia y Canadá y grabar en inglés. En los primeros días de otoño, la compañía prolonga la promoción con un segundo sencillo, *¡Ay, Dios mío!*, que vuelve a chocar con el inconveniente de su duración, superior a los cinco minutos, y cuya letra, salpicada de «te quiero» y «te adoro», tachan de ñoña algunos presentadores.

En los primeros días de 1987, el último intento por animar las ventas del álbum lleva a la discográfica a realizar una nueva edición para incluir *Dos locos*, una canción que Juan Pardo incluye en *Qué tienes en la cama*, un LP en el que el artista canta a dúo con Los Chunguitos o la propia Mari Trini. Envueltos en un abrigo de piel, con vaqueros, él de verde y ella de rojo, jugando con un sombrero, graban un vídeo en el jardín y la casa de la artista. La carrera de Juan parece asentada en Hispavox; la de Mari Trini, en cambio, peligra.

Maryní Callejo abandona entonces no solo la coproducción de los discos de la cantautora, sino también la dirección musical del grupo que la acompaña, e incluso deja de poner música a algunas de sus composiciones. Aparte del desgaste en la relación personal tras una década de trabajo juntas, la más larga de cuantas desarrollará a lo largo de su carrera, Callejo ha pedido varias veces una subida de sueldo. En el invierno de 1987 recibe, a través del entonces ventrílocuo y presentador José Luis Moreno, el encargo de componer la sintonía para la imagen corporativa de Canal 10, el primer canal de televisión privado que va a emitir en España. La oferta resulta muy tentadora para la pianista, que aspira, además, a llevar una vida más tranquila, sin el ajetreo diario de las giras y los conciertos.

—A finales de aquel 86 tan malo, con tan poco trabajo, nos sentamos a hablar. Le dije: «Mira, creo que mi etapa contigo está a punto de acabarse porque tú estás muy cansada. Es mejor dejarlo aquí». Mari Trini venía de un año, el 85, que de verdad fue de espanto. ¡Lo que pudo trabajar esa criatura! Y el 86 ya le pilló cansada. Ella no aceptó mis razonamientos y se enfadó conmigo de forma rotunda. Estuvimos sin hablarnos... como cuatro años. Incluso cuando José Luis Moreno presentó el canal en Florida Park y actuaron varios artistas con una orquesta que yo dirigía, ella ni me saludó. Llegó a la gala y se fue para su camerino sin mirarme. O sea, nada, como si no existiera. Yo no lo entendía. ¡Pero si no le había hecho nada! Para Navidad, en su cumpleaños, siempre la llamaba, pero durante esos años no me respondió nunca. Hacia el 89, fue ella la que me llamó. «Oye, Maryní, que te quiero pedir perdón», me dijo directamente. «Me he portado muy mal contigo y tú no mereces que hayamos estado tanto tiempo disgustadas». Yo, para quitar hierro, le dije: «¿De qué me hablas? Ya se me ha olvidado». A ella le entró la risa, a mí también. La verdad es que siempre había mantenido el contacto a través de sus hermanos, de la gente que la quería.

Alejada ya de los éxitos rutilantes, la cantautora aspira a convertirse en uno de esos nombres que dan valor al catálogo de un sello; aunque su obra más reciente no aporte grandes ventas, el material antiguo sigue generando beneficios.

Los responsables de EMI piden a Rafael Trabucchelli que produzca, con un presupuesto más ajustado, los nuevos trabajos de todas sus estrellas que se encuentran más o menos en esa situación, como Alberto Cortez o Emilio José. Mari Trini y Trabucchelli, asociado ahora a otro músico, Rafael Martínez, reanudan su colaboración casi en el mismo punto donde la habían abandonado en 1977. Los tres componen *La soledad* y *En fin*, una balada intimista sobre la posibilidad de que una pareja se reconcilie tras un periodo de separación. O sea, algo parecido a lo que, en lo profesional, ha ocurrido entre la intérprete y el productor: «Te busqué y te encontré, y a la primera funcionó. Nos fue tan bien [...]. Yo por mí volvería a empezar si supiera dar marcha hacia atrás».

No solo es ella la que mira hacia atrás. Trabucchelli, que acaba de grabar en Francia con Mireille Mathieu, intenta reeditar, además, la fórmula que experimentó con el *Himno a la alegría*, el mayor éxito de su carrera: acoplar un texto, en este caso de corte amoroso, en la sonata *Patética* de Beethoven, como también había hecho en 1983 Billy Joel en *This Night*. El resultado, sin embargo, dista mucho del obtenido veinte años antes junto a Waldo de los Ríos.

Como en la mayoría de los álbumes de la primera etapa de Mari Trini, este se cierra también con una vieja melodía francesa, *Parlez-moi d'amour,* de Jean Lenoir, que han cantado desde Carlos Gardel hasta Linda Ronstadt.

Salvo la intrascendente *Por una vez*, salpicada de nuevo de expresiones de la época, el resto de las creaciones responden claramente al momento personal e intelectual que vive la cantautora, que en algunas entrevistas relaciona su trabajo con el de un periodista: simplemente se dedica a anotar lo que ve o le cuentan en una pequeña y desgastada libreta marrón, de donde germinan algunas de sus letras.

Margaret Thatcher acaba de iniciar su último mandato, Ronald Reagan y Mijaíl Gorbachov se ven las caras ante el Muro de Berlín, ETA mata a una veintena de personas en Barcelona en un atentado en el Hipercor, Estados Unidos ensaya una bomba atómica de 150 kilotones, la propagación de la droga y el sida angustian a la sociedad. El mundo resulta cada vez más inhabitable, como denuncia el texto de *No se puede vivir así*.

En lo político, Mari Trini, como una parte de la sociedad española, se ha alejado paulatinamente de la izquierda y del centro que encarna Adolfo Suárez, cada vez más desgastado. Ahora la artista mira con simpatía los postulados de la derecha, que en España se encuentra en un proceso de renovación bajo el liderazgo de Antonio Hernández Mancha. Alianza Popular ha restado poder a los socialistas en las elecciones municipales y autonómicas del 10 de junio de 1987. Aunque no me fue mal con el otro régimen, el democrático es mucho mejor, no tengo buenos recuerdos de aquella época, explica la artista. En cualquier caso, no le gusta hablar de política. Prefiere que la identifiquen con el pacifismo:

> Soy profunda defensora de los derechos humanos y de la libertad. Aunque me regalaran todo el oro del mundo, jamás iría a cantar a Chile, por ejemplo. Me interesa lo que pasa por el mundo, por muy lejos que nos pille. Cuando la URSS y Estados Unidos decidieron iniciar el desarme nuclear, descorché una botella de champán. Cuando lo cumplan de verdad, descorcharé otra.

El nuevo repertorio se abre con *Claustro materno*, una evocación de la infancia perdida, y se cierra con *Debido a qué*, el descarnado relato de esa angustiosa sensación de haberse quedado atrás que la acompaña desde hace dos años. Desde el comienzo de su carrera ha luchado contra las modas, pero sin renunciar a conectar con lo que le gusta a la gente. Conoce las presiones de la industria, pero se reserva muchas opiniones para no exponerse a que la critiquen. ¿De qué ha servido?, se pregunta. De poco. «¡Estoy más que harta del eterno duelo, que continuamente es un desafío, con la vida siempre pendiente de un hilo! [...] ¡Maldita sea, échame un cabo, que poco a poco me estoy ahogando!», grita en la canción.

—Todo eso que tanto le hace sufrir —observa, treinta y cinco años después, Luz Casal— tiene que ver con algo que está muy presente en la música popular: el edadismo. En algunas profesiones se valora la experiencia acumulada. En la música, en la interpretación, esa veteranía pierde todo el valor si alguien piensa que se está empezando a caer el párpado. Entonces ya eres menos interesante, lo que no deja de ser un contrasentido. Para la gente, para el público, es una faena. De buenas a primeras, les obligas a prescindir de la música o de los cantantes que les gustan, simplemente porque alguien ha dicho que son antiguos. Figúrate que hubieran echado al cajón de los no interesantes a Leonard Cohen simplemente porque había cumplido ochenta años. Por desgracia, en la música popular son excepcionales los casos de gente que logra mantenerse a partir de cierto momento.

El disco aparece en octubre y se titulará *En tu piel* porque, en opinión de la cantautora, cualquier tipo de música se percibe no solo por el oído, sino también por la epidermis. Así, la piel viene a ser como un sexto sentido.

«Cuando se llega al estatus musical en el que se encuentra Mari Trini es muy difícil superar éxitos pasados», presagian las primeras críticas. Pocos meses después, EMI comunica a la que durante años ha sido una de sus estrellas icónicas que va a rescindir el contrato. Convertida en un canal más para dar salida a los productos de la multinacional a la que pertenece, la vieja Hispavox apuesta por una renovación casi completa del catálogo con Luz Casal, Paco Ortega e Isabel Montero, o un jovencísimo Alejandro Magno, el nombre artístico que adopta en ese momento Alejandro Sanz. Pese a que el rumor circulaba con insistencia en ambientes musicales y periodísticos, la decisión de la compañía sorprende a la artista, que tampoco comparte la frialdad con la que se la han comunicado. La tristeza inicial se transforma en rebeldía. Hay un vínculo legal, repite, que no se puede romper unilateralmente de un día para otro. Paloma San Basilio da fe de ese dolor: «Contemplé su malestar y distanciamiento de la compañía cuando se sentía maltratada y poco respetada —me escribe—. Ya sabemos que en ese mundo tanto vendes, tanto vales».

Mientras los abogados resuelven el conflicto, Mari Trini y Claudette visitan a los ejecutivos de otros sellos, pero no se muestran especialmente interesados en los proyectos que les presentan. Los datos de ventas de los últimos álbumes son, además, un lastre. Tampoco hay muchas puertas a las que llamar.

—A una determinada edad —reflexiona Sole Giménez—, las mujeres dejan de interesar a la industria. A las cantantes nos cuesta mucho más permanecer en el ambiente artístico que a los hombres. Ellos siempre tienen carreras más largas, de más recorrido.

A finales de los ochenta, el negocio discográfico se ha concentrado en pocas editoras, que a veces se limitan a distribuir el material que ya les traen hecho los artistas. Con esas miras, Trabucchelli, al que también EMI ha dado por amortizado, acaba de fundar Espectacular Producciones. Junto a otros socios, se propone descubrir nuevos talentos y dar otra oportunidad a grandes figuras como Danny Daniel, Rumba Tres o Nati Mistral, que se encuentran fuera ya de la industria. Los discos, que se editan también en compacto, el nuevo formato digital por el que apuesta todo el mundo y que a la larga aceleraría la crisis de la industria, serán distribuidos en España por Hispavox.

A lo largo del verano de 1990, Rafael Martínez dirige la grabación de *Espejismos* en una unidad móvil de los Estudios Kirios. Martínez y Trabucchelli, que no aparece citado en los créditos, se encargan, además, de imprimir unos arreglos modernos al repertorio, cuya letra y música ha compuesto íntegramente la intérprete. Su objetivo es vender al menos 200.000 ejemplares para, según sus propias palabras, dar en las narices a los que le han hecho tanto daño. Para lograr ese propósito, durante el invierno y la primavera de 1991, recorre los platós de la televisión pública, la estatal y las autonómicas, pero también los de los nuevos canales privados, que por esas fechas han iniciado sus emisiones. En los informativos de todas estas cadenas se hacen eco de la extensión del sida (que, según las estimaciones gubernamentales, en pocos años multiplicará por cinco el número de afectados en España), de la reunificación de Alemania o de la creciente tensión entre Estados Unidos e Irak que desencadenará la primera guerra del Golfo.

En un mundo que inicia una de sus décadas más transformadoras, Mari Trini hace gala de su escepticismo en *Espejismos*.

No es la palabra lo que me duele, sino la deformación de los sentimientos elementales, explica en el libreto que acompaña al álbum, en el que incluye media docena de esos poemas que durante más de veinte años ha contado que escribía. No son los silencios los que más me preocupan, sino este continuo vagar mío, esta soledad infinitamente superior al infinito. No me preocupan las estaciones de mi planeta, ni su sol, ni sus mares, añade, pero sí me confunden las horribles mutaciones que provocan algunos hombres; por ejemplo, la guerra. Ante tanta injusticia, tanta desigualdad, tanto dolor, la creadora, desgarrada, admite que puede hacer poco. El suyo, como reza el título de la canción que abre el repertorio, es solo *Un grito en el vacío*.

Tras un cuarto de siglo de carrera, Mari Trini tiene la impresión de estar empezando otra vez desde cero. Para vender su disco, ya no cuenta con la estudiada estrategia del departamento de marketing de una compañía fuerte, ni con un representante poderoso que negocie buenos contratos, ni con comunicadores amigos que año a año la han visto evolucionar como artista. No abre ni cierra los programas de entretenimiento, tampoco ve su nombre anunciado con gran relieve. Son demasiados cambios en poquísimo tiempo y tan drásticos como poner el marcador a cero y pedir, como hace humildemente en otra de sus canciones, una oportunidad, esa que todo el mundo necesita al menos una vez en la vida.

—¿Está preparada una artista para aceptar su decadencia? —se pregunta casi tres décadas después Rozalén—. No lo sé, pero si lo pienso es algo que me produce tristeza, porque parece que sí, que hay que reinventarse todo el rato para estar ahí en la ola y eso es muy difícil. Y a veces es injusto que tú quieras decir las cosas de una manera y parezca que tienes que estar pendiente de cómo sople el viento o lo que te impongan desde fuera, cuando a lo mejor a ti lo que te sale dentro es otra cosa. Sí, me da tristeza porque tendría que primar la intuición del artista.

En las entrevistas cuenta que ha dedicado los tres últimos años a reencontrarse y buscar la tranquilidad en compañía de un grupo cada vez más reducido de amigos, entre los que se cuenta Joana Biarnés, Juan Pardo o Antonio D. Olano. Y, por supuesto, Claudette, la otra «errante», así la llama en una letra, aunque juega todavía a cambiar el género.

Estoy aquí y estoy *superguay*, como se dice ahora, y no pienso dejarme vencer, proclama en las entrevistas. Sin embargo, las ventas de *Espejismos* están muy lejos del objetivo que ella y Espectacular se habían marcado. Como contará después un compañero de profesión: «Le advertí que se estaba equivocando: "¿Te vas a poner en manos de una compañía, nueva y endeble, que para vender tus discos necesita contar con la gente que te ha despedido y con la que estás, además, pleiteando?"».

Como ocurre con tantos sellos pequeños, la trayectoria de Espectacular Producciones es fugaz y desaparece a mediados de 1992. En el año de las grandes celebraciones, de la EXPO y los Juegos Olímpicos, en definitiva, de la euforia colectiva, la estrella de antaño se queda fuera de los grandes espectáculos. En insulsos programas de verano canta sus viejas canciones, pero no se queja. Al contrario, reconoce estar encantada de que se las pidan, porque os diré que también a mí me gustaba más la Mari Trini de antes. Sin llegar a pasar apuros económicos, la de hoy ha tenido que apretarse el cinturón.

Sellado el acuerdo por la ruptura anticipada y unilateral del contrato, en otoño de 1993, EMI decide editar un doble disco con los grandes éxitos de la cantautora. En general, este tipo de colecciones, apoyadas en una buena campaña de actuaciones y anuncios en televisión en las semanas previas a Navidad o en verano, está reportando beneficios a casi todas las discográficas. En este caso pueden apoyarse, además, en una canción inédita, la versión de *Un hombre marchó* con arreglos de Danilo Vaona que descartaron a principios de los ochenta. Los compactos ocupan con facilidad los lineales de venta en hipermercados y grandes almacenes. Para un producto sin apenas inversión, las más de 50.000 copias vendidas suponen un gran éxito que, no obstante, resulta insuficiente para hacer atractiva a la artista para otras compañías. «Por el momento, Hispavox no se plantea volver a contar con Mari Trini, tal vez más adelante», repiten los encargados de la promoción.

Sin embargo, las buenas palabras se quedan en eso, porque el tiempo pasa y a los ojos de la cantautora no hay un proyecto sólido al que aferrarse. Aunque no es la única, pues muchos de los artistas que empezaron con ella atraviesan una situación parecida. Ni Patxi Andión ni María Ostiz han vuelto a grabar. Como había pronosticado Antonio Gómez en *El País*, quisieron ser como la Piaf y apenas consiguieron imitar a la Mathieu, pretendieron emular a Brel y no supieron conservar ni siquiera el aroma de ese monumento a la nostalgia que era Adamo.

—A nadie le convence que hayas dejado de valer porque tengas más años —advierte Luz Casal—. Una artista crece con su público. Yo voy a conciertos y a festivales y me piden canciones que grabé antes de que muchos nacieran. No sé si con Mari Trini llegó a ocurrir eso. ¿Qué he hecho mal para que me estén dando la espalda?, debió preguntarse. Creo no solo que fue ingrato, sino también muy doloroso. Pudo provocarle una desestabilización emocional que la llevaría a la depresión. ¿Por qué?, se atormentaría una y otra vez. Y todos aquellos que me querían, ¿dónde están? Tiene que ser muy decepcionante. Cuando sientes un dolor físico o emocional y sabes su origen bueno, quizá puedas sobrellevarlo, pero si desconoces la causa... debe resultar insoportable. Me pongo en su piel y comprendo que se sintiera fracasada, traicionada.

«He sufrido más que lo que merezco», cuenta en una revista a la periodista Carmen Rigalt. Los amigos la encuentran cada vez más triste, más desengañada. «Tenemos que ayudarla —avisa, alarmado, Antonio D. Olano—, si sigue así, esta mujer puede hacer una tontería. La veo capaz, incluso, de suicidarse».

17
Lunas de papel

Guía de escucha: *Luna de papel*, del álbum *Alas de cristal* (DIVUCSA, 1997)

—¡Cuánto tiempo, Maryní! —dice Claudette mientras se abrazan.

—Qué alegría me da verte —responde la pianista—. ¿Y Mari Trini?

—Está abajo, en el coche. Ya sabes, a ella no le gusta arreglar papeles, y mucho menos dejarse ver por aquí, por la SGAE.

—Voy a saludarla, se pondrá contenta.

Maryní Callejo sale del Palacio de Longoria, sede de la entidad que gestiona los derechos de autor, y camina hasta un vehículo cuatro por cuatro estacionado en doble fila en la calle Fernando VI de Madrid. Golpea con los nudillos en el cristal. Al verla, la conductora baja el cristal de la ventanilla. Ambas mujeres intercambian dos besos.

—Te veo muy bien —comenta Callejo—. ¿Cómo van las cosas?

—Bueno, bueno… —La cantante hace un silencio mientras busca la mano de su amiga—. He firmado con DIVUCSA. —Hay un tono amargo en la explicación—. Al final he acabado en el cementerio de elefantes.

Para llegar a este acuerdo han sido necesarios dos años, muchas incertidumbres y la movilización del grupo más íntimo de amigos. De todas las gestiones, la más fructífera ha sido la llamada que hace Antonio D. Olano al cantante y productor Juan Erasmo Mochi.

—Mari Trini está muy mal —le confía el escritor—, me da miedo que haga cualquier locura. Es inexplicable que ninguna compañía quiera contratarla, con lo que ha vendido y lo que ha significado en nuestra cultura. Te lo pido por favor, intenta hacer algo.

—Joder, tío —replica el artista—, no te pongas trágico, no será para tanto.

—Sí, sí —insiste Olano—, está desmoralizada, muy deprimida.

—Ya sabes que no es santo de mi devoción —le responde el presentador del mítico programa televisivo *Escala en Hi-Fi*. Los dos cantautores tienen amigos en común, han coincidido en fiestas y reuniones. Sin embargo, nunca han llegado a congeniar.

—Sí, ella tiene sus cosas —reconoce Olano—, pero ha cambiado mucho. Es una buena mujer y hay que ayudarla.

Desde hace algún tiempo, Mochi produce en el sello catalán DIVUCSA a artistas como Betty Missiego, Sara Montiel o María Jiménez. Gran parte de las ventas de la empresa proceden de sus recopilatorios de éxitos de los sesenta y setenta que, además de venderse en las tiendas de discos, están disponibles en bares y gasolineras. Mari Trini, piensa, podría encajar en esa estrategia.

«Juan, me has salvado la vida», asegura Mochi treinta años después que escuchó decir a Mari Trini, de rodillas y abrazada a sus piernas, el primer día que se vieron. La relación parece cordial entre ellos.

—Mujer, no digas tonterías —se apresura a responder mientras tira de ella para que se levante—. Además, yo soy el productor habitual en las grabaciones de DIVUCSA —le explica—. Pero si prefieres a otro, puedes escoger a quien tú quieras, la compañía lo paga.

—No, no, en absoluto —responde la artista—, tienes que ser tú, eres el que me ha hecho el favor y, además, confío en ti.

—Vamos a ver, Mari Trini, que a mí no me estás haciendo ningún favor, al contrario, me das más trabajo. Si tú quieres trabajar con otra gente, por mí encantado de la vida. Aquí no habrá imposiciones de ningún tipo.

Como si fueran viejos camaradas, el productor acude a una reunión en la casa de la artista, en La Moraleja, y deciden que *Amores*, *Cuando me acaricias*, *Una estrella en mi jardín* y *Yo no soy esa* sean las canciones del repertorio antiguo a incluir en *Sin barreras*, el título que han elegido para el álbum. A otras citas, ya en el domicilio de Mochi, no tarda en incorporarse Jerónimo Maesso, un experimentado compositor y pianista andaluz, autor de la música de obras de ballets de Víctor Ullate y Nacho Duato, que firmará la mayoría de los arreglos, aunque en los créditos aparecerán también dos profesionales de confianza de DIVUCSA: el guitarrista Santi Picó y el mítico Joan Barcons, colaborador de Los Mismos, Parchís, Salomé o Emilio José.

Maesso se enfrenta a un doble reto. Para que la discográfica pueda utilizarlas en sus recopilatorios, debe conseguir, por un lado, que las nuevas versiones suenen lo más parecido posible a las de Hispavox, pero no cuenta con las partituras originales ni mucho menos con las imponentes orquestas que Waldo de los Ríos dirigía.

—Resultó un trabajo de chinos —recuerda ahora Maesso—, me compré los discos viejos y tuve que ir sacando una a una las notas de las cuatro canciones.

La intérprete, además, quiere unos arreglos actuales que la liberen del sambenito de antigua. Para lo uno y para lo otro, el presupuesto de la producción, si bien es superior a los que se suelen manejar en el sello, parece quedarse corto.

Con un modesto ordenador Atari de un mega de potencia, el arreglista inicia su tarea a partir de una casete casera que le ha grabado la cantante.

—Los recursos eran muy limitados —sigue contando Maesso—, pero grabamos en Sonoland, uno de los mejores estudios de ese momento, con músicos de primera fila, como Chema Saiz, y alguna aportación que no se recoge en los créditos. La de Raimundo Amador, sin ir más lejos. Amador estaba trabajando en su disco *Gerundina* en otra sala. A veces venían a vernos o íbamos nosotros. Le sugerí que pusiera una guitarra en alguna de las canciones y lo hizo encantado. También contamos con un cantaor joven que poco antes me había traído una maqueta. Pensé que su voz sonaría muy bien de fondo en la canción que abre el disco, *Sin un adiós*, que recrea la muerte de Jesucristo o de cualquier líder. La arropé con un *crescendo*, en la onda del *Bolero* de Ravel. Trabajábamos bien. Mari Trini y yo siempre nos entendimos. También con Claudette, que estaba siempre pendiente de ella.

En un mundo que empieza a percibir los cambios que traerá internet, con Europa desangrándose en los Balcanes, Bill Clinton en la Casa Blanca y José María Aznar a las puertas de la Moncloa, Mari Trini se refugia en lo cotidiano. Como se entrevé en *Amor de los cuarenta*, a veces los malos tiempos fortalecen las relaciones conyugales. En otras de las composiciones la autora se retrata: camina hacia los cincuenta con una cierta sensación de tristeza y desengaño. En definitiva, es una *Mujer de mirada otoñal*, con voz rota, profunda y cierto timbre sensual, que propone a su amante: «Hagamos despacio, despacio el amor».

La confianza entre el arreglista y la cantante crece hasta el punto de que esta se deja aconsejar no solo en lo musical, sino también en la redacción de algunos textos. «¿No crees que sería mejor emplear otra forma verbal?», apunta alguna vez el pianista. Mari Trini acepta de buen grado todas las sugerencias, pero un día estalla ante una observación de Mochi.

—Mari, perdona, esta canción que ensayas es exactamente igual que *Mami Panchita* —señala el productor.

—¿Qué dices? —se extraña ella—. A ver, Jerónimo, toca las notas.

—¿Te das cuenta? ¡Es *Mami Panchita* con otra letra! —insiste.

Años después, me cuenta Mochi:

—Eso le sentó a cuerno quemado, creo que fue el detonante. Para rebajar la tensión, le dije: «Por mí la metemos, pero te van a demandar porque no hay una nota que sea diferente». No sé si se convenció o no, pero la quitó muy cabreada, mucho.

Días después, Juan Erasmo recibe una llamada de Gabriel Orfila, el director de DIVUCSA. Con tacto, le sondea sobre la marcha de las grabaciones. Quiere que el disco salga para mayo y le preocupa que pueda haber retrasos.

—¿Qué te pasa con Mari Trini? —acaba por preguntar el ejecutivo—. Está enfadadísima; tanto, que amenaza con abandonar el proyecto si no te apartas tú.

Cuando Mochi le pide explicaciones, la aludida quita hierro al asunto. Tal vez Gabriel Orfila haya malinterpretado sus palabras.

—Todavía estamos a tiempo de que elijas otro productor —insiste Mochi.

—¿Estás loco? —replica ella—. ¿Ahora quieres dejarme tirada? ¿Cómo voy a decir yo que no quiero trabajar contigo?

Sin embargo, el ejecutivo insiste. La artista lo ha vuelto a llamar y se mantiene firme en su exigencia. Juan Erasmo estalla. Acude al estudio con la intención de poner fin al equívoco de una vez por todas. «Como Maesso tiene claras mis indicaciones y tú no quieres que otro profesional se haga cargo de la producción, que él lo dirija todo. Yo, desde hoy, estoy fuera de esta historia —anuncia malhumorado—. Ahí te quedas».

—Para mí fue una situación muy incómoda —tercia Maesso, que corrobora las discusiones—. Ellos estaban muy enfrentados y yo me encontraba en el medio, haciendo de intermediario entre los dos y currando diez y doce horas diarias. Para abaratar costes, había que hacer el disco en el menor tiempo posible y en mitad de esa tensión. ¡Menudo estrés! Yo quiero muchísimo a Mochi, pero también debo reconocer que ella, al menos conmigo, se comportó de una forma muy dócil. Me escuchó siempre. Por ejemplo, después de cantarlos en directo durante tanto tiempo, los temas antiguos estaban un poco viciados. Si queríamos que sonaran exactamente igual, necesitaba reconducir su voz al punto en el que se habían grabado veinticinco años antes, y ella puso todo de su parte para que fuera así. Fue siempre muy cariñosa, una mujer adorable. Qué lástima que todo ocurriera de aquella manera.

Pese al portazo, Orfila quiere que Mochi reedite junto a Maesso el montaje final.

—Tira para atrás y remézclalo todo —le pide—, esto no se puede sacar así.

—Pero no quiero que salga mi nombre en ninguna parte, ¿eh? —replica Juan Erasmo antes de aceptar.

Finalmente, en los créditos solo aparecerá Mari Trini como directora artística.

—Lo que empezó tan bien, acabó siendo un fracaso como la copa de un pino —resume ahora Mochi.

«En *Sin barreras* suena remozada, pero sin perder su imperecedera esencia», asegura la crítica de *ABC* en junio de 1995. Los cuarenta son unos años en los que hay muchas cosas que decir, declara la cantautora, este disco ha sido como volver a nacer. Aquí estoy, hablando de los mismos sentimientos desde la madurez.

Junto a las habituales preguntas sobre la afición a los coches, el momento político, los novios (no hay quien me cace en el amor, prefiero el coqueteo, que es más divertido) o las razones de su soltería, en la campaña promocional Mari Trini desliza, sin embargo, algunos comentarios sobre DIVUCSA que molestan profundamente a sus propietarios. Es una empresa muy pequeña, con poco dinero para promoción, cuenta la artista. Es muy difícil que el disco pueda llegar a venderse bien, añade. Según Mochi, desde ese momento la compañía se desentendió del producto. No obstante, cumplirá el contrato, y el verano siguiente dará luz verde a la grabación de un nuevo álbum en los estudios KS de Barcelona.

En esta ocasión, la cantautora pone en manos de otro veterano músico una colección de nueve canciones; se trata de Josep Mas Portet, al que en la profesión conocen como Kitflus y que ha formado parte de grupos legendarios como Iceberg o Pegasus. Ahora soy un poco más mayor y escribo mejor, tengo más técnica, explica. También el amor no es lo mismo a los veinte que cuando se han pasado los cuarenta, dice para presentar la idea, esbozada siempre en el equívoco del género, que expone en *Como una isla tu cuerpo* o *Es que te quiero.* La melodía más sentimental del nuevo trabajo, sin embargo, es *Mira.* Sin alusiones masculinas, la composición es un homenaje a los años compartidos con ese mismo amor, el de toda la vida, tan hermoso como Sevilla, París, la música de Wagner o un mes de abril. «Lo eterno no me da temor, somos pura energía», canta Mari Trini.

El álbum se cierra con una sobria interpretación del clásico *Avec le temps*, que Léo Ferré había compuesto, en tan solo dos horas, según su confesión, en 1969, el mismo año en que una operación marcó el gesto de la cantautora, falleció su padre y llegó a Hispavox. La coda en francés de *Alas de cristal* deja una imagen de la artista dolorida y pesimista por el paso del tiempo que se percibe en sus actuaciones televisivas y en las entrevistas de la promoción. En los primeros meses de 1997, todo le parece lejano ya. El mundo que conoció ya es otro. En España, el Partido Popular ha conseguido arrebatar la presidencia del gobierno a Felipe González, ETA mantiene secuestrado al funcionario de prisiones José Ortega Lara (que será liberado apenas mes y medio antes de las muertes de Diana de Gales y Teresa de Calcuta) y Presuntos Implicados triunfan en la radio con *Cómo hemos cambiado.*

Después de buscar durante mucho tiempo un teatro para volver a presentarse en Madrid, el ayuntamiento le brinda la oportunidad de hacerlo en el auditorio del Centro Cultural de la Villa. Eso sí, dentro de un programa dominado por las actuaciones de artistas veteranos, como Olga Guillot, María Dolores Pradera, José Vélez o Felipe Campuzano. «¿Cómo está el momento de los cantautores?», le preguntan poco antes de salir a cantar. La respuesta es categórica: «Muy bueno, los nuevos están tiernos como las *habicas*, pero van desplazando a la música de consumo como el bakalao».

Las galas veraniegas escasean, y a la televisión se asoma de tanto en tanto. Cada vez se siente más sola en la capital. En noviembre no puede evitar emocionarse al acudir a la fiesta con la que EMI conmemora su centenario. Cuando Martín de la Plaza, el ejecutivo que la acompañó durante la grabación de su primer disco en francés, la recibe en la puerta del Casino de Madrid, se le saltan las lágrimas en los ojos: Ay, Jose, me parece que he vuelto a mi casa. La multinacional, sin embargo, se ha desprendido de su histórica sede de la calle Torrelaguna. En la mudanza al complejo que ha construido en Boadilla del Monte se perderán muchos vestigios de aquella época de esplendor para Hispavox. Sí, hubiera sido un detalle bonito que durante la celebración alguien con peso en la compañía se hubiera acercado a ella para preguntarle por sus proyectos y, quién sabe, ofrecerle un contrato. El que la ligaba a DIVUCSA expira sin que el sello muestre el más mínimo interés en renovarlo.

Sus canciones de siempre, sin embargo, siguen sonando. Los periodistas José Ramón Pardo y Fernando Salaverri han constituido un sello, Rama-Lama, dedicado a recuperar en disco compacto las grabaciones que las discográficas guardan con indiferencia en sus archivos. Los dedicados a Mari Trini ven la luz a mediados de 1998 y recuperan, remasterizados, todos sus discos sencillos desde *Amores* hasta *Una estrella en mi jardín*. Como propina, o *bonus-track*, incluye *La costumbre de querer*, que permanecía inencontrable desde hacía un cuarto de siglo. Durante casi dos décadas, hasta que Warner, los nuevos propietarios de EMI, le retiraron la licencia de edición, será el único álbum de la cantautora que habrá en las tiendas.

Gloria Fuertes, una de sus grandes amigas, fallece el 27 de noviembre de 1998 en el Hospital de la Princesa de Madrid. A Mari Trini y a la autora de *Aconsejo beber hilo* las había presentado el cantante Ismael a finales de los sesenta. Además de intercambiar elogios en periódicos y revistas, ambas habían dejado constancia del afecto y la amistad que las unía, ya fuera en la canción *Le robaré* o en un poema en el que la Fuertes proclama que «cuando Mari Trini canta ¡hasta Dios se levanta!». En las puertas del tanatorio en el que se velan los restos mortales de la popular escritora hay numerosos periodistas. A medianoche, cuando se retiran, la artista acude a la capilla ardiente. Junto al féretro, toma su guitarra y en voz baja interpreta algunas de las canciones favoritas de su amiga. Nadie la verá salir.

Después de casi medio siglo viviendo en la capital, parece llegado el momento de buscar otros aires. Pone en venta el chalet del RACE, cerca del circuito del Jarama. De Madrid se llevan, además, una experiencia tan amarga como la de haber sufrido un asalto en la casa y permanecer varias horas a merced de los ladrones, una banda especializada en robar a famosos. Durante unos días se sobreponen al *shock* en la costa murciana.

Este incidente las animará a cumplir el viejo sueño de vivir cerca del mar. Claudette insiste en instalarse en Sant Pol de Mar, a apenas 50 kilómetros de Barcelona, donde tienen buenos amigos. La cantante lo describe como un pueblo bucólico, sin grandes construcciones. El piso, situado en la parte más baja del número 31 del carrer de Villar de Grau, linda con la antigua carretera Nacional II, a un tiro de piedra de la playa. Está en un edificio bajo, con la fachada pintada de blanco y rodeado de buganvillas y pinos; una zona tranquila para pasear, componer y replantearse su carrera. Acaba de cumplir los cincuenta y dos.

Tras casi cuatro años de silencio discográfico, en el otoño de 2001, Hispavox vuelve a editar una recopilación de sus grandes éxitos, un doble CD que significativamente titula *Amores*. Puede ser un buen momento para empezar de nuevo.

Todavía no voy de Los Panchos por la vida, había bromeado con un periodista antes de la mudanza. El destino, siempre antojadizo, le tiene reservada una sorpresa. Entre los proyectos que barajan los propietarios de una nueva marca, Ventura Music, formada por profesionales vinculados desde hace mucho tiempo al negocio discográfico, como el periodista Fernando Salaverri, figura un disco de duetos entre Mari Trini y el famoso trío que ahora lidera Rafael Basurto Lara. Desde los años sesenta, el conjunto ha colaborado en trabajos parecidos con multitud de intérpretes, como Gigliola Cinquetti, Estela Raval o Eydie Gormé.

Al principio me pareció una propuesta extraña, cuenta durante la promoción del disco. Cantar boleros a esta altura de mi carrera... Hay que tener respeto por la buena música, pero el director de la compañía insistió casi durante dos años. Cuando por fin lo vi claro, escuchamos más de cien composiciones. El resultado es el que es: yo no canto boleros, no tengo voz para eso.

La cantautora selecciona, además, trece de sus canciones más conocidas, desde *Cuando me acaricias* hasta *Ayúdala*, y realiza algunos registros en los estudios Capital de Barcelona con el ingeniero Enric Català y el guitarrista Manuel Cubedo. Después, en Miami, Basurto y los suyos completan su parte, con once boleros clásicos. La mezcla final, en la que se descarta incluir la versión sin censura de *Ayer*, se realiza a caballo entre las dos ciudades. Para la portada, se recurre también a un montaje.

Basurto, su esposa Celina Fernández y el perrito de ambos se instalan en la Ciudad Condal para completar el trabajo. Las dos parejas pasan mucho tiempo juntas, como sus mascotas. Mari Trini reacciona airada cuando en un restaurante de lujo ponen reparos a que entren los canes. O nos dejan pasar a todos, o el maestro Basurto no volverá a poner los pies en España y dirá en todo el mundo que fue por su culpa, les amenaza.

—Gracias a esa forma de ser tan de ella —recuerda, divertida, Celina desde Miami—, incluso los pudimos sentar a la mesa.

Basurto aclara enseguida:

—No nos contábamos la vida personal, la más íntima; solamente la artística, nuestros éxitos y nuestros fracasos, porque en la vida profesional siempre hay de todo.

La cercanía de Mari Trini contrasta con la frialdad de su acompañante.

—Claudette nunca tuvo buena relación con nosotros —insiste Celina—, era muy distante. Iba con ella, nos saludaba y después se apartaba. Nosotros tratamos con grandes artistas. Cuando los acompañan sus parejas nos integramos todos. En los años que tengo —asegura—, la única persona que se mantuvo alejada fue ella. Hoy no puedo decir si Claudette era buena, mala, simpática o no, porque apenas hablamos. Para mí, que estaba celosa.

Y el guitarrista puntualiza:

—Yo creo que prefería que Mari Trini se retirara.

Nada más salir a la venta, en los últimos días del verano de 2001, la acogida del disco parece buena. Apoyado por una fuerte campaña publicitaria, en pocas semanas se coloca entre los más vendidos. La presentación en televisión, en el programa que conduce José Manuel Parada, queda deslucida. Según cuenta el matrimonio Basurto, tras una primera actuación, Mari Trini y Claudette se enzarzan en una agria discusión en el camerino. Técnicos y artistas escuchan con claridad las voces. Ana Reverte, que también forma parte del elenco de participantes, ratifica la tensión que describen Rafael y Celina. Pese a la intervención de Parada, Mari Trini se niega a cumplir el resto de las actuaciones pactadas.

Superadas las frases de cortesía y los elogios recíprocos de los primeros días, entre ambas parejas se impone una cierta frialdad que dificulta otras acciones promocionales.

—Se cayó todo —resume Celina—, fue una lástima.

Los problemas financieros de Ventura Music frenan en seco las ventas en los primeros meses de 2002, cuando la circulación del producto aún era buena. Salaverri declina contar ahora lo que pasó.

—Somos pocos ya los que quedamos de aquella época de la música, de los sesenta, setenta y ochenta, y es preferible no hablar —alega desde Madrid.

La productora y la cantante inician una larga batalla judicial que continuará tras la muerte de aquella. Basurto asegura que el disco de duetos solo le proporcionó la satisfacción de haber trabajado con la autora de *Amores*, a la que admiraba mucho, sin ningún otro beneficio económico.

Mari Trini no volverá a pisar un estudio de grabación. El fiasco le provocará una profunda tristeza y la alejará de la música. Cuando le pregunten tres años después, resumirá en pocas palabras lo ocurrido: Me estafaron y me sumí en una depresión.

El final, presiente, está cerca.

18
La caricia del elefante

Guía de escucha: *Querida enemiga*, del álbum *Transparencias* (Hispavox, 1975)

Murcia, 2008

—Al final, no voy a poder ir a tu cumpleaños, me han detectado un cáncer de pulmón —dice Mari Trini, pronunciando de corrido las tres últimas palabras de la frase.

Ella y su amiga detienen la conversación durante unos instantes, como esperando a que la otra añada algo.

—Pero ¿te encuentras bien?

—Sí, sí. Vamos a escuchar otras opiniones, pero nos han dicho que estoy en buenas manos.

La salud no ha dejado de proporcionarle sobresaltos desde que se han instalado en Murcia a principios de 2003. Hasta entonces habían estado viviendo en Sant Pol de Mar. Allí ha sorteado, con la ayuda de un profesional, la depresión en la que se ha sumido tras el fracaso del disco con Los Panchos. No tiene fuerza ni para coger un bolígrafo y firmar, explica.

—Un día hablé con ella por teléfono y la encontré destrozada —recuerda su hermana Miryam—. Me dijo que le estaban haciendo luz de gas. «¿Qué quieres decir?», le pregunté, y no respondió, así que cogí el avión, un tren y me planté allí. Claudette estaba muy pendiente de ella. Para entretenerme, cogí la guitarra y empecé a cantar. Sonrió. «Qué mal lo haces», comentó. «¿Ah sí?», le respondí, «pues toca tú». Le pasé la guitarra y empezó a cantar. «¿Lo ves? ¡Puedes hacerlo! ¿Ves como tienes fuerza para tocar la guitarra?», le insistí. «¿Ves como sigues cantando bien?». Hizo un gesto triste y dejó de tocar. «Sí, pero no puedo, no puedo. Ya no puedo».

Su economía también se ha resentido. Nos quedamos un poco apuradas, casi estuve a punto de vestirme de mercadillo, le contará después a un buen amigo.

Una visita a Murcia le hace considerar en serio la posibilidad de volver a la ciudad en la que nació y donde reside su hermano Gonzalo, al que se siente cada vez más unida. También tiene buenos amigos. Un cambio de aires le vendrá bien.

—Empecé a convencerla por teléfono —concreta Gonzalo—. En Sant Pol estaba más sola que la una y muy triste. Mucho. Vino a pasar unos días con nosotros y hablamos. «Yo creo que deberías comprarte una casa en Murcia», le dije, «con este clima. Además, estarías al lado de los tuyos. Aquí te reconocerán, además, lo que eres en la música de este país, que en otros sitios parece que se les ha olvidado». Eso parece que la ilusionó. Vimos una casa en la urbanización Alto Real, en Molina de Segura, y la compró.

Como ocurrió con Sant Pol de Mar, la nueva mudanza se lleva a cabo con discreción, no ha llegado a las páginas de ninguna revista. Solo *La Verdad*, el diario local, cuenta con naturalidad su paulatina incorporación a la sociedad murciana: participa en una exposición en la que se rinde homenaje a paisanas ilustres, como la académica Carmen Conde, presencia una corrida de toros durante las fiestas, participa en algún acto, el gobierno regional edita un compacto con sus mejores canciones para utilizarlo como regalo de protocolo o acude a la gala de los periodistas de la región.

—No quería salir mucho —advierte Toto Olmos—. Había que convencerla. La invitaron junto a varios personajes conocidos a la cena anual de la asociación y fue con Pedro, un amigo. Cuando me encontré con ellos, la vi un poco nerviosa, triste. Al cabo de un rato me dijo que no estaba cómoda. «Todo este tipo de actos son en cierta forma mentira», me dijo, «hay gente aquí que me ha dado la espalda». Me impresionó mucho el comentario, y a todos los personajes que iba saludando, a Bárbara Rey, a Nieves Herrero, les expliqué lo mismo: «Por ahí está Mari Trini, y se encuentra un poco deprimida, como perdida. ¿Sabes? Cree que ya no pinta nada». Fue emocionante porque después de la cena, cuando empezó el acto, todos y cada uno de los que fueron interviniendo tuvieron palabras de cariño para ella, se acercaron a su mesa, le hicieron una pequeña entrevista, supieron darle su sitio.

En agradecimiento, Mari Trini entona unos versos de *Te amaré, te amo y te querré*. Esa noche será la última que cante en público.

Sin embargo, regresará a los titulares de los periódicos y las radios de la región en junio de 2004. Unos empresarios del transporte por carretera han decidido vender el negocio y dedicarse a la inversión inmobiliaria. Según se cuenta en el publirreportaje que insertan en *La Verdad*, su primer proyecto contempla la construcción de dos campos de golf de 18 y 27 hoyos, un centro comercial, un colegio bilingüe, un hotel de cinco estrellas con balneario, un policlínico, un casino y un teatro que quedará bajo la dirección de Mari Trini. «Es la mejor directora con la que podríamos contar —afirma en la presentación Josefina, admiradora declarada de la cantante, que actúa de portavoz de la promotora—, porque sus vínculos con el mundo del espectáculo resultarán un gran valor añadido para la programación del teatro que lleva su nombre». Durante el acto, que reúne a lo más granado de la ciudadanía murciana, los empresarios no escatiman las muestras de afecto a la artista, que, según el texto, se muestra encantada de patrocinar el proyecto y de dirigir un recinto que, seguro, brillará con luz propia en la Costa Cálida.

Aunque en las fotos se la ve feliz, vestida con un traje largo estampado en varios colores, todavía está recuperándose de la intervención en la que, apenas tres semanas antes, le han extirpado el riñón que ha marcado su existencia desde que era una niña. Un pólipo, cuenta en un semanario, parece ser la causa de una pequeña pérdida de sangre en la orina. El diagnóstico del doctor Ángel Guardiola parece más preocupante: había que operar cuanto antes, ese mismo día, aunque fuera sábado, y retirar el riñón y parte de la vejiga y la uretra. La intervención se lleva a cabo en el Hospital Virgen de la Vega. Le pido a Dios que deje de castigarme, clama en el reportaje con el que ha reaparecido en un semanario.

En plena convalecencia, acude a *Dónde estás corazón*, uno de los programas con los que la televisión pretende arrebatar a las revistas el negocio de la llamada «crónica rosa» o «periodismo del corazón». Cada cadena tiene el suyo, y si el testimonio o la noticia lo merece, no duda en pagar sustanciosas minutas a estrellas e intermediarios. Todo vale a la hora de competir por la audiencia en un país que ha sido salvajemente golpeado por el terrorismo yihadista el 11 de marzo, mientras la cantante se encontraba en el hospital. El vencedor de las elecciones que se celebran dos días después, José Luis Rodríguez Zapatero, ha prometido un tiempo nuevo en política, la retirada de los soldados españoles de la guerra de Irak, avanzar en la igualdad entre hombres y mujeres, luchar contra la violencia de género y la reforma de los estatutos de autonomía.

Cuando su gobierno apenas ha cumplido cien días, Mari Trini cuenta en la tele, en *Lecturas* y en *Pronto* que vive muy feliz en Murcia, rodeada de su familia y de viejos amigos. Aunque ha sido un contratiempo de salud serio, se encuentra bien, ha superado la depresión y tiene muchas ganas de vivir.

> A mí no se me nota la tristeza. Tengo anemia, estoy cansada, me duelen los puntos, porque está todo muy reciente No obstante, aún me queda la humanidad para no quejarme y acordarme de todos los niños que se mueren de inanición. Yo, al fin y al cabo, ya cumplí un ciclo de mi vida y no quiero morirme nunca, o cuando me tenga que morir, pero con tantas criaturas desamparadas e injusticias tremendas como hay en el mundo, pienso que esto mío es una cosa que pasa puntualmente y que aquí estoy para afrontarlo.

Y a la observación: «Eres una mujer muy fuerte, Mari, y la vida no te ha tratado muy bien» del periodista, ella responde:

> Pero ya me estoy cansando de ser tan fuerte. La vida me ha dado mucha guerra, pero en estos momentos le digo aquello de «Jesusito, Jesusito, déjame como estoy». No soy religiosa a pies juntillas, pero me ayuda el pensar en el ser humano, si el ser humano es un producto de una energía, de un Dios Yo pienso que sí, que soy religiosa. También me agarro a Dios porque lo necesito y le pido que deje de castigarme.

Habla con serenidad, pero sus palabras no pasan desapercibidas para los amigos y la gente que dejó en Madrid. Después de varios años de silencio, el teléfono vuelve a sonar. Me gustaría volverme a echar a la cara dentro de algunos años a tres o cuatro directores de casas de discos, ha dejado caer, desafiante, en otras declaraciones, y afirma que le habría ilusionado recibir un reconocimiento a su trabajo, a su carrera, por parte de la industria y los medios de comunicación. El público, aclara rápidamente, sí me lo ha brindado. En definitiva, quiere que la saquen de un olvido que considera inmerecido, injusto.

La discográfica EMI, donde la mayoría de las canciones que grabó reposan en el búnker que han construido en Boadilla del Monte para conservar en las mejores condiciones su impresionante fondo sonoro, parece ahora más dispuesta a poner en valor ese material. Muchos internautas se intercambian ficheros con viejos discos que, por desconocimiento o dejadez de la industria, no han vuelto a reeditarse. Hay pequeñas empresas que se dedican incluso a publicarlos en compacto sin los permisos correspondientes ni la liquidación de *royalties*. Por otro lado, la mayoría de esos artistas siguen teniendo su mayor o menor cuota en el mercado, su público. Ahí están, por ejemplo, los buenos resultados obtenidos con los recopilatorios que editaron con los éxitos de Adamo o el Dúo Dinámico. El que dedican a Raphael le abre el camino para que vuelva a grabar nuevos álbumes de estudio.

Durante la primavera de 2005, el periodista Moncho Ferrer, que asesora a EMI, trabaja con Maryní Callejo en la selección de repertorio para un CD antológico que se nutre de la primera etapa de su trabajo junto a Rafael Trabucchelli y la siguiente, que bautizan como *Una década de color y éxitos*. TVE aporta, además, un DVD con treinta y cinco actuaciones en diferentes programas musicales. Salvo algunas compilaciones en series económicas y a pesar de haber registrado con la compañía cerca de trescientas canciones, este será durante varios años el único título disponible de la cantante en el catálogo de la multinacional. De *Una estrella en mi jardín* se venderán en poco tiempo más de 50.000 copias.

Mari Trini hará entrevistas, anuncian, después de la presentación del disco que se ha organizado en la SGAE el 14 de septiembre de 2005 y que contará con las intervenciones de Teddy Bautista, presidente de la entidad, la exministra Carmen Alborch y otro veterano de la música, Manolo Díaz, que ostenta en esos días la presidencia de EMI. «Este acto pretende ser la reparación de un serio olvido histórico —afirma, rotundo, Teddy al abrir las intervenciones—. Los que conocimos a Mari Trini en su momento, los que compartimos escenario con ella, sabemos que se adelantó casi dos décadas a su tiempo. Era una compositora en tierra de compositores —agrega remarcando el género de ambos términos—. Hay muy poca gente que haya masterizado su oficio a lo largo de los años. Estamos ante una de las personas que mejor ha usado la metáfora, que mejor ha sabido colocar el acento en el fraseado, porque no se trata solo de cantar, sino de que las palabras suenen, y ahí esta mujer ha hecho un trabajo excepcional». Por su parte, Díaz remarca: «Este es uno de esos actos que compensan los sinsabores del presente de la industria discográfica. Me siento profundamente orgulloso de Mari Trini, de ser su amigo tantos años y de estar en este homenaje que se merece más que nadie porque viene a hacer justicia a una de las más importantes estrellas de la música en España de todos los tiempos». En respuesta a un periodista,

Bautista declara: «Sin su precedente, sería difícil incardinar hoy a artistas como Rosana o Bebe. La poesía siempre tiene una carga ética».

Ni yo he abandonado la música, ni ella me ha abandonado a mí, afirma la cantautora. Los tiempos cambian y las posibilidades de hacer lo que tú quieres no llegan en el momento oportuno. Se va a levantar un teatro que llevará mi nombre en San Javier, en mi tierra. Cuando ya no pueda cantar ni subir a un escenario, me dedicaré a gestionarlo y a defender la cultura.

Después de recibir una placa de la SGAE, el presidente de EMI le entrega un disco multidiamante en reconocimiento a los más de diez millones de copias vendidas durante casi cuatro décadas.

—¿Cuándo vas a grabar un nuevo álbum? —le pregunta un periodista.

—Eso, mejor, lo dejamos en puntos suspensivos.

No se trata de una recopilación cualquiera, está muy pensada y escogida, repite durante las entrevistas. A los más cercanos, sin embargo, les expresa su extrañeza porque en la antología se haya incluido íntegro el álbum que grabó con melodías mexicanas, quizá para facilitar su circulación internacional. En las casi dos semanas que dura la promoción habla también con ilusión del teatro que va a dirigir en su tierra y del poemario que prepara. Con Manuel Casquero, un amigo cantante y psicólogo, prepara, a distancia, un libro de corte biográfico.

Meses después de la publicación del disco, en abril de 2006, los administradores de su página web le ofrecen un homenaje íntimo en un restaurante de Murcia al que acuden un grupo de admiradores, a los que ella llama «mis niños». Desde la época de *Amores* teme la efusividad de sus seguidores que inundan el buzón de cartas, llaman al teléfono de su casa constantemente y esperan el tiempo que haga falta en la puerta del camerino para saludarla. En una ocasión, a mediados de los ochenta, esa vehemencia de una admiradora acabó con la cantante en el suelo. El golpe la dejó sorda de un oído durante meses. En Ibiza, otra muchacha se coló en la casa solo para darle un beso. En Murcia querían hacerle llegar un libro.

—En los años que trabajamos juntas —recuerda Maryní Callejo— le tuve que quitar de encima a miles de... admiradores y admiradoras —puntualiza—. Acababan siendo un tremendo coña... —se corta para no terminar la palabra—. Es que no sabes lo que era aquello, se te colaban por debajo de las piernas, por donde fuera. Querían pasar los primeros al camerino a toda costa. Yo les decía: «Pero ¿no os dais cuenta de que Mari Trini está todavía sudando como un pollo, que viene muy cansada del concierto? ¿No tenéis un poco de piedad con ella?». Y ellas y ellos: «¡La queremos ver y hacernos una foto!». Venían cargando, además, con las cámaras, porque ahora con el teléfono sería facilísimo. «¡De verdad, dejadnos en paz!», les pedía, pero ni me escuchaban. Se quedaban allí el tiempo que hiciera falta.

Con una cierta precaución, Olmos plantea a Mari Trini el encuentro con sus admiradores, que organiza cuidando todos los detalles. Él, además, se encarga de recogerla a ella y a Claudette para entrar en el restaurante cuando todos los asistentes, algunos de ellos procedentes de Madrid, Andalucía o el País Vasco, ya hayan llegado.

—Dijo que sí sin pensárselo —me cuenta Toto, a pocos pasos de la casa natal de la cantante—. En el coche, camino de la cena, le expliqué que si por alguna razón no se sentía a gusto, bastaría con que me apretara la mano y yo buscaría un pretexto para llevármela. A poco de sentarnos, noté que su mano buscaba la mía. Nos miramos y, sin palabras, le pregunté: ¿te quieres marchar? Sonrió e hizo un gesto para responder que no; era su forma de mostrarme su cariño. La noche fue emocionante, recibió regalos y se hizo fotos con todo el mundo. Incluso sacó del bolso su videocámara y empezó a grabarnos a todos. Poco antes de marcharnos, me preguntó: «Toto, ¿con quién crees que sueño yo, ¿con gente famosa? No, ni mucho menos. Sueño con los que conozco, con personas normales como vosotros».

«Alma de artista, sensible, humana, sincera y valiente —se lee en la placa que le entregan—. Tu vuelo nunca podrá ser breve porque en tus poemas volaremos siempre».

Un reconocimiento rutinario revela, a principios de 2008, la existencia de metástasis en uno de sus pulmones procedente de un cáncer de hígado. Las primeras impresiones descartan que la nueva enfermedad esté relacionada con la pérdida del riñón y son favorables: quizá hayan llegado a tiempo y puedan controlar la evolución del tumor, incluso extirparlo o encapsularlo. La medicina ha avanzado mucho, repite, nada parece imposible. Viajan a Marbella a consultar a un afamado especialista que le aplica la primera sesión de quimioterapia en un centro oncológico. «Más que un hospital parece un hotel», escribirá años después su hermano Paco (fallecido en 2023 a causa de la misma enfermedad) en el libro de visitas de la web de la institución.

Por ahora, no necesitará volver, podrá continuar el tratamiento sin dificultad en Murcia, le explican, al cuidado de un médico que fue discípulo del oncólogo marbellí. El diagnóstico parece acertado.

Mari Trini no habla de su salud. Restringe al máximo la comunicación con los amigos. Evita atender el teléfono y deja de enviar correos electrónicos. Casi nadie sabe lo que le pasa.

—¿Éramos amigos y, de la noche a la mañana, desaparece? —me explica Toto Olmos—. Hasta tal punto no lo entendía que llegué a cabrearme. Pensaba: no es normal que de repente corte con el mundo y con todo, pero no sabía nada. A finales de 2008 le envié un correo, en aquella época no había WhatsApp. «Mari Trini, sé que no te gustan estas fiestas porque lo hemos hablado más de una vez —le escribí—, pero quiero decirte feliz Navidad y que no comprendo la causa de este silencio». Nunca contestó, pero supe que lo había leído.

La crisis que, imparable también, ha comenzado a minar la economía española paraliza la construcción del teatro y los proyectos de la inmobiliaria para la que trabajaba. Aunque pasa la mayor parte del tiempo en casa, algunas veces se la ve junto a Claudette por la ciudad. La escritora Marisa López Soria, que solo la conoce por algunas de sus canciones, cree verla con unas bolsas en la mano en la escalera mecánica de unos grandes almacenes. En ese momento López Soria no sabe que doce años después de su muerte transformará la biografía de la cantante en un cuento para niños.

—Entonces ya estaba mal. Tenía un semblante muy serio. De pronto, te impacta ver de cerca una artista a la que admiras, ¿no? Y, además, tan cerca. Ella descendía, yo esperaba para subir. Pude verla perfectamente. No nos hablamos, pero recuerdo que en ese momento pensé que, por tenerla así, cerca, al alcance de cualquiera, quizá no le estábamos dando la importancia que mereciera. O sea, cómo va a ser bueno en lo suyo, o famoso, mi vecino si lo tengo cerca. Es así siempre. Hay que marcharse lejos para que te valoren.

El periodista Miguel de los Santos, que está produciendo un documental sobre el Festival de Viña del Mar en el que intervienen todos los cantantes españoles que han pasado por el escenario de la Quinta Vergara, consigue localizarla y cierran una fecha para la grabación, cuando se recupere de la quimioterapia que acaba de recibir. Sin embargo, no vuelve a tener noticias de ella.

Su estado de salud se deteriora por días. El dolor empieza a ser insoportable. Aunque mucha gente la reconoce en la sala de espera, las consultas, los pasillos del Hospital General Universitario Morales Meseguer, nada trasciende. «Tengo todos tus discos, ¿puedo traerlos para que me los firmes?», le comenta en cierta ocasión la enfermera que la atiende, «Por supuesto», responde. Al término de una sesión de sueros estampa su autógrafo en cada portada. Después de cada ciclo regresan al chalet, en una urbanización nueva, a las afueras de la ciudad. Su hermana Miryam se queda algunos días a cuidarla. A veces atiende ella misma el teléfono. Esa Navidad le dan una guitarra y canta viejas rancheras, como hacía su padre. Cuando el tránsito parece ya inevitable, le asignan una habitación para un único paciente en la segunda planta, la oncológica, del hospital.

—Por alguna casualidad, otro amigo de aquí, de Murcia, se enteró de que Mari Trini estaba ingresada —explica Toto Olmos—. No me quiso decir nada, se presentó allí y vio a Claudette. Para entonces, era cuestión de cuatro o cinco días, aunque a ratos estaba consciente. Entró a verla y le dijo: «Mari Trini, vamos, que te vas a recuperar». Ella tenía mucho miedo, preguntaba: «Pero ¿voy a salir de esta?». Al parecer le hacía esa pregunta a la poca gente que lo sabía, como la promotora del resort. «Claro que te vas a recuperar», le dijo él, «y quedaremos con Toto».

Él no quiso contármelo, ya estaba muy mal, pero acabé enterándome y entonces el puzle encajó. Entendí el silencio, yo hubiera hecho igual. Hay cosas que no se pueden contar.

«¿Qué espera ahora de la vida?», le había preguntado el periodista Víctor M. Amela durante su última campaña de promoción. «Vivirla, vivirla en plena paz conmigo misma», respondió con una sonrisa. «No temo a la muerte, aunque subir al tren da reparo».

En esos últimos días, plenamente consciente de la situación en la que se encuentra, se muestra animosa e irónica. Se escapa con Miryam a fumar a una terraza y, al ser descubiertas, replica a las enfermeras: La que se va a morir soy yo.

Tal como le dijo a Pedro Ruiz en TVE:

> Aunque estemos rodeados de gentes, todos nos moriremos solos. Desde que era una adolescente estoy convencida de que ese tránsito hay que ligarlo a una auténtica calidad de vida y al amor. Por amor nacimos, vivimos, y por amor hay que irse, como una gota de agua, a la otra vida. Cuando era más joven creía en la reencarnación.

En cierto modo, había explicado cuarenta años antes, morir debe ser una liberación. Tengo obsesión con la muerte, no la física, que creo que debe ser un mal rato, un mal trago, sino con dónde iré a parar, el miedo doloroso de cómo poder explicar a Dios, con el alma solo, sin materia, lo que hice aquí. Es la obsesión más grande que tengo y que he tenido, desde muy pequeña, porque, además, la he visto muy de cerca. Me asusta y casi me maravilla. El problema está en saber dónde, cuándo, por qué.

Aunque había suscrito un documento de voluntades anticipadas, lo que popularmente se conoce como «testamento vital», el equipo médico insiste en anunciarle que le van a aplicar una sedación terminal.

La muerte me asusta y me maravilla, había dicho la paciente. Una vez tuve un sueño: estaba en la oscuridad más absoluta y se veía una luz muy lejos. Yo pensaba que nunca podría alcanzar esa luz. Entonces alguien me decía: Si niegas esa luz y no caminas, morirás de verdad. Intentaré alcanzar esa luz.

La explicación del médico es breve, casi tanto como la respuesta de la paciente: Bueno, voy a torear ese torito.

19
En un tren que me llevará lejos

Guía de escucha: *La bouteille à la mort*, del álbum *Mari Trini canta en francés* (Hispavox, 1975)

Es Martes Santo, medio país se prepara para salir de vacaciones. Se especula con la posibilidad de que a lo largo de la jornada José Luis Rodríguez Zapatero anuncie la composición de su nuevo gobierno, con menos ministros, según adelanta *El País*, para afrontar con más eficacia la crisis económica. Mientras el flamenco llora a Chano Lobato y Barack Obama entierra en Turquía la idea del choque de civilizaciones, la Agencia EFE difunde la noticia durante la madrugada:

> María Trinidad Pérez de Miravete Mille, conocida artísticamente como Mari Trini, ha fallecido a los sesenta y un años en un hospital de su tierra natal, Murcia, según han informado fuentes de la Consejería de Sanidad de la Comunidad. Por expreso deseo de la familia no han trascendido las causas de su fallecimiento.

Desde primera hora de la mañana, las ediciones digitales de los periódicos se hacen eco del óbito. «Se apaga la voz emblemática de la España de los 60 y 70», reza un titular. Empiezan a llegar reacciones; una de las primeras, la de Manolo Escobar desde Benidorm: «Fue una mujer comprometida con su época, una gran amiga con una gran simpatía». *La Nueva España* despide a «la voz melancólica de la música española». No tardan en aparecer perfiles biográficos, más o menos apresurados y cargados de lugares comunes.

Los vídeos de sus actuaciones se funden con planos del Hospital Morales Meseguer en todos los telediarios. En algunas imágenes, se ve a Claudette con María Mille y los hermanos, con el semblante serio, alineados en fila, ante la cámara. El nombre de Mari Trini se cuela también en páginas de varios diarios europeos y americanos.

A media tarde, la Cadena SER le tributa un homenaje en el programa *La ventana*. «Quien vive la música nunca se aparta de ella —aclara el periodista Joaquín Hurtado—, puede que lo haga de los circuitos comerciales, de las grabaciones, de los conciertos. De todo eso Mari Trini se alejó de una forma que a ella no le hubiera gustado hacerlo, pero me consta que nunca dejó de escribir y crear. Una vez contó que, como nadie parecía atreverse a rendirle el homenaje que se merecía, ella estaba dispuesta a organizarlo en Murcia».

«Estoy muy triste —reconoce Maryní Callejo, destrozada— porque poco a poco se me va marchando mucha gente». «¿Sabías que preparaba un concierto de despedida?», le pregunta la presentadora. «Sí, ella quería que yo lo hubiera dirigido. Trabajamos juntas muchos años. Nuestra amistad ha seguido siempre siendo la misma. Hablábamos con frecuencia, hasta que al final dejó de responder a las llamadas y a los mensajes. Ella era muy reservada, muy amiga de sus amigos, nunca quiso airear su vida personal —sigue recordando la pianista—. He compartido a su lado momentos maravillosos. Como me ocurrió con otros artistas, la colaboración con ella nunca se limitó a lo profesional». «¿Te quedarías con una canción?». «Quizá *Una estrella en mi jardín*, que compusimos juntas». Y concluye: «Quisiera que la recordaran con más generosidad y justicia que hasta ahora. Ha sido una cantautora que ha marcado un momento importante en la música española, aunque ya no se hablaba de ella».

«Siempre la recuerdo llena de vida y muy honesta en su trabajo —agrega Luis Eduardo Aute—. Yo le decía: "Estoy encantado de darte mis canciones, pero no entiendo por qué no cantas las tuyas". "Todavía no", me respondía ella. Fue una mujer muy suya, entendía el oficio a su manera, no se dejaba llevar por las modas ni las influencias del momento, veía la canción como una manera de vivir, como una forma de ser. Era siempre muy coherente en un mundo, el suyo, muy cerrado. Cuando nos conocimos, entre nosotros hablábamos en francés».

La crisis de gobierno acapara ya las portadas de los periódicos y la muerte de la cantautora queda relegada a los obituarios. En el que firma el periodista y compositor Carlos Toro en *El Mundo* asegura que la artista fallecida era la introspección en estado puro:

> No enviaba mensajes. Hablaba, componía, cantaba casi siempre de sí misma, pero no por egocentrismo, sino en representación de todo ser humano y sus sentimientos universales. Eso era Mari Trini: un ser humano en toda la extensión de la sensibilidad extrema. No cabe carga más pesada. No cabe mayor halago.

En este mismo diario, el escritor Luis Antonio de Villena escribe:

> Pisó fuerte en la escena musical española, poseyendo voz propia, tono propio y un hacer compositivo absolutamente suyo, por lo que siempre resultó más raro y enigmático su eclipse, aparentemente por razones personales nunca aclaradas. Quien dudase de la calidad de la cantante no tiene sino que recordar álbumes como *Una estrella en mi jardín* (1981) o canciones que nunca dejaron de serle pedidas como *Yo no soy esa*, la mencionada *Ayúdala* o *Te amaré, te amo y te querré* que siguen estando en la memoria y el susurro de muchos y muchas. Nadie puede ni debe dudar (pese a los años oscuros) del valor y la calidad dentro de la balada del hacer originalísimo de María Trinidad Pérez de Miravete, nuestra murciana Mari Trini.

Como ocurrió con el responso, al funeral, que oficia en la catedral de Murcia, el 1 de mayo, el dominico Segundo Salazar, el amigo de la familia que bautizó a Gonzalo y casó a todos los hermanos, acude menos gente que la que esperaban los amigos y la familia.

—En la catedral estábamos cuatro. Así como suena: cuatro —remacha Toto Olmos—. Parece increíble que no aparecieran las autoridades, ni siquiera el concejal de Cultura. Solamente fuimos los amigos y poca familia. Me pareció un poco triste. Cuando murió mi padre, se llenó la iglesia y, sin embargo, a Mari Trini, que es una figura internacional, ¿no va a despedirla nadie?

«Fue una buscadora de la verdad, la belleza y la trascendencia, y, también, una luchadora por la libertad», proclama el sacerdote, y añade: «Quiso ser siempre ella misma, y luchó en todo momento contra todas las imposiciones que intentaran apartarla del camino que había elegido en uso de su libertad».

En la homilía, el oficiante deja claro, además, que la esencia de lo que fue la cantante «está en sus canciones, donde se recogen sus sentimientos, emociones y, también, sus frustraciones».

La prestigiosa Coral Discantus cierra las exequias con la interpretación de *Una estrella en mi jardín*. Aunque la familia elige *Yo confieso*, los responsables eclesiásticos consideran que la letra no es la más apropiada para una misa.

20
Una memoria sentimental

Guía de escucha: *Ayer*, del álbum *Escúchame* (Hispavox, 1971)

La mañana que llamo a la puerta de Mari Trini han pasado trece años desde su muerte. La noche anterior, mientras ceno con otros autores que participan en la Feria del Libro de Murcia, el escritor Pablo de Aguilar González se ha ofrecido a acompañarme a la casa. Mi hotel está cerca del Morales Meseguer, también del Hospital de la Vega.

—¿Quieres ver la zona y tomar unas notas? Igual te viene bien para el libro.

—¿Qué libro? —bromeo.

—El que terminarás escribiendo sobre ella —responde con una sonrisa cómplice.

Mi cicerone da una vuelta a la manzana. Creo reconocer el lugar donde retrataron a Claudette, la madre y los hermanos la mañana siguiente al óbito. Después salimos del casco urbano. El GPS nos lleva hasta un punto elevado de la calle.

—No, no es ahí.

Descendemos hasta el primer chalet en el lado derecho de la vía.

—Te espero aquí —anuncia Pablo—, es mejor que vayas solo.

Llamo al telefonillo. Mientras espero que respondan, observo el viejo cuatro por cuatro aparcado dentro y cubierto de polvo, debe de hacer mucho tiempo que nadie lo conduce. El agua de la piscina está verde, el césped parece también descuidado.

Desde hace casi cincuenta años he fantaseado con ese comienzo para mi libro. Hace unos meses he cumplido los doce, estudio sexto de EGB y me acaban de dejar la gimnasia para septiembre. El último día de curso, un amigo propone que pasemos la noche en casa de su abuela, en el Paseo de los Tristes, a los pies de la Alhambra. Durante las Fiestas del Corpus, el ayuntamiento monta una tarima y contrata a los cantantes del momento. Acepto la invitación de mala gana. Esa noche actúa Mari Trini, una cantante que no goza de mucha simpatía en mi casa. A mi padre le parece fea y triste. Mi madre, que ha sufrido una parálisis facial después de una operación de oído, pondera a veces su afán de superación, pero, casi siempre, le recuerda el estigma de saberse desfigurada. La intervención quirúrgica y sus secuelas han abierto, además, una profunda crisis en el matrimonio, que irradia a toda la familia y de la que consigo evadirme leyendo los libros de la colección Reno que cada diez o quince días mi madre me manda a comprar al quiosco. Las novelas de Tarzán, de Edgar Rice Burroughs, y las historias de Carlitos y Snoopy también me ayudan a matar el tiempo en mi dormitorio, de donde solo salgo para ver películas de reestreno en el Cine Astoria, a dos pasos de mi casa.

A mi amigo no le gustan las canciones románticas. Tendríamos que haber seguido el concierto desde el balcón de su abuela, pero bajamos al paseo para mezclarnos entre los espectadores. Es fácil colarse sin pagar entrada. Cuando las farolas se apagan, localizo dos sillas vacías a pocos metros del escenario, y no me lo pienso. Le hago gestos a mi acompañante para que ocupe la otra. No se atreve a correr por el pasillo que divide el improvisado auditorio. Enseguida me olvido de él. Debe ser bonito enamorarse y escribir canciones de amor como estas, pienso mientras escucho a Mari Trini, sentado en la segunda fila.

«Cuando la lluvia cae, se funde el hielo». Se me eriza la piel al escuchar la voz de esa mujer menuda vestida de negro. «Quién a los quince años no dejó su cuerpo abrazar». Yo tengo doce, hago la cuenta enseguida. Enamorarse debe ser maravilloso, me digo. En un momento dado aparece la tuna y cantan con ella *Vals de otoño*. Luego presenta a los músicos. Está a punto de despedirse, intuyo. Antes de arrancar la última interpretación, advierte: A mí me gusta hacerlo todo así: de frente y cara a cara. La gente aplaude sobre la corta introducción musical. «Mañana me iré despacio, sin dejar ninguna huella». Cuando termina, todo el mundo intenta llegar al escenario. Le lanzan flores. «Otra, otra», reclama la multitud.

Aprovecho la confusión para buscar la puerta que conduce a los camerinos. Un hombre me cierra el paso con mal genio. «Niño, ¡vete de aquí, que estamos trabajando!». Ya no se escucha la música, han apagado las luces, el paseo se va quedando vacío. El portero deja pasar a un grupo de muchachas. Intento infiltrarme entre ellas, pero cuando estoy a punto de conseguir mi objetivo, el sujeto me agarra por el hombro. «¿Otra vez? Hace rato que deberías de estar en la cama, menuda bronca de tu padre te vas a ganar». Mi amigo, que me acompaña desde hace un rato, está de acuerdo con él. ¿Qué hacemos allí? Sería mejor que volviéramos a la casa, puede que su abuela esté preocupada. Le recuerdo lo que nos ha dicho al salir: «Bajad a la calle, disfrutad, que bastante os habéis esforzado durante el curso». Creo que a él no le ha gustado demasiado la actuación. Sé que prefiere la música en inglés. «Es más moderna», opina. «Pero mucho menos romántica», replico yo. Esa primavera he leído dos o tres veces *La vida sale al encuentro*, de José Luis Martín Vigil, y *Edad prohibida*, de Torcuato Luca de Tena. Lo que he podido escuchar esa noche de Mari Trini encaja en mi universo sentimental, del que también forma parte una pequeña antología de Miguel Hernández que he comprado por 75 pesetas.

La espera se nos hace cansina. «Pero esa mujer ¿no se va a dormir?», pregunta mi compañero. En el límite justo de su paciencia aparece el padre de otro amigo, que trabaja en la radio y me regala discos. No necesito dar muchas explicaciones. Toma mi mano y, para sorpresa del portero, avanzamos por un corto pasillo, llama con los nudillos en una puerta entreabierta y casi sin esperar la respuesta, me coloca delante de la artista.

—Quie… quiero un auto… autógrafo suyo.

Mari Trini sonríe.

—Qué pena —escucho que dice una mujer con acento francés—, se nos han acabado las tarjetas.

Durante un instante clavo mi mirada en sus ojos azules y busco las secuelas de la parálisis en su rostro cuando sonríe. Con el cigarro en los dedos, acerca mi cara a la suya y me planta dos besos. No sé cómo reaccionar. El periodista se despide.

—¿Y no te ha dado nada? —pregunta mi anfitrión camino de casa de la abuela.

Me encojo de hombros.

—¿Ni una foto siquiera?

Al acostarnos, vuelve sobre la historia:

—Pero ¿no pudo escribirte algo en un papel o regalarte un disco, al menos?

—Tampoco se me ocurrió pedírselo —respondo.

El otro desconfía:

—A ver si todo es mentira…

—Bueno, me dio un beso, lo vio todo el mundo.

—¿Un beso? ¿Y para un beso hemos estado esperando tanto rato? ¡Qué raro eres!

No respondo.

La casa está a oscuras. Tardo en conciliar el sueño. Me invade una extraña sensación de felicidad.

Desde aquella noche del 74 recorto de las revistas que entretienen a mi madre cualquier noticia relacionada con Mari Trini, escucho una y otra vez sus canciones, las analizo, busco posibles mensajes, imito su escritura o grabo en un casete el audio de sus apariciones en televisión. Cada vez que me quedo solo en casa, aprovecho para llamar a Hispavox y pedir su número de teléfono. A fuerza de insistir, obtengo los de Alberto Cortez y José Luis Perales, que salen del apuro como pueden. El primero me envía, a través de su oficina de prensa, una foto dedicada; el segundo asegura que no la conoce. Al fin logro convencer a una operadora del 003, el servicio de información. Le cuento que la familia intenta localizar a mi madre en Madrid para contarle que nuestra abuela ha muerto.

—Incluso hemos pedido a Radio Nacional de España que lo anuncien en el Servicio de Socorro que emiten después de los diarios hablados.

La muchacha (porque yo imagino que tiene mi edad) cae en el engaño.

La escucho cuchichear con otras telefonistas.

—Creo es este: 207 75 93. Lo siento mucho, ¿eh?

Procuro retener en la memoria los números y cuelgo.

Aprovecho cualquier oportunidad para quedarme solo en casa y poder llamar con tranquilidad. Las primeras veces me puede la timidez. Corto la comunicación al segundo o tercer tono. En realidad, no sé bien qué diré. ¿Debo preguntar por Mari Trini sin dar ningún rodeo? ¿Y cómo me presento? ¿Soy un periodista, un admirador, un amigo? ¿Sabré hacerlo sin ponerme nervioso, sin balbucear, como cuando en el patio me acorralan los matones de la clase? ¿Seré capaz de hablar alto y claro, de vocalizar, igual que lo hago por las tardes en el despacho del director al rezar el avemaría ante el micrófono para todas las aulas? ¿Podré desprenderme de esa voz aflautada que mucha gente identifica como femenina?

—No *egstá* —responde tajantemente Claudette el día que por fin me atrevo a entablar la conexión. Tiene que ser ella, la secretaria francesa con la que aparece en muchas revistas.

—¿Cuándo vuelve? —pregunto, intentando dar hilo a la conversación, sin éxito.

—No *egstá*, no *egstá* —repite y cuelga.

Insisto esa tarde y obtengo la misma respuesta. Al tercer o cuarto intento, la línea está ocupada. Han debido de dejar descolgado el auricular.

Para camuflarme, utilizo las mismas tretas que con la telefonista de Hispavox. El resultado es desastroso. Claudette se irrita, su oído es mucho más fino y me descubre antes de que logre decir dos o tres palabras seguidas.

—¡Voy a *llamag* a la *poligsia*! —grita un sábado en el que agoto su paciencia.

Inesperadamente, días más tarde aparece en escena otra voz, mucho más dulce, con un suave acento sudamericano. Es la asistenta. Según me explica, su marido y ella trabajan en la casa de El Plantío desde que vinieron a España de Uruguay hace poco más de un año. En Montevideo tenían una vecina oriunda de un pueblo cercano a Granada, de la que perdió el contacto. Mis padrinos viven allí. Quizá conozcan a la familia de esa mujer. He encontrado el punto de coincidencia que necesitaba para ganarme su confianza. Ante la sencillez con la que se expresa mi interlocutora no necesito mentir. Ha debido intuir que habla con un adolescente. Las conversaciones empiezan a alargarse. Todo parece más sencillo. Mientras le hablo con naturalidad de lo complicado que puede ser el día a día en el colegio cuando no se quiere jugar al fútbol, saltar el potro ni trepar por la soga, la mujer me abre, al menos en la imaginación, las puertas de aquel caserón que he visto en las revistas y en las fotos de los discos.

Por ella me entero de que, entre viaje y viaje, a la cantante le gusta quedarse en casa, rehúye los compromisos, prefiere leer, escuchar música. Se levanta tarde, le dan las tantas trabajando abajo, en su estudio. Siempre hay un perrillo correteando de un lado a otro. No se le da mal del todo cocinar. A veces invita a almorzar a periodistas y a gente de su profesión, como Massiel.

—El otro día la llamó el representante de Camilo Sesto para pedirle una canción —me anuncia.

Desde hace tiempo sueño con irme a vivir a Madrid. Quiero estudiar Periodismo y publicar un libro sobre mi cantante favorita. Dos años después de nuestro encuentro, vuelve a actuar en mi ciudad. Me entero tarde. Cuando llego al lugar de la presentación, están desmontando el escenario. Con lo poco que me cuentan los operarios, redacto una crónica y la envío a la revista *Top Musical*, junto a uno de los poemas que le he escrito. Casi medio siglo después, otro admirador de la cantautora encontrará ambas publicaciones en la Hemeroteca Nacional.

Imagino a Mari Trini y a Claudette recorriendo España en su Tiburón. Dos mujeres solas, independientes, cultas, divertidas. Mis padres tienen varias parejas de amigas que viven juntas. No son parientes, ni mucho menos. Simplemente se limitan a compartir el piso, las vacaciones, el coche e, incluso, la ropa. A pesar de la diferencia de edad, conectamos. Nos profesamos mutua simpatía. Unas y otras suelen invitarme a sus casas, a las fiestas que organizan. Eso sí, nunca se salen del guion, amigas y nada más, no hay gestos cariñosos y controlan al máximo su complicidad.

Distintos avatares me desvían del destino que me había fijado. No llego a ir a estudiar a Madrid, cambio el periodismo por la enseñanza, me echo novia mientras estudio Filología. El destino vuelve a cambiar entonces el guion. Varias casualidades me llevan a la radio, primero, y a la redacción de un periódico, después. Con lo que gano trabajando de sol a sol puedo casarme.

Diez años después de aquella noche que la escuché cantar a los pies de la Alhambra, vuelvo a encontrarme con Mari Trini. En el camerino están Maryní y Claudette, que se acuerda de aquel adolescente que telefoneaba a todas horas. Me gusta mucho el nuevo repertorio. Acaba de publicar un disco dedicado a reivindicar los derechos de la mujer, aunque mi canción favorita por entonces es *Una estrella en mi jardín*.

Pasan dos veranos. Al término de otra actuación, acudo a saludarla. Está sola.

—¿Y Maryní? —le pregunto.

—Enfermó —contesta con una cierta aspereza mientras se lleva los dedos que sujetan el cigarro a la cabeza—. Luego la llamó José Luis Moreno y se fue a trabajar con él. Yo ya estoy en otra onda.

No menciono a Claudette.

—Bueno, vamos, pregunta y terminemos, que hay que trabajar —me apremia.

Habla con desgana del último disco.

—Habrá novedades —anuncia, pero evita entrar en detalles—. Es muy duro seguir tirando del carro después de tantos años —no despega la mirada del micrófono de la grabadora—, yo soy empresaria, pago a cinco músicos, el transporte, el montaje, la Seguridad Social, los impuestos. Nadie te echa una mano. Vivimos en un país muy ingrato. Estoy mona en la portada del disco, ¿verdad?, con tanto verde a mi alrededor

—¿El próximo? —insisto.

Sonríe con complicidad.

—Igual me marcho a grabarlo fuera, a Francia. Es hora de ir despegándose de todo esto.

Busca un encendedor en un bolso.

—Veo que a ti no te van mal las cosas —comenta con complicidad antes de abrir la puerta.

—No me puedo quejar, Mari Trini.

Así que pasan cinco años. Ahora trabajo en Canal Sur. Desde que he llegado a la empresa, tengo buena relación con el director de la emisora y la productora, su mano derecha. Una mañana me llaman al despacho, quieren pedirme un pequeño favor. Son los responsables de un programa de entrevistas en televisión. Mientras la productora habla, el director asiente. «Que dice una realizadora que una amiga suya que conoce a alguien en la televisión de Galicia o de Cataluña, vaya usted a saber, le ha contado que les costó mucho trabajar con ella. Todo el mundo lo sabe: esa mujer no está bien», resume la productora. Me desagrada lo que estoy escuchando y, además, llevo prisa.

—Entonces, ¿por qué la contratáis?

—Hombre, porque es Mari Trini —tercia el director—, y a la gente le gusta.

—Y porque sale barato traerla —añade la productora—. Nos va a quedar un programa redondo: dos o tres entrevistas interesantes, Alberto Cortez y Mari Trini.

—Se me ha ocurrido que podrías echarnos una mano —añade él enseguida—. Quiero que te vengas a la grabación todo el día. —Lee la extrañeza en mi cara—. ¿No me contaste que has visto un par de veces en persona a Mari Trini, que tienes todos sus discos? Pues desde que llegue, dentro de un rato, hasta que terminemos, necesitamos que no te separes de ella, le das conversación y la entretienes.

—Grabar este tipo de programas lleva un día entero, de la mañana a la noche —explica la productora sin dejar de hacer anotaciones en una agenda—. Los artistas vienen a media mañana, almuerzan muchas veces en el camerino, se preparan para la prueba de sonido, se visten, los maquillan, que si corten, que si el *playback* no entra a tiempo. Total, que para cuando nos queremos dar cuenta son las tantas de la noche. Si esa mujer está deprimida y la encerramos en un camerino, es normal que se aburra y empiece a beber, y que cuando llegue el momento de salir al plató no pueda con su cuerpo, pero si tú le das un poco de palique, controlas lo que le sirven, la animas y nos avisas cuando veas algo raro, evitamos ese peligro.

—¡Me parece una tontería! —exploto—. Ni tengo confianza para eso ni creo que lo que os han contado sea verdad. Tampoco puedo dejar mi trabajo para ser vuestro hombre de compañía. Tengo mucho que hacer.

—De eso me he ocupado yo —me interrumpe con firmeza el director—, el resto es un favor personal que te pedimos y que, lógicamente, estás en tu derecho de atender o no.

Acudo al camerino con un ramo de flores. Claudette busca una botella con agua para ponerlo. En un bolso, con la pareja viaja un yorkshire terrier. Llega un socio de Trabucchelli en Espectacular. Trae la edición en disco compacto de *Espejismos* que no conozco. Mari Trini abre el libreto y me enseña un poema. Lee en voz alta: «... tres castillos, dos salones, un sótano, uno nace, dos mueren, tres desgraciados cantan».

—Son cosas que se me ocurren, tengo muchos guardados —me explica.

—La verdad es que el disco está muy cuidado —se apresura a añadir el ejecutivo—, a ver si hay suerte. Ya hay varias compañías americanas que lo van a distribuir en varios países.

La artista no atiende la conversación y prefiere jugar con el perrillo o hablar con su hermano Paco. Claudette ha extendido el vestuario que va a utilizar en la actuación, una larga falda negra, una blusa como de gasa con pequeños lunares, tacones de aguja y un pañuelo en tono dorado. Llaman para la prueba de sonido. Antes de subir al escenario, se desprende del chaquetón de piel blanco.

El directivo, Cortez y yo seguimos la prueba desde el piso superior.

—¿Cómo está Mari? —pregunta el cantautor.

—Ilusionada —responde el otro—. Ya sabes lo difícil que están las cosas. Las historias del 92 se están llevando todo el dinero. Me temo que el verano va a ser duro. Los ayuntamientos solo quieren contratar a esos grupos de tres al cuarto que ahora mismo copan todas las discográficas. Parece mentira... con lo que fuisteis.

Cortez guarda silencio.

—Y mover el disco es todavía peor —prosigue el directivo—. En la radio, si no pagas... En América nos hacen siempre las cuentas del Gran Capitán. Total, un desastre, Alberto. Claro, todo eso a una mujer como ella le pasa factura. Qué te voy a contar que no sepas. Solo hay que ver cómo os echaron de Hispavox.

Cortez y Mari Trini se abrazan. Por un momento, creo que él la levantará del suelo. Ella tira de su mano y lo lleva al camerino. Temo que cierren la puerta, pero el ejecutivo se adelanta y lo impide.

—Vamos, pasa —me dice.

Los dos cantantes están sentados frente a frente. Hablan de Renata, la esposa de Alberto.

—¿Cómo van las cosas? —le pregunta él.

—Bien, bien, ya sabes... Ahora de aquí para allá con la promoción.

—Tendrías que hacer un disco de tangos, Mari.

—¿Te acuerdas de que también me lo decía Waldo? Quién sabe, cualquier día me pongo y... —Gira la cabeza y busca la mirada de Claudette.

Cuando regresa al camerino después de cantar, Claudette tiene preparada la maleta.

—Si estuviéramos en Madrid, me habría llevado las flores —dice—, son tan bonitas...

Alberto llama a la puerta, Tiene que tomar esa misma noche un avión y quiere despedirse. El ejecutivo me deja una tarjeta.

—Ay, Mari Trini, Mari Trini… —repite Cortez el nombre—, cuánto me alegro de verte.

—Y yo a ti, Alberto. Ha sido fácil, ¿verdad? No como en el concierto en el Teatro Salamanca, en el 84. —Y volviéndose a nosotros, comenta divertida—: Él es tan grande, tan fuerte, que rompió el pedal del piano. Lo que pasó la pobre Maryní para arreglarlo sin que se notara.

Ríen y vuelven a abrazarse. El cantante no se aparta de ella.

—Siempre te veo como aquella vez, en la Gran Vía, ¿recuerdas? Conducías un descapotable con un pañuelo en la cabeza a lo Isadora Duncan.

—Busca a otra, Alberto —Mari Trini, supersticiosa, hace un gesto con la mano derecha—, que esa no tuvo buen final.

—¡Qué tiempos, Mari!

—Sí, Alberto, qué tiempos.

Cuando llego a la puerta, pregunto al director y a la productora:

—¿Todo bien?

—Perfecto —responden—. Uno de los mejores programas de la serie. Todo en hora y sin el menor problema. Así da gusto trabajar.

No fue fácil entrevistarla a lo largo de los años noventa. Había cambiado de número y tanto en la discográfica como en la oficina de representación aseguraban que la veían muy de tarde en tarde. Aun así, logré localizarla y proponerle un libro de memorias. Acababa de publicar *La vida es el precio*, las memorias de Amparo Muñoz, y en la editorial no veían con malos ojos que escribiera otro en esa misma línea con Mari Trini.

Por primera vez en los más de treinta años que llevo intentando hablar con ella por teléfono, ha atendido ella misma la llamada.

—Puedo enviarte el libro de Amparo a Sant Pol de Mar, para que lo leas y te hagas una idea —le propongo.

—Ahora vivo en otro sitio —me explica.

—Pues si estás de acuerdo, organizamos una serie de entrevistas en Madrid o en Barcelona, donde sea más cómodo para ti.

No sé cómo interpretar su silencio. Me deja hablar y hablar hasta que yo mismo pierdo el hilo de la conversación.

—Estoy en Murcia —responde al fin—, un poco apartada de todo. Además, me han operado de un riñón. En fin, leo el libro y te cuento. Apunta la dirección.

No me llega a decir que EMI está a punto de rendirle un homenaje, en la SGAE y con una exministra. «¿Ves como no está olvidada?», comento a mi agente cuando me entero. Es el momento oportuno para unas memorias o una biografía, lo que quiera. Se lo recuerdo a Mari Trini mientras la entrevisto durante la promoción del recopilatorio *Una estrella en mi jardín*. Antes de despedirnos, le pregunto:

—¿Crees que la cultura española ha sido generosa contigo?

—El público sí —responde—, pero me ha costado mucho demostrarlo, más que a otros artistas, sobre todo varones. La independencia es muy dura y tiene un precio. El que yo he pagado ha sido alto.

El día que por fin consigo llegar a la puerta de la casa de Mari Trini, estoy a punto de cumplir los sesenta. Hacía tiempo que nadie atendía mis llamadas. La última vez había sido en 2019 mientras escribía un libro sobre Waldo de los Ríos. Tenía delante unas fotos en las que se veía al músico acompañando al piano a la cantante en Mallorca. En otras se abrazan, se les ve felices.

Claudette observa la escena desde un lateral del pequeño escenario. Aunque hayan pasado cuatro décadas desde esa noche, se acuerda perfectamente de todo.

—¿Te apetecería tener la foto? —le digo—, puedo mandártela.

—No, no —responde ella casi en voz baja. Las voces que llegan de *Sálvame*, el programa de televisión que triunfa por las tardes en ese momento, ahoga la negativa—. Los dos tenían su carácter, a veces coincidían y otras chocaban, esas cosas pasan en todos los trabajos, pero en general tuvimos buen recuerdo de él.

Dejamos pasar unos segundos en silencio.

—¿Cómo te encuentras, Claudette?

—Bien, bien, son muchos años.

—¿Vives sola?

—No, no, qué va, hay una señora conmigo, y mi hijo viene a verme cuando puede.

Cuando por fin estoy delante de la casa de Mari Trini, necesito llamar varias veces al telefonillo. Pablo de Aguilar decide bajar del coche y viene hacia mí.

—¿No hay nadie? —pregunta.

El corazón me late con la misma fuerza que lo habría hecho si hubiera cumplido alguna vez aquel sueño adolescente. Llamar al timbre de la Casa de Piedra, esperar que la puerta se abriera, explicar a alguien con una sonrisa quién soy y a qué he ido. «Uy, desde tan lejos A ver qué podemos hacer, Mari Trini está descansando y quizá no quiere recibir visitas. Pasa, te espera».

Pero no, ya no eres aquel muchacho. Tienes ahora la misma edad que ella cuando murió.

«¿Qué espera de la vida?», le preguntaron en una de sus últimas entrevistas. «Vivirla en plena paz conmigo misma», respondió. ¿Llegarás a hacerlo tú, joven fantasioso?

—La señora ya no habla con nadie —dice la asistenta con acento hispanoamericano—, a veces ni se acuerda de las cosas. Creo que es mejor que se comunique con la familia y lo organice.

No insisto.

Al volver, se detiene junto a nosotros el coche de una empresa de seguridad. En un abrir y cerrar de ojos tenemos delante a dos fornidos vigilantes.

—¿Quién son ustedes? ¿Qué buscan aquí?

—No se preocupen —respondo—, ya me marcho. Solo vine a visitar a una vieja amiga.

—¿A la dueña de la casa? —insiste el más alto.

—Sí, hace mucho que nos conocemos. He querido verla antes de que el tiempo nos aleje de todo para siempre.

María Trinidad Pérez-Miravete Mille
falleció el 7 de abril de 2009.
Claudette Loetitia Lanza, el 30 de mayo de 2023.

Para ellas, las invisibles.

Arroyo de la Miel, Murcia, Alcubillas, Madrid,
Vejer de la Frontera, Murcia, Barcelona.
30 de junio de 2021-23 de abril de 2024

Gonzalo, Paco y Miryam Pérez-Miravete Mille, Maryní Callejo, Laura Santaflorentina, Silvia Fernández, Palmira Márquez, Miguel Munárriz, Toto Olmos, Ismael Peña Poza, Manuel Madrid, Gerardo Rodríguez Salas, Teddy Bautista, Enrique Vázquez Oria, Pablo Sycet, Daniel Blanco Parra, Pablo Aguinaga, Alicia de la Cruz Casielles, José María Druet, Javier Bilbao, David Bonilla, Lourdes Lancho, Pablo de Aguilar, Miguel Sáez Quesada, Borja Rodríguez, Willy Rubio, Octavio Salazar, Pepa Pacheco, Manolín y algunos más que sabrán darse por aludidos estuvieron siempre cerca, fueron luz.

«Para viajar lejos no hay mejor nave que un libro».

EMILY DICKINSON

Gracias por tu lectura de este libro.

En **penguinlibros.club** encontrarás las mejores recomendaciones de lectura.

Únete a nuestra comunidad y viaja con nosotros.

penguinlibros.club

Penguin Random House Grupo Editorial

penguinlibros